タモリと戦後ニッポン

近藤正高

講談社現代新書
2328

はじめに

戦後ニッポンの転換期のなかで

一九七二年という年は、戦後のニッポンにとって大きな転換期と位置づけられることが多い。その年明けには、グアム島のジャングルで戦時中より二八年間潜伏していた元日本兵・横井庄一が発見され、繁栄を謳歌する日本国民に大きな衝撃を与えた。五月のアメリカからの沖縄の施政権返還、九月の日中国交正常化はいずれも外交における「戦後の終わり」を意味した。

中国との国交正常化を実現した田中角栄政権は「日本列島改造」を掲げ、積極財政のもと各地で大規模開発に乗り出した。しかしそれは激しい土地投機による地価高騰、またインフレの昂進へとつながっていく。これと前後して七一年のドルショックに続き、七三年二月には日本も変動相場制へ完全移行し、そして一〇月に起こった第一次石油危機により、五〇年代半ばより続いてきた日本の高度経済成長はついに終焉を迎えることになる。

七二年にはまた、新左翼の一党派である連合赤軍のメンバーが長野県軽井沢の「あさま山荘」に立て籠もり、一〇日間にわたって機動隊と攻防戦を展開した（二月）。その模様はテレビで長時間中継され、国民の耳目を集めた。事件後、連合赤軍の組織内で「総括」と称するリンチ殺人が行われていたことが発覚し、六〇年代後半より高まりを見せた若い世代による反体制運動は一気に退潮していく。

もし連合赤軍の組織内に幹部をくすぐる「笑い」があったのなら、あの陰惨なリンチ殺人を防げたのではないかと、ルポライターの本橋信宏は書いている（『素敵な教祖たち』）。たしかに七二年当時、日本では笑いの地位はまだまだ低かった。テレビの世界でも、スポーツやドラマ、歌番組をしのいで笑いが主役となるには八〇年代まで待たねばならない。

それでも〝笑いの時代〟に向け胎動は表れつつあった。このころ、のちに日本の笑いをリードしていくことになる芸人・タレントがあいついでその道に進もうとしていた。

明治大学を除籍となっていた北野武青年は、二五歳だった七二年夏、すでに盛り場として往時のにぎわいを失っていた浅草でストリップ劇場のエレベーターボーイとなる。やがて舞台芸人の深見千三郎に弟子入りし、さらに同じ劇場にいた兼子二郎《かねこにろう》（ビートきよし）の誘いで漫才コンビ・ツービートを結成した。いうまでもなく、のちのビートたけしである。

七二年二月、二〇歳の駿河学《するがまなぶ》青年は京都産業大学に在学のまま上方落語の六代目笑福亭松鶴に入門した。松鶴からは「笑福亭鶴瓶《つるべ》」の名をもらいかわいがられたが、ついに一つも噺を教わることがなかったという。

　奈良育ちの杉本高文《たかふみ》少年は子供のころから学校の人気者で、教師からは何度となく「吉本(興業)に行け」と言われていた。高校三年だった七三年末、ついに決心して落語家の笑福亭松之助に入門を申し出る。その後「笑福亭さんま」の名を与えられたはいいものの、彼女と駆け落ちするなど修業を離れることもたびたびあった。しかし師匠の松之助は彼の素質を見抜き、やがて「おまえはテレビに行ったほうがいいから」と笑福亭の屋号を外し、自分の本名(明石徳三)からあらためて「明石家」という名前をつけてくれた。

　まだ笑いの分野に養成所など存在しなかった時代、彼らは師匠につくことで本格的に芸能活動を始めた。とはいえ、ビートたけしは大学からドロップアウトして芸人になったという点であの時代では珍しいケースだし、鶴瓶とさんまは落語家に入門しながらも結局落語についてほとんど学ぶことなく、若くしてテレビやラジオで活躍し始めた。

　ようするに、のちに日本の笑いを変えることになる彼らは、その世界に入るのも、従来の芸人たちが通ってきたルートからは大きく外れていた。そのなかにあって、師匠と呼べる人はなく、落語や漫才、軽演劇など既存の芸事からも完全に切れたところから突然変異のように現れた異色中の異色の存在が、本書の主人公・タモリその人である。彼が世に出る大きなきっかけをつかんだのもまた、一九七二年のことだった。

戦後史と歩みをともに

本書はタモリの足跡を通して戦後ニッポンの歩みを振り返るというものである。なぜ、タモリを軸としたのか。それはまず何より、彼が一九四五年八月二二日と終戦のちょうど一週間後に生まれ、その半生は戦後史と軌を一にしているからである。

テレビでも彼と戦後史を結びつける企画はたびたび組まれてきた。私が彼の生年月日を知ったのも、八八年の一月三日にTBS系で放送された『新春タモリのおぼえていらっしゃいますか?』という番組によってだった。さらに時代を下って、二〇一五年元日にはNHKスペシャルの大型シリーズ『戦後70年　ニッポンの肖像』のプロローグにもゲスト出演した。同番組でタモリは戦後史にまつわるさまざまなうんちくを傾け、作家・昭和史研究者の半藤一利ら共演者をうならせていたのが記憶に新しい。

テレビだけでなく、タモリ自演による『タモリ3　戦後日本歌謡史』(一九八一年)というレコードも制作されている。これは制作時より著作権等の問題を指摘され、その後一部レコード店でのみリリースされたものの結局販売中止となったいわくつきの作品だ。

『タモリ3』には、終戦直後から一九八〇年まで三五年間の流行歌が詞を替えるばかりか曲も微妙にアレンジされて収録されている。それ以上に私が秀逸だと感じるのは、曲のあいまに挿入された各時代の有名無名の人物たちのスケッチだ。そこでは降伏文書調印式におけるマッカサ元帥（いうまでもなく連合国軍最高司令官のマッカーサーがモデル）のスピーチに始まり、五〇年代の「うたごえ運動」に参加する労働者、集団就職で上京した農村出身の若者、六〇年代のグループサウンズ（GS）ブームを批判する街の声、一九七〇年の大阪万博開催に興奮する地元関係者、さらには教育テレビで語るロックミュージシャンの矢沢平吉（モデルは矢沢永吉）まで、いかにもそれっぽく〝再現〟されている。

単なる流行歌のパロディに終わらず、それぞれの歌が出てきた状況まで模写してしまう。これぞまさにタモリの芸の真骨頂といえる。本書ではそのひそみにならい、タモリが世に出る時代背景をできるかぎり細かく描いてみたい。

ウォーホルとの共通性

いま書いたように『タモリ3』にしても、またインチキ外国語などタモリの初期の芸にしても、単なるパロディではない。彼自身、自分が重視しているのは「どうしたら対象になりきれるか、その心境にまでいけるか」ということで、それはパロディとは違うだろうと語っている（『広告批評』一九八一年六月号）。

タモリの芸がパロディではないというのは、二〇世紀後半のアメリカを代表する画家、アンディ・ウォーホルの作品がパロディでないのと何だか似ている。

デビューまもないタモリの芸をライブで見たコピーライター・糸井重里は、そのレポートに《タモリのものまねは、芸の世界におけるポップ・アートの登場として考えられる。ウォーホールのキャンベル・スープと同じくらいに偉いことだと思ってよい》と書いた（『ミュージック・マガジン』一九七六年四月号）。ウォーホルがキャンベルスープ缶など大量生産・大量伝達されて日常的に見慣れたイメージを好んで画題にとりあげたように、タモリのモノマネの対象もＮＨＫのアナウンサーなど、それまで誰も気にもとめなかった「フツー」から選ばれていたからである。

可能なかぎり自分を対象に近づけるというタモリのモノマネは、ウォーホルが写真をシルクスクリーンに転写するという感情や作家性を極力排した手法を採ったこととも重なる。

ウォーホルの画家としての個性は、テーマの選択やとりあげ方にこそある。マリリン・モンローや毛沢東のような誰もが知っている人物を描いても、繰り返し転写したりさまざまな色をつけたりすることで、単なる肖像画とはまるで違う意味を生じさせた。この点で、タモリが自分の芸について、対象と《同じように真似しても、立っている位置みたいなものは全然違う》と分析しているのと通じるものがある（『広告批評』前掲号）。ウォーホルの絵の魅力が色ズレや版ズレにあるように、タモリのモノマネもまた、オリジナルとのズレから異なる意味を生み出すところにこそあった。北京放送のモノマネはその代表作だ。

北京放送は中国共産党が対外プロパガンダのため日本語などで発信していたもので、タモリより若い世代にも子供のころに愛聴していたという人は結構多い。《あれはウォーホルの毛沢東の肖像みたいな感じで、当時最もポップな放送だったから、一家で毎晩喜んで聞いてたんです》とは、五七年生まれの社会思想研究者・経済学者の浅田彰の言だ（浅田彰・島田雅彦『天使が通る』）。浅田はべつのところで、「北京……放送局です」とアナウンサーが一瞬、間を置くのが何とも言えないとも語っている（『SAGE』一九八四年二月号）。プロパガンダをまともに受け取るのではなく、その語りの間の置き方、あるいは仰々しい物言いから楽しむという姿勢は、北京放送を真似するタモリとまったく同じだ。

ウォーホルとタモリには、その交友関係にも共通性が見出せる。ウォーホルは「ファクトリー」と名づけたスタジオでしょっちゅうパーティを開いては多くの有名無名の人々と交友した。そしてそこで知り合った人たちと映画をつくったりロックバンドを組んだりと、ジャンルを超えた活動を展開している。一方、タモリは、ジャズ・ピアニストの山下洋輔やマンガ家の赤塚不二夫などといった人たちとの交友なくしてはタレントとして世に出てくることはなかった。そのつきあいのなかから生まれた芸も少なくない。ウォーホルのファクトリーが同時代のアメリカ文化の象徴であったように、タモリの交友関係を探ることはそのまま戦後ニッポンのサブカルチャーの歴史をたどることでもある。

タモリの言う「国民」とは？

タモリは人気がブレイクした一九八一年頃、自らを「国民のオモチャ」と称した。そこには自分は国民に遊ばれる存在で、飽きられたら容赦なく捨てられるとの自虐的な意味合いがこめられていた。さらにフジテレビの『笑っていいとも！』の終了発表の際（二〇一三年一〇月二二日）には「国民のみなさまにも、ほんとどっち向いても感謝です」とあいさつを述べた。「ファン」でも「視聴者」でもなく「国民」と言っているのが独特だ。

たしかに「国民的スター」「国民的アイドル」「国民作家」などという言葉は昔からあるが、それらはあくまで他称だ。芸能人が自ら「国民」と口にするのはタモリぐらいではないか。しかしそこに嫌味は感じられない。三〇年以上にわたり日本の昼の番組の顔だった彼が「国民」と口にするのはごく自然に受け取れる。

とはいえ、テレビタレントが「国民のオモチャ」などと名乗るのはタモリが最初で最後ではないかという気もする。老若男女を問わず誰もが目にする番組がほとんどなくなり、それどころかテレビをほとんど見ない人も増えたいまとなっては、視聴者は国民とはイコールではなくなってしまったからだ。

歴史を叙述するにも「国民史」が成立する時代ではとうにない。国民あるいは日本人という概念がゆらぎ、もはや必ずしも自明のものではなくなってしまっているからだ。たとえば国際化の進行にともない、移民政策こそとられてはいないものの日本国内には大勢の外国人が住み、同時に海外在住の日本人も大幅に増えた。

しかし私はあえて、タモリを軸に戦後七〇年の「国民史」を描いてみたいと思う。ここで採るのは、タモリを起点に人と人とのつながりをたどっていくという方法だ。そうした関係性からある時代の日本（人）の姿を浮かび上がらせることはできないか、というのが本書のいま一つのねらいである。

思えば、タモリはデビュー当時より日本的な村社会、共同体意識を舌鋒鋭く批判してきた。一方で彼の足跡をたどっていくと、来る者拒まず去る者を追わずといったゆるやかな人とのつながりを常に志向してきた印象を受ける。それだけに彼の言う「国民」には、国籍や定住の如何、あるいは言語などといった枠にとらわれない、より広い意味が含まれているような気がしてならない。

話がちょっと堅くなったが、私が本書でとりあげたいのは、たとえばこんな話である。

あるときタモリは、ゴルフの練習場でたまたま出会った「見た目がヤクザみたいな男」

と一緒にゴルフに出かけることになった。その男の運転する車で話をするうちに相手が自分と同い年だと知る。そこでゴルフ場に着くまで暇つぶしに、自分たちが生まれてから一年ずつ、その時々で何をしていたのか互いに話すことにした。そうやって話しているうち、意外にも両者はかつてあるところですれ違っていたかもしれないことがわかった。

それはタモリが大学時代、東急東横線の都立大学駅近くに住んでいたときのこと。相手もまた同じ年に、そのすぐ隣りの学芸大学駅の工場（東急車輛製造の碑文谷《ひもんや》工場だと思われる）で働いていたことがあるというのだ。当時から鉄道好きだったタモリはその工場を毎日見ていた（「タモリ先生の午後２００６。」第五回、「ほぼ日刊イトイ新聞」）。

本書ではもちろんタモリと場所と時間を共有した著名人もたくさんとりあげるつもりだが、それとあわせて、例の「見た目がヤクザみたいな男」のようにタモリとどこかですれ違っていたはずのより多くの人たちにも目を向けたい。そんな有名無名の人たちとの接点にこそ時代性とやらは宿っていると思うからだ。

というわけで本書には多くの場所が登場する。大学、ジャズ喫茶、ボウリング場、酒場、生放送のスタジオｅｔｃ．……タモリが各時代ごとにすごした場所をたどり、そこでの人間関係をひもときながら、戦後という時代を描き出せたらいいのだが。

まずは彼の幻の故郷ともいうべき旧満洲を旅してみることにしよう。

目次

序章　〝偽郷″としての満洲

満洲の玄関口・大連の連鎖街（『最新満洲寫眞帖』1941年、近現代フォトライブラリー蔵）

満洲つながりの〝友達の輪〟？

タモリが三二年半にわたり司会を務めてきた『笑っていいとも！』（フジテレビ）では、二〇一四年三月末の最終回を前に大物ゲストの出演があいついだ。三月二〇日の「テレフォンショッキング」のコーナーにミュージシャンの小沢健二がゲスト出演したのに続き、翌二一日には安倍晋三が現役首相としては初めて『いいとも！』のスタジオから生出演した。

小沢健二と安倍晋三にはちょっとした共通点が見出せる。いずれの祖父も満洲（現在の中国東北部）と浅からぬ因縁があるのだ。小沢の祖父・開作（一八九八〜一九七〇）は、戦前に満洲に渡り歯科医を開業する一方、民族主義者としても活動していた。これに対して、安倍の外祖父で元首相の岸信介（一八九六〜一九八七）が戦前の一時期、日本の傀儡《かいらい》国家「満洲国」において計画経済を推し進めた官僚であったことはよく知られる。

もっとも、開作は岸が満洲に渡る前年、一九三五年頃には家族をともない北京に移住していたので、両者のあいだに直接的な関係があったとは考えにくい。そもそも立場も大きく異なる。

開作は、満洲の地に漢族・満洲族・蒙古族・日本人・朝鮮族の「五族協和」による独立国家の樹立を夢見ていた。一九三一年の満洲事変勃発を経て翌年に建国が宣言された満洲国は、「五族協和」をスローガンに、執政（のち皇帝）として満洲族であり最後の清国皇帝だった溥儀《ふぎ》を据えたから、一見すると開作の夢は実現したようにも思える。が、その実態は、政府要人として日本国内から革新官僚を引っ張ってくるなど日本帝国主義の植民地も同然であった。開作が満洲を去ったのは、こうした事情から運動に対する熱意を失ったからだという（松本健一『昭和に死す』）。開作の理想を骨抜きにし結果的につぶしたのが岸信介ら満洲国の官僚だったことを考えると、両者は敵対する立場にあったとさえいえる。

そして、じつはタモリもまた満洲とは縁が深い。筆者が確認したところ、一九二七年に刊行された南満洲鉄道（満鉄）の『創立二十周年　鐵道記念寫眞帖』には、タモリの祖父が一九年勤続者・火連寨《かれんさい》駅長として顔写真とともに記載されていた。また、タモリ本人が語ったところによれば、祖父は熊岳城《ゆうがくじょう》駅の駅長も務めていたという（「タモリ先生の午後2006。」第八回、「ほぼ日刊イトイ新聞」）。

満鉄が設立されたのは一九〇六年。その前年に日露戦争に勝利した日本は、ポーツマス条約により、ロシアが中国東北部に建設した鉄道路線（東清鉄道南部支線）の一部とその周辺の土地を譲り受けた。満鉄設立とともに「満鉄付属地」と呼ばれるようになったその区域内では、清国の行政権がおよばず治外法権が認められた。満鉄はそこで土木・教育・衛生にかかわる行政を担うことになる。それだけに満鉄における駅長は、一介の鉄道会社の役職というレベルを超え、地域的にも重要な地位にあったといえる。

タモリの祖父が駅長をしていた熊岳城は、遼東半島の北西部に位置する温泉地である。路線でいえば満鉄本線――遼東半島南端の港湾都市・大連（満鉄本社も所在した）から北へ、長春（満洲国の首都・新京）とを結んだ幹線――の一駅で、満鉄はその周辺に農業学校や農事試験場も開設していた。タモリによれば、満洲育ちの母親は当地の思い出として《熊岳城はよかったよねぇ、フルーツの町で！　いちばんおいしかったのはラ・フランスね？》と話していたことがあるという（「タモリ先生の午後２００６。」）。それも新しい農産物の導入が盛んな土地だったからだろう。

満洲にはいい思い出しかない

タモリは太平洋戦争終結からちょうど一週間後の一九四五年八月二二日、福岡市に生まれた。戦後生まれながら、幼い頃より祖父をはじめ家族から満洲の話を聞かされて育ったという。その内容をタモリ自身が語ったものを読んでいると、どうも家族の満洲体験は、彼の精神形成に小さからぬ影響を与えている気がしてならない。ひょっとするとタモリにとって満洲は、現実の故郷である福岡とはべつに、精神的故郷というか〝偽郷〟ともいうべき存在として位置づけられるのではないだろうか。

もちろん「偽郷」なんて言葉は辞書にはない。私の考えた造語である。

しかし、一九三七年一二月末の時点で約三六六七万人（このうち日本人は一％強にあたる四二万人）もの人口を抱えていた満洲国（満洲文化協会『満洲年鑑』昭和一五年版）が、四五年八月一八日の崩壊以降、中国では「偽満」と呼ばれ、〝なかったこと〟にされている事実を踏まえれば、この言葉はタモリにとっての満洲を表すのにぴったりのように思うのだ。ここでは「〝偽郷〟としての満洲」という仮説のもと、タモリと満洲とのかかわりを見ていきたい。

タモリは自分の家族について、作家の村松友視（一九四〇〜）との八五年の対談「天才タモリのお母さん」（文藝春秋編『ビッグトーク』所収）でくわしく語っている。そこには、彼の祖父が満鉄の駅長であったこと、また一族がみな満洲に渡っていたという話が出てくる。とりわけ注目したいのは、タモリの祖父母と両親は《昭和十三年か十四年か、太平洋戦争前に日本に帰ってきてますから、引き揚げ船に乗らないし、一切の苦しい思い出がないんですよ。満洲のいい思い出しかない》という発言だ。べつのインタビューによれば、神道を信仰していたタモリの祖母がある日拝んでいたら、この満洲の地はいまに火の柱が立つとお告げがあり、それで家族を説得して一九三九〜四〇年ぐらいに日本に帰ってきたのだという（ＰＬＡＹＢＯＹ日本版編集部編『プレイボーイ・インタビュー　セレクテッド』）。

「満洲のいい思い出しかない」というのは、森田一義というタモリの本名の由来からもうかがえる。「一義」とは祖父の命名で、日露戦争時には満洲軍参謀を務め、のちに陸軍大臣や首相を歴任した田中義一《ぎいち》にあやかったものだという。ここだけ見れば、前出の小沢開作が、一九三五年に満洲の奉天（現・瀋陽）で生まれた三男に、満洲事変の計画実行者である関東軍参謀の板垣征四郎と石原莞爾《かんじ》から一字ずつとって「征爾」（のちの指揮者・小澤征爾）と名づけたケースとよく似ているが、時期を考えるとまるで意味合いは異なる。何しろタモリが生まれたのは終戦からわずか一週間後、日本国民の大半が敗戦のショックに打ちひしがれていた時期なのだから。やはり満洲にいい思い出しかなかったからこその命名であろう。もっとも、祖父はそのまま「義一」とはつけず「一義」とひっくり返した。これは姓名判断で「義一では頭でっかちな人間になる」と言われたからだという。

タモリによれば、祖父は引き揚げ時に財産をすべて処分し、帰国後は福岡に借家を七軒と山林（山林といっても木がなかったという）を買い、それで収入を得ていたようだ。そして「趣味で」勤めていたという福岡の中洲検番で芸者の手配をしていた以外、一切仕事はしないまま八六歳で亡くなった。まさに悠々自適の後半生をすごしたといえるが、それも満洲で築いた財産なしにはありえない。それだけに、祖父をはじめ森田家の人たちはしょっちゅう満洲の話をしていた。

《いかに日本がつまらんかということを喋ってるわけですよ。近所付き合いは窮屈だし、土地も狭い、食べ物はまずい、人間がせこい。そして中国の地名ばかり出てくるんです。だから小学校の時、北満の地図を見ても、全部地名を知ってました》（「天才タモリのお母さん」）

満洲と日本の落差を指摘するのは何も森田家の人たちにかぎったことではない。たとえば、敗戦後に満洲からの引き揚げ経験を持つ日本テレビプロデューサーの市橋明子は、たどり着いた祖国日本の生活設備の劣悪さを不思議に思ったという。この点で満洲の都市ははるかに上回っていたからだ。

《満鉄の、たとえば付属病院にゆくと、給湯装置は完備していたし、医療器具は自動化された滅菌装置のトンネルからベルトで流れてくるのだった。

満鉄本社には六百台のタイプライターが唸りをあげ、電話はダイヤル即時通話であり、大豆の集荷数量・運送距離・運賃はＩＢＭのパンチカードシステムで処理され、特急「あじあ号」は六両編成で営業速度百三十キロをマークしていた。しかも冷煖房つきである》（草柳大蔵『実録・満鉄調査部　上』）

満洲の生活設備や都市インフラが当時の日本とくらべていかに発達していたかは、ほかにも多くの人が証言するところだ。

もちろん、日本人の満洲体験と一口にいっても、職業（軍人か満鉄職員か、あるいは中小企業者か開拓団員か等）や年代、居住地域（都市部か農村部か）によってその中身は異なるし、とくに引き揚げた時期が太平洋戦争末期のソ連参戦（一九四五年八月九日）の前か後かでの違いは圧倒的に大きい。満洲の在留邦人からは、ソ連軍の捕虜となりシベリアに抑留された者や、混乱のなかで肉親と離ればなれになり、中国人に引き取られて育った子供たち、のちにいう中国残留孤児も多数出た。

タモリの恩人であるマンガ家の赤塚不二夫（一九三五～二〇〇八）も、満洲で生まれ育ち、終戦後、奉天から母と妹弟と命からがら祖国に引き揚げてきた体験を持つ。憲兵だった父はシベリアに抑留されたという。世代というのもあるのだろうが、赤塚のアシスタント出身者には、高井研一郎・古谷三敏・横山孝雄・北見けんいちと幼少期を中国大陸ですごした者が目立つ。後年、彼ら引き揚げ体験を持つマンガ家が出席した座談会では、もし親とはぐれていたら残留孤児になっていたと皆が口々に語っている（中国引揚げ漫画家の会編『ボクの満州』）。

満洲で生まれ育った経験は赤塚の精神形成にどんな影響をおよぼしたのか。赤塚は自分にかぎらず、戦前・戦中に中国ですごした日本人は、「没法子《メーファーズ》」、日本語でいえば「しかたがない」といった感覚を身につけたと語っている。

《日本の中ではみんながギスギスして生きていくっていうのがある。ところが、満州育ちっていうのは、なんか適当で、アバウトで、「どうでもいいや」「なるようになるさ」って生きちゃった、みたいなのがある。要するにせこせこした生き方より、おもしろくて、のんびりした連中が好きなんだ》（前掲書）

「没法子」、赤塚マンガの名ゼリフで言い換えるなら「これでいいのだ」とでもなるだろうか。というか、どうしてもそう言い換えたくなる。このおおらかさが、後年上京したタモリを自宅に居候させることにもつながったのではないか。

日本を相対化する視点

タモリが幼少期より家族からさんざん聞かされてきた満洲の話は、彼のなかに都市的なものへの志向と田舎への冷めた見方を植えつけたような気がしてならない。

思えば、タモリの初期のレパートリーにも田舎者への揶揄が多分に含まれていた。ただし、彼は田舎＝地方という単純な図式ではけっしてとらえていない。名古屋人のセコさを面白おかしくとりあげたそのデビュー当初の持ちネタからもあきらかなように、たとえ大都市に生まれ育った人間でも、本質的に田舎者と変わらなければ徹底してネタにした。それどころか、大多数の日本人のメンタリティは昔から相変わらず田舎者のままだとまで断言している。ある対談では、田舎者のいやなところとして、相手の心のなかに平気で土足で入ってくるような態度などをあげ、《最近考えると、日本人が外国人にきらわれるというのはよくわかるですね。そういうのが周りにいて、そいつらが急に経済的に金持ってきたら、やっぱりいやでしょう》と指摘してみせた(『月刊アドバタイジング』一九八二年三月号)。ちょうど欧米諸国とのあいだで貿易摩擦が問題化し日本が非難にさらされていた頃の発言である。彼のこうした田舎者=日本人批判の下地にはやはり、家族が日本について「近所付き合いは窮屈だし、土地も狭い、食べ物はまずい、人間がせこい」とくさすのを聞きながら育った体験があるはずだ。

興味深いことに、満洲で実際に育った日本人には、満洲体験を通じて物事を相対化する見方を養われたという人が結構いる。たとえば満洲の奉天で育った作家の安部公房(一九二四～九三)は、満洲という「山もなければ桜も咲かない」荒野ばかりという風土のなかに育ちながら、学校では「自分たちの住んでいるところは山紫水明で、春になれば桜の花が咲いて」などと書かれた日本と同じ国定教科書を読むといった体験が、「常に現実を相対化して見るという習慣」を自身に植えつけたと語っている(「書斎にたずねて」)。

同様の話は、父親が満鉄に勤務していた映画監督の山田洋次(一九三一～)にもある。山田の場合、一時東京に戻って地元の小学校に通っていたとき、川でフナをとりながら周囲の田んぼを見て、教科書に書いてある田舎とはこういうものかと理解したという(沢木耕太郎『若き実力者たち』)。ここで重要なのは、山田が地方ではなく東京に田舎を〝発見〟したということだ。『男はつらいよ』シリーズをはじめ、古きよき日本の風景や人情が描かれているとされる山田作品もまた、その底流には日本を相対化する視線があるといえる。

タモリの場合は安部や山田とは逆で、教科書に書かれているような風景は身近にあったものの、家族から満洲の話をしょっちゅう聞かされることで、日本の風土や生活を相対化する習慣が植えつけられたといえるのではないか。それは彼がテレビなどでときおり見せる醒めた視線や言動——たとえば、団結をテーマにした特番(二〇一二年放送のフジテレビ『FNS27時間テレビ』)のラストでの「団結、団結と言って団結したんですけど、そのぶん国民から離れたかもしれません」という発言など——につながっているような気がしてならない。

満洲に渡った日本人には、小沢開作のように理想に燃えて政治活動に身を投じた人もいれば、海外留学のできなかった戦時中にあって唯一西洋文明を吸収できる窓口だった満洲へ研鑽に出かけた若者たちも少なくない。ハルビン交響楽団で指揮の修錬を積んだ朝比奈隆などはその代表例だ。また、映画人のなかには、日本の撮影所ではありえないほど潤沢な製作費用を使えた満洲映画協会(満映)に入った者もいたし、満鉄や満映には左翼の転向者も少なくなかった。歴史学者の山室信一はこうした事例を踏まえ、満洲には拘束や因習から脱して自由に飛翔できる「アジール（庇護空間）としての満洲」というイメージが一面では存在したことを指摘している（『キメラ——満洲国の肖像　増補版』）。

赤塚不二夫は、自分も含めて満洲で生まれ育った人間には自由業が多いと書いていた（『ボクの満州』）。おそらくそれには、もともと家族が理想や自由を追い求めて満洲に渡っており、比較的自由な家庭や社会のなかで育ったというのもあるのだろう。タモリもまた、実際に現地体験があるわけではないとはいえ、生まれ育った家庭環境には満洲育ちの人たちと近しい部分がありそうだ。

満洲人脈と戦後日本、そして福岡

タモリの母親も満洲育ちゆえか、かなり奔放な人生を送っていたらしい。先に引いた村松友視との対談でタモリは、母親から次のような話を聞かされたと語っている。

《うちの祖父さんは駅長で、一緒に専用の車に乗って帰る時に、両方から馬賊が撃ってくる。で、運転士が「危ないから顔を上げないでください」と言うのだけれど、怖いながらも試しにちょっと顔を上げたら、真赤な夕陽が沈んでいて、馬賊の馬がそれを横切ったと。その時、自分はもう女優になった気持でいたというんだけれども、それは後から考えたんじゃないかと思うんだよね。（笑）おふくろはそういう飾りっ気がありますからね》

（「天才タモリのお母さん」）

誇張しているところもありそうだが、母が語り聞かせた一つひとつの要素は日本人が満洲に対して抱いていたイメージと重なる。たとえば満洲の印象として夕陽が日本とくらべてはるかに大きく見えたことをあげる人は、前出の市橋明子や赤塚不二夫、俳優の森繁久彌（一九一三〜二〇〇九）など少なくない。馬賊と呼ばれる武装した騎馬集団が大挙して押し寄せ略奪をはたらく光景も満洲の各地で見られたものだ。もっとも、タモリの家族が住んでいた満鉄付属地ではそのようなことはほとんど見られなかったようだが（塚瀬進『満洲の日本人』）。

母親の思い出話が大風呂敷を広げているように聞こえてしまうのは、未開の土地が広がり、何もかもが日本よりはるかにスケールの大きい満洲で育ったからなのか。満鉄や満洲国の指導層にもまた、日本ではできなかったような大規模な計画に取り組んだ人が少なくない。彼らはその体験を踏まえて、戦後の日本社会においても政界や財界などで重要な役割を担うことになる。首相にまでのぼりつめた岸信介はその典型だ。文化方面でも、たとえば東映の設立には満映関係者たちが深くかかわるなど、満洲の人脈は各分野に見出せる。

東海道新幹線もまた、元満鉄の理事で一九五五年に国鉄総裁に就任した十河《そごう》信二の掛け声のもと計画が進められた。この計画の原型が戦前の東京～下関間の新幹線（弾丸列車）計画であることはよく知られている。これは日中戦争下にあって朝鮮半島や中国大陸との人員物資輸送も視野に入れ、満鉄並みの幅広いレールや大型機関車などを採用して建設しようというものだった。弾丸列車計画自体は戦局の悪化にともない中断したとはいえ、戦後の東海道新幹線の建設にあたっては、戦時中に着工された区間や買収された用地が活用されている。東京〜新大阪間の東海道新幹線が開業したのは六四年、それを延伸する形で七五年には山陽新幹線が九州の博多まで全通し、ここに戦前の東京〜下関間の弾丸列車計画は事実上の完成を見た。

早稲田大学を除籍となり郷里に戻っていたタモリが二度目の上京を果たしたのは、まさに博多まで延びたばかりの新幹線に乗ってであった。新幹線の博多開業により、タモリと同じく全国区となったのが地元名物の辛子明太子である。辛子明太子を考案した「ふくや」の創業者・川原俊夫もまた大陸からの引揚者だった。川原は自分の生まれ育った韓国・釜山の市場でよく売られていたメンタイという食品に改良を加えながら辛子明太子をつくりあげたという。釜山とはいまでも高速船で三時間足らずで結ばれるなど、福岡はいにしえよりアジアの玄関口の役割を担ってきた。そうした地域性はタモリにも影響を与えているはずだ。次章でくわしく見てみたい。

第1章　坂とラジオ、そしてジャズ
——祖父母に育てられて

タモリの生家があった場所の前の坂道（筆者撮影）

〝複雑〟な境遇

《今、俺がおふくろと言ってるのは、観念的なもので言ってるのかもしれないですね。情感的なもので言ってるんじゃないんですね》（「天才タモリのお母さん」）

これは序章でも引いた村松友視との対談でのタモリの発言だ。これというのも、タモリの母親は二人の子供（姉とタモリ）を儲けながらもタモリが幼い頃に離婚し、実家から離れて暮らすようになったからだ。

離婚後は父親も家を出たため、タモリら姉弟は祖父母に育てられる。何やら複雑な境遇だが、そもそも母親は祖父の妹の子供であり、一方、父親は祖母の年の離れた末弟だった。祖父母は二人を養子にもらい受け、のちに結婚させたのである（『パンプキン』一九九〇年八月二五日号、『ＳＯＰＨＩＡ』一九九三年四月号）。

タモリの父は、戦前の日本の租借地だった中国・大連の高等商業学校を卒業したのち、タモリの祖父と同じく満鉄に入社、経理課に勤めたという。戦後の職歴は商売人だったという以外、つまびらかではないが、真面目な人柄で、離婚してからもちょくちょく実家に顔を出していたらしい。一方、母は二度目の離婚後に一時期実家に戻っていたことはあったようだが、タモリたちと暮らした時期は短い。それだけに母親とたまに会うと一人の女として見てしまうと、先述の村松友視との対談でタモリが語っているのがおかしい。

じつは村松もまた両親に代わり祖父母に育てられた。父は村松の生まれる前に病死、未亡人となった母は再婚する。生後まもない村松は、流行作家だった祖父・村松梢風《しょうふう》の子供として入籍され、母は死んだと聞かされながら育つことになる。やがて梢風は祖母とはべつの女性と暮らし始め、戦後は鎌倉に移り住む。一方、村松は祖母とともに静岡の清水で高校卒業まですごした。母が生きていることを知らされたのはこの間、中学を卒業する直前のことだった。こうした複雑な家系を、村松は少年時代からずっと自分のなかでフィクションに仕立てながら辻褄を合わせてきたという。しかしすべての辻褄が合ったと感じたのは、小説家となり四二歳で直木賞を受賞してからだったとも語っている（『週刊文春』二〇〇〇年四月二七日号）。

タモリの家系も村松と同様かなり複雑といえる。しかし中学を卒業するころになって事情がわかっても、バカバカしくてグレたりする気も起こらなかったという。あっけらかんとしているのは母の血なのか。いずれにせよ、タモリも村松もおおよそ近代以降の日本の平均的な家庭像からはかけ離れた環境で育ったことには違いない。自らの家系をフィクションとして辻褄を合わせてきた村松の姿勢は、自分にとって母親は観念的な存在なのかもしれないというタモリの発言とも通じよう。彼のあらゆるものを相対化する視線は、こうした家系から自然と培われたともいえるだろうか。

祖父母から教えられたもの

料理好きとしても知られるタモリだが、それは祖母の教えによるところが大きい。祖母は小学校に入った孫息子に、「これからの男は料理ぐらいできなきゃどうしようもない」と、何もしなくていいから台所に立って自分のすることを見ているよう申しつけたという。まったく興味のないまま言われたとおりにしていた一義少年だが、その後、祖母のやることを思い出しながら料理をつくったら簡単にできたとか（『SOPHIA』前掲号）。タモリが家に代々伝わる得意料理として昔からあげている白菜を使った満洲風餃子（水餃子）も、おそらく祖母から学んだものなのだろう。

一方、祖父は、旧満洲から引き揚げてきてからはひたすら遊んだ人であった。麻雀は三段の腕前で、孫息子が小学三年生になると一から麻雀の手ほどきをし、学校の教科書よりも麻雀必勝法の本を読めと勧めたという。

一九五七年頃に祖父はタモリの母親と「いまに日本中にゴルフ場ができる。そこでみんなゴルフをするようになるし、これは社交上必要なことになってくる」と意見が一致し、ゴルフ用品の販売会社を設立した。五七年といえば、カナダカップ（現・ワールドカップ）

が埼玉の霞ヶ関カンツリー倶楽部で開催され、中村寅吉・小野光一のペアが団体優勝し、個人戦でも中村が優勝した年だ。これが日本での第一次ゴルフブームの契機となったとされる。同じ年には時の首相・岸信介が訪米し、アイゼンハワー大統領と会談のあいまにゴルフに興じている。

もっともゴルフはまだ金持ちの道楽というイメージが強かった。六〇年に日米安全保障条約の改定ののち退陣した岸の後任の池田勇人は、庶民派をアピールするため料亭通いとともにゴルフをやめている。「みんながゴルフをするようになる」との祖父のもくろみはちょっと早すぎたのだ。おかげで会社は三年目で廃業、倉庫にはゴルフのフルセットが大量に余り、高校時代のタモリはそれを持ってプレイしていたという。ただし、彼はその後なぜかゴルフ嫌いになり、八〇年代後半、『笑っていいとも!』で共演していた明石家さんまに誘われて渋々再開するまで一切クラブを手にすることはなかった。

坂にたたずむ少年

《私が生まれ育った家は、街中のほうへ向かって下る長い坂の途中にあった。人は坂を上って家を訪れ、坂を下って去っていった。高校を卒業するまでその家ですごした》(タモリ『新訂版 タモリのTOKYO坂道美学入門』)

私が現地（福岡市南区）に赴いて確認したところ、タモリの生家の跡地は本人が書いているとおり坂の途中にあった。そのなだらかな坂道をしばらく上っていくと、周囲を小高い丘に囲まれた池に出た。さらに奥にある高台には高宮浄水場、また二〇〇七年まではテレビ西日本（フジテレビ系列）の旧本社施設も存在し、中継用のテレビ塔がランドマークとなっていたという。実際にその光景を目にすると、タモリが土地の高低差に強い関心を抱くようになったのはしごく当然だと感じられた。

森田一義少年は、幼稚園に行く年齢になったとき、幼稚園とはどんなところなのか見学に行ったという。しかしそこで園児たちの遊戯を目にしてあまりにバカバカしく思え、どうしても行きたくないと家族に訴えて入園を回避した。もっとも、その選択にすぐ後悔することになる。ただでさえ少ない近所の同い年の子供たちはみな幼稚園に行ってしまい、一義少年は一人で毎日をすごさなければならなくなったのだ。やがて彼は自宅前の坂道を行き来する人たちを眺めたり、あとをつけてどこの家の人か確認したりしながら一日をすごすようになる。

《くる日もくる日も、雨の日も、雪の日も少年は坂に立った。坂に佇む少年の名は徐々に広まっていった。やがて人々がやってきては少年に向かって合掌したり、問いかけたりしたが、少年は黙して語らなかった。少年は修行をしているようにも見え、また家を警備し

ているようにも見えた。フールオンザヒル》(前掲書)

そんな日々が小学校入学まで続いたという。タモリ独特の鋭い観察眼は幼いころからのそうした体験にも根差しているのだろう。

のちにタモリは、酒場でたまたま隣り合わせになった某作家に、人間の思想は「傾斜の思想」と「平地の思想」に大別できると力説したことがあったという(前掲書)。「位置エネルギーによって、崖の上では一歩踏み出すだけで確実に死ねるし、小石も三〇メートルぐらいの高さから落とせばかなりの破壊力を持ちうる。坂道に暮らす人は、そんな位置エネルギーを無意識に感じており、自分の自由に対しての不安をいつも抱いている」との説明は、酒に酔った勢いでのまるっきりの出まかせだったが、妙に理屈が通っている。タモリ自身が坂の多い土地で育つなかで見出した一種の哲学とすら思わせる。

本当は「博多っ子」ではない?

タモリと同じく福岡市出身のコメディアン・俳優で共演も多い小松政夫(一九四二〜)によると「俺は純粋な博多っ子だけど、タモリは福岡なんだよね」という(髙平哲郎『ぼくたちの七〇年代』)。小松に言わせれば「博多」とは当地を代表する祭りの一つ、博多どんたくが家から見えるところを指すのであって、タモリの生まれ育った福岡市南区はあくまで

「福岡」なのだ（洋泉社MOOK『タモリ読本』）。タモリ自身、どんたくと並ぶ博多の祭りである博多祇園山笠のテレビ中継（九州朝日放送）に一九八〇年にゲスト出演した際、いかに福岡の人間が博多っ子に〝差別〟されてきたかを冗談めかして語っていた。

福岡の地名は、一七世紀初めに筑前藩主となった黒田氏が、当地に築いた城に同氏発祥の地・備前国邑久《おく》郡福岡（岡山県）の名をとって「福岡城」とつけたことに由来する。以後、那珂《なか》川を挟んで西側の城下町は武士の町・福岡となり、東側の町人の町・博多と対峙するようになる。歴史的には博多のほうがはるかに古く、その地名は平安初期の『続日本紀《しょくにほんぎ》』に初めて登場し、一五世紀に明との貿易が推進されて以降は貿易港・商業地として発展してきた。博多っ子が福岡との違いをことさらに強調するのは、中世には堺と並ぶ自治都市として栄え、たび重なる戦乱をくぐり抜けてきたという誇り、また武士への町人の対抗心がいまなお息づいているからだろう。ちなみにタモリを生んだ森田家は、筑前藩の家老を代々務めた名門という（『女性自身』一九八二年四月二二日号）。

母校である西高宮小学校・高宮中学校および筑紫丘高校、また早稲田大学のモダンジャズ研究会時代にコンサートを開いた福岡市九電記念体育館、さらには山下洋輔トリオと出会ったタカクラホテル福岡と、福岡におけるタモリゆかりの地のほとんどが、その生家から二キロメートル圏内にある。鉄道路線でいえば西日本鉄道（西鉄）大牟田線（現・天神大牟田線）の沿線だ。同線の西鉄福岡（天神）〜平尾間は一九九五年に高架化されたが、かつては地上を走っていた。薬院駅付近では西鉄福岡市内線（七五年廃止）と平面交差しており、大牟田線の電車が通過するあいだ市内線の路面電車は踏切待ちをするという光景が見られた。タモリが鉄道、とりわけ線路に関心を抱くきっかけはここから生まれたという。

タモリの生地の最寄の平尾駅から福岡随一の繁華街である天神までは、電車に乗れば五分ほどで出られる。歓楽街の中洲もかなり近い。生家の周辺は昭和三〇年代ぐらいまではまだ田んぼばかりだったそうだが、彼は都市というものを身近にして育ったまぎれもない街の子であった。

タモリに言わせると博多は「年中遊んでいる街」だという。山笠のときには地元の人間で合宿するため夕方六時に集合するのだが、それに仕事で遅れて来ようものなら皆から軽蔑されるほどらしい。九州男児は無口というイメージがあるが、少なくとも博多にかぎっては、学校のクラスでも一番評価の高いのは面白い男だとタモリは話している（『SOPHIA』前掲号）。彼自身、子供のころからおしゃべりで、学校でも人気者だったという。中学時代、授業で教師がちょっと話を脱線すると、じつにいい間で即妙な野次を飛ばしたという話も伝えられている（『女性自身』前掲号）。生まれは福岡とはいえ、遊び好きの博多っ子の気質を祖父経由でタモリも引き継いでいることは間違いない。

育った環境から生まれた芸

タモリの郷里を歩いてみると、ごくかぎられた圏内にキリスト教の教会がかなりの密度で存在することに気づく。歴史をひもとけば福岡とキリスト教の関係は深い。戦国末期から江戸初期にかけての領主・大友宗麟《そうりん》および黒田如水《じょすい》(孝高《よしたか》)・長政親子はいずれもキリシタン大名であり、とくに如水は伝道を奨励して一時的ながら当地にキリスト教の隆盛をもたらした。その後の江戸幕府のキリシタン禁制で約二世紀半の空白期間が生じたとはいえ、明治以降はふたたび多くの教派が福岡で伝道を行うようになった。なかでも今日の福岡で最多の教会数を誇るのが、西南学院の経営母体でもあるプロテスタント系のバプテスト(浸礼)教会だ(坂井信生『福岡とキリスト教』)。

タモリの生家のすぐ近くにも平尾バプテスト教会というこの教派の教会があり、中学時代にはよく通っていたという。もちろん信仰があってのことではない。来日して年数の浅い牧師が「あまつさえ」「いまひとりのあなた」など日本人でも日常的に使わないような日本語を口にするのが面白かったからだ。物好きが高じて、あるときなど嵐のなか教会に出かけ、ほかの敬虔《けいけん》なクリスチャンとともに牧師から「シンコウ　アツキ　キョウダイシマイ」と褒められたこともあったという(『広告批評』一九八一年六月号)。タモリのデビュー以前からの持ちネタで、のちには『笑っていいとも！』の毎年恒例のクリスマス特大号でもおなじみとなった牧師の説教のモノマネはここから生まれたものだった。

やはり初期タモリのレパートリーだった「四ヵ国語麻雀」をはじめとするインチキ外国語芸も、福岡という土地柄から生まれたともいえる。というのも、福岡では地理的な位置から韓国のラジオ放送などが日本のほかの地域以上にクリアな音で受信できたからだ。なかでも少年時代に聴いた韓国のラジオドラマは強く印象に残ったらしい。

《韓国のラジオ・ドラマは最高だったナ。家庭の風景の状況だけは、音でわかる。ごはんを食べたり、電話が鳴ったり、オヤジが何か言ってアニキがドアーを開けて入ってくるとか、状況は全部わかるのに、言葉がわからない。（中略）日常の動作は同じで、意味がないっていうのはおもしろかったなァ》（松岡正剛との対談『愛の傾向と対策』）

そのほかにも米軍が極東向けに放送していたＦＥＮ（現・ＡＦＮ）をはじめとする外国語放送、また中国の北京放送のように外国から発信される日本語放送をタモリは好んで聴いていた。高校時代には、世界中の短波放送が拾える通信型受信機を自らつくったという。いずれも後年の芸の格好のネタ元となったことはいうまでもない。

ラジオは聴く以前につくるもの

ソニーが日本初のトランジスタラジオを発売したのは、同社がまだ東京通信工業という名前だった一九五五年のことである。これによりポータブル化されたラジオは一挙に個人ツールとして普及していくわけだが、もともとタモリは、鉱石ラジオや真空管ラジオに始まり、中学二年のときにはトランジスタラジオを自前でつくってしまうほどの電気少年だった。「自分はラジオを聴く以前に、ラジオをつくっていた」とは近年のラジオ番組での本人の弁である（ニッポン放送『われらラジオ世代』二〇一三年一〇月二四日放送）。

一方、福岡でＮＨＫがテレビ放送を始めたのは東京に遅れること三年、一九五六年三月というから、タモリが小学四年のときだ。しかし少年時代のテレビ体験について彼はあまり語っていない。話していることといえばせいぜい、家庭に入ってきたばかりのテレビには布のカバーがかぶせられていたことや、高校のころ藤田まことと主演のコメディ『てなもんや三度笠』（朝日放送・ＴＢＳ系、一九六二〜六八年）とクレージーキャッツなどをメインとしたバラエティ『シャボン玉ホリデー』（日本テレビ、一九六一〜七二年）を見ていて、どちらかといえば後者のほうが体質的に近いと感じていたということぐらいだ。

それとくらべればやはりラジオ体験は圧倒的に大きかった。戦後の日本の多くの家庭がそうであったように、福岡の森田家でも一日中ＮＨＫのラジオをつけっぱなしであったという。一つ年上、一九四四年生まれの編集者・著述家の松岡正剛との対談集『愛の傾向と対策』では、子供向けのラジオドラマ『笛吹童子』や『紅孔雀』などを聴いていたという話で盛り上がっている。

同じ対談によれば、タモリが寄席に初めて行ったのは芸能界に入ってからで、それまでは落語も講談も浪花節（浪曲）ももっぱらラジオで聴き、さらに戦争で消息を絶った人の情報の提供を呼びかける『尋ね人の時間』や株式市況、気象通報も好きだったという。とりわけ気象通報への思い入れは強く、「一度やらせてもらいたかった」とまで語っている。

《あれがやりたいために、高校のとき地学をとったくらい。授業中に、気象通報を録音して聞かせるんです。天気図全部書いてきて、等圧線を引かせる。あれがまたたまらなく好きでしたね。「南大東島では……」って教室に流れていく。そして、経度、緯度を合わせてつくっていく。小学校のころから、あの天気図が好きでね。いまだにノートにムチャクチャな等圧線を書いてるんですよ》（『愛の傾向と対策』）

音楽が好きなのは「意味がないから」

ラジオからは当然ながら音楽も自然と耳に入ってきたことだろう。もっとも、タモリは邦楽・洋楽を問わず流行歌、ヒットチャートの類いにはあまり関心はなかったようだ。日本の歌謡曲は小学校五～六年のころから聴いていないという。

この時期（昭和三〇年代前半）に流行った三橋美智也「リンゴ村から」や島倉千代子「東京の人さようなら」など故郷から都会に出る者との別れを歌った一連の歌謡曲、また石原裕次郎や小林旭など若手スターによる映画の主題歌とも、平尾昌章（現・昌晃）、山下敬二郎、ミッキー・カーチスらの登場でブームとなったロカビリーともタモリは無縁だったわけだ。後年のラジオの深夜番組『タモリのオールナイトニッポン』では高田浩吉の「白鷺三味線」がその歌詞の〝思想のなさ〟から絶賛されたが、これは一九五五年、タモリが小学四年のときの流行歌だからぎりぎり聴いていたのだろう。さらに下って大学入学前後の六〇年代半ばに日本でも流行り始めたビートルズにも、「影響されたということはまずない」と明言している（ＰＬＡＹＢＯＹ日本版編集部編『プレイボーイ・インタビュー　セレクテッド』）。

ただ、その後どっぷり浸かることになるジャズについても、どの要素からハマったのかと問われて《音ですね。ジャズ・ボーカルを聴きだしたのは、かなりあと》（『愛の傾向と対策』）と答えていることから察するに、彼は流行歌やロックに無関心というより、そもそもボーカルというもの自体にあまり興味がないのかもしれない。

そのことは、《ぼくが音楽を好きだというのは、意味がないから好きなんですね》との発言（「はじめてのＪＡＺＺ。」第二五回、「ほぼ日刊イトイ新聞」）からも裏づけられよう。逆にいえば、意味のないものすべてがタモリにとっては音楽となるのではないか。事実、彼は一九八一年のインタビューでそれを証明するかのような発言をしている。

《今でも、沖縄放送の公開番組とか、コスタリカのＤＪとか、まったく最初から何だかわかんねえと、音の響きだけ聞いてるほうが、ぼくはものすごく気持ちいいし、飽きずに聞いてられるんです。意味が入ってくると、とたんにもうつまらなくなる》（『プレイボーイ・インタビュー　セレクテッド』）

少年時代に聴いた外国語のラジオ番組はもちろん、株式市況や気象通報、それから教会での牧師の説教も、タモリは何より音の響きとして心をつかまれたのだろう。彼にとってそれらはすべて「音楽」だったのだ。

タモリの初期のレパートリーの一つである「ハナモゲラ語」もまた、音の響きの快感から生まれたとみていい。これは、外国人が初めて日本語を聞いたときの印象をそのまま再現したかのようなまるっきり意味のない言語で、もともとは山下洋輔たちジャズ・ミュージシャンが仲間内で使っていたのが、やがてタモリの持ちネタとなった。

余談ながら山下は後年、「ハナモゲラ語は言語ですか」と文化人類学者・言語学者の西江雅之（一九三七～二〇一五）に訊ねたことがあった。西江は即座に「あれは言語ではない」

と回答、「じゃ何ですか」という山下に「ハナモゲラ語には法則がありますか？」と逆に聞き返した。「そのときの気分でしゃべるのでデタラメです」と山下が言うと、西江は「それなら、音楽です」と結論づけたという（妹尾河童ほか『河童が覗いた仕事師12人』）。

言葉の意味のレンジを広げて

意味がないから音楽が好きだというのは、「意味が嫌い」ということの裏返しでもある。タモリはその理由を前掲のインタビューで次のように説明している。

《言葉の意味というのは、人間をものすごくがんじがらめにしてるでしょう。（中略）愛が初めにあるんじゃなくて、「愛」という言葉が最初にあるんですよね。ところが、言葉にからめ取られていると、愛というものがあると固く信じて疑わないから、愛が失われたといって自殺したりするわけでしょう。

だから、言葉を本来の機能である道具に戻して、道具箱をひっくり返して遊ぶように

――〝大人のおもちゃ〟とぼくは言うんですけど、そういうふうにして遊んだほうが衛生的なんじゃないかと》（『プレイボーイ・インタビュー　セレクテッド』）

本人は「道具箱をひっくり返して遊ぶように」と表現しているが、私には、ラジオや無線機のダイヤルをあれこれひねっているイメージのほうがよりふさわしい気がする。タモ

リの芸とは、言葉の意味を否定するものというよりは、むしろ意味のレンジを広げるものではないかと思うからだ。

ラジオのダイヤルをひねっていると、音声が近づいたり遠ざかったり、電波が混線したりしてほかの音声とごっちゃになったりする。それと同じように、言葉から意味が遠ざかったり、あるいは意味と意味がごっちゃになってまるっきりべつの意味が生じたりする、そんなダイヤルがタモリの頭のなかにはあるのではないか。ハナモゲラ語はまさに意味の混交の産物だし、九〇年代の人気番組『タモリのボキャブラ天国』（フジテレビ）や『タモリ倶楽部』（テレビ朝日）の名物コーナー「空耳アワー」にしても、あるセリフや洋楽の歌詞からまったくべつの意味を読み取って笑いを誘うという点で、ハナモゲラ語と本質的に変わりはない。

二〇一三年のニッポン放送の特番のなかで、タモリは「〝ラジオをつくって、聴いて、演《や》る〟、そんなタレントは日本に自分しかいない」とゲストの笑福亭鶴瓶を相手に自慢していたが、じつは彼自身がラジオそのものだと考えたほうが私にはしっくりくる。

アート・ブレイキーの衝撃

タモリを語るうえでジャズは欠かせない。その人生に大きな影響を与えたジャズと彼はいつ出会ったのだろうか。

前章で祖父母や両親のいた旧満洲は戦前の日本人にとって数少ない西洋文化との出会いの場であったことに触れたが、それはジャズについても例外ではない。

「一九三八年に、服部良一の手になるジャズ色の濃いメロディで淡谷のり子の歌った「雨のブルース」は、あまりにモダンすぎたためか日本国内より先に大連の日本人租界からヒットし始めたという話もある。また、作曲家の武満徹は幼い頃を大連ですごしているが、彼の父親はジャズのレコードをたくさん持っており、毎晩大音量で聴いていたという。

ただし、森田家の人々がジャズを聴いていたという気配はない。祖父母は邦楽を好み、父親が好きだったのはフラメンコで、ピアノを習っていた姉はクラシック専門だったという。一義少年はそんな家族の影響から、クラシックのピアノ曲を聴いたり、ビートルズ以前のデル・シャノンなどアメリカンポップスのオールディーズ、はたまた邦楽にチベット音楽と、特別に音楽に興味があるというわけではなかったが色々と聴いていたようだ。

さまざまな音楽と接してきた森田一義少年が最後に聴いたのが、《どういうわけかジャズだった。モダンジャズだった》(高平哲郎『植草さんについて知っていることを話そう』)。それは一九六三年、彼が高校三年生のときのこと。後輩の家でアート・ブレイキー&ジャズ・メッセンジャーズのレコードを聴いて衝撃を受けたという。

《テーマがまずカッコよかった。タッタリリララッターというんで、カッコいいな、カッコいいなと思った。間にえんえんとアドリブがあって、これがまったくわからない》（『プレイボーイ・インタビュー　セレクテッド』）

《これは何だ、メチャクチャやってるのかとおもった。それまで音楽でわからないとか、不思議だとおもったのはないんで、シャクにさわってね、そのレコードを借りて家へ持って帰ってともかく聴いた》（『愛の傾向と対策』）

レコードをじっくり聴いたら、「これは俺に一番ぴったりくる音楽だ」とすっかり虜《とりこ》になっていた。それはいままでにない音楽体験で、以来「女色を漁るように」ジャズを聴き漁るようになる。

《ディキシーも聴いたけど、やっぱりコンボだったね。それ以外はもう音楽じゃない、芸術じゃないと。いや、ピアノ・トリオはいい。ピアノ・ソロもいい。どうってことない、モダンジャズならなんでもよかった》（『植草さんについて知っていることを話そう』）

用語解説をしておくと、「ディキシー」とは、ディキシーランドジャズの略で、二〇世紀初めにアメリカ南部ニューオーリンズに生まれたジャズの最初期のスタイルを指す。「コンボ」とは、だいたい三人から八人ぐらいまでの小編成のジャズ楽団のことで、一五〜一六名のビッグバンドと大別される。

一九三〇年代、アメリカ・ニューヨークを中心に、ビッグバンドによるスウィングジャズが爆発的人気を呼ぶ。「モダンジャズ」は、スウィングジャズの衰退していった四〇年代、若手ジャズメンが仕事の終わったあとに集まっては即興的な演奏（ジャムセッション）を行うなかで生まれた。このとき彼らはメロディ・リズム・ハーモニーの三要素に大幅な変革を試み、ビ・バップと呼ばれる新たな演奏スタイルを生んだ。このビ・バップの手法にもとづくジャズをひっくるめてモダンジャズと呼ばれる。

ドラム奏者のアート・ブレイキー（一九一九～九〇）は、五〇年代から六〇年代にかけてのニューヨークを中心とした黒人モダンジャズの中心的存在で、その躍動感あるファンキーな演奏は日本でもブームを巻き起こした。その人気の浸透ぶりを、ジャズ評論家の油井《ゆい》正一（一九一八～九八）は「蕎麦屋が『モーニン』を口笛で吹きながら運ぶほどだった」と、ブレイキーの代表曲をあげて表現している。

タモリがブレイキーのレコードを最初に聴いたとき、「間にえんえんとアドリブがあって」「メチャクチャやってるのかとおもった」と言っているのは、いわゆるモード奏法によるパートだろう。六一年にアート・ブレイキー&ジャズ・メッセンジャーズの初来日時に聴衆を驚愕させたのも、モード理論を導入したその演奏スタイルであった。このとき、一部関係者は「デタラメを吹いているのではないか」と言うほどだったという（相倉久人

『至高の日本ジャズ全史』)。このモード理論を五〇年代末に提唱し、アドリブの可能性を広げたのが、タモリがもっとも心酔するジャズ・トランペット奏者、マイルス・デイヴィス(一九二六~九一)だった。

マイルスがモードジャズを創始したのと時を同じくして、従来の技法的な約束ごとにとらわれない自由な演奏のジャズ、いわゆるフリージャズも誕生した。このフリージャズの日本における先駆的存在が山下洋輔だ。

このように六〇年代は、ジャズが従来のスタイルを打ち破り、大きな変化をとげていた時代であった。タモリはある意味、一番いい時期にジャズと出会ったといえる。六五年、早稲田大学に入学した彼は、迷わずモダンジャズ研究会に入った。そこでの体験はその後の彼の人生を決定づけ、森田一義をタモリへと変えたといっても過言ではない。

第２章　大学紛争とダンモ研狂騒曲
――森田一義から「タモリ」へ

早大紛争（1966年）

オリンピック中継を見ていた祖父の一言

二〇一四年五月、国立霞ヶ丘陸上競技場が閉場し、翌年には解体された。引き続きその跡地には二〇年の第三二回オリンピック東京大会のメインスタジアムとなる予定の新競技場が着工されるはずであったが、国際コンペで選ばれた競技場のデザイン案（イラク出身の建築家、ザハ・ハディドのグループによる案）を実現するには当初の予算や工期では難しいことがあきらかになり、一五年七月になって計画は白紙に戻された。はたしてオリンピック開催までに建設がまにあうのか、目下、注視されているところである。

解体前の旧競技場には、タモリもテレビ番組『ブラタモリ』でロケに訪れている（NHK総合、二〇一二年三月二九日放送）。そこで彼が間近で見つめた聖火台は、旧競技場が竣工した一九五八年開催の第三回アジア競技大会のためにつくられ、前回の東京オリンピック――六四年の第一八回オリンピック東京大会――でも使われたものだ。埼玉県川口市の鋳物《いもの》工場でつくられたこの聖火台は旧競技場解体を前に撤去・保管され、次の東京オリンピックでも再利用が考えられているという。

聖火台の前に立つタモリの姿を見て私は、レコードアルバム『タモリ3　戦後日本歌謡史』（一九八一年）に収録された東京オリンピック開会式の〝実況中継〟を思い出した。

「はじめに」でも触れた『タモリ3』はそのサブタイトルが示すとおり、戦後史を歌謡曲でつづるという体裁で各時代の流行歌やできごとをパロディにしたものだ。

もっとも、タモリの演じることだからただで済むわけがない。選手の入場行進、そして聖火ランナーが聖火台へとつながる階段を駆けのぼるところまでは順調に進行するものの、聖火がついたとたん、火が強すぎて競技場全体に燃え広がってしまう。その模様をアナウンサーに扮したタモリは次のように伝える。

《大惨事！　ごらんください！　真っ赤に燃えあがるこの国立競技場から放送する楽しみを、私たちは、何日待ったことでしょうか。ようやくここまでこぎつけた日本の経済復興、その頂点といえる国立スタジアムが、いままさに焼け落ちよう……焼け落ちました！　完全に、焼け落ちました。また戦後の焼け跡から一から出直さなくてはいけませんようになりました。みなさんとともにがんばりたいと思います》

「焼け跡から一から出直す」というフレーズが何とも皮肉だ。実際、東京オリンピックに向けては競技施設やホテル、高速道路・地下鉄の建設、さらには既存の道路の拡張など、東京のあちこちでスクラップ・アンド・ビルドが展開され、まさに焼け跡から出直すがごとき都市大改造の様相を呈していた。

オリンピック開催にともなう社会インフラの整備は、人々の生活や社会構造にも大きな変化をもたらすことになる。オリンピック前後の変化について評論家の松本健一は、我が国が「近代日本」といった過去百年の基本的枠組みから脱し、欧米近代と横一線に並び始めたという意味で、敗戦の前と後での変化よりもはるかに大きかったのではないかと論じている（『戦後世代の風景』）。

一九六四年三月に筑紫丘高校を卒業後、大学受験に失敗して浪人中だったタモリは、東京オリンピックを福岡の実家で祖父と一緒にテレビで見ていた。とくに閉会式で、選手たちが整然とした行進ではなく各国バラバラに競技場に入ってきて盛り上がったことは印象に残ったようだ（このスタイルは東京オリンピックから始まり、以後定着することになる）。その様子を見ていた祖父が一言、「戦争なんかしちゃだめだね」と言ったのをタモリはいまだに覚えているという（『NHKスペシャル「戦後70年　ニッポンの肖像」プロローグ　私たちはどう生きてきたか』二〇一五年一月一日放送）。

吉永小百合のトースト

さて、『タモリ3』では東京オリンピックの聖火リレー最終走者は「サカイマサアキ君」とアナウンスされていたが、もちろん現実のオリンピックで当時ザ・スパイダースのボーカルだった堺正章が聖火を点火したはずもない。実際にその役を担ったのはサカイはサカイでも、坂井義則（一九四五〜二〇一四）という当時一九歳の早稲田大学の学生だった。

坂井義則は一九四五年八月六日、つまり広島に原爆が投下された当日に広島で生まれている。平和の祭典とされるオリンピック、しかも日本の戦後復興をアピールするべく開催された東京大会で坂井が大役に抜擢された決め手が、誕生日と出身地にあったことは間違いない。ただし、彼が生まれたのは広島市内ではなく、爆心地から約七〇キロ離れた、広島県北部の山あいに位置する三次《みよし》市であったのだが。ちなみに堺正章は坂井のちょうど一年後、一九四六年八月六日に東京に生まれている。

坂井義則は早稲田大学を六八年に卒業したのちフジテレビに入社、スポーツ・報道畑を歩んだ。終戦の一週間後に生まれたタモリと同い年というだけでなく出身大学も同じで、勤務先からいってもタモリとは近いところにいたことになる。ただし先述のとおりタモリは一浪し、坂井より一年遅れの六五年春に早稲田大学文学部哲学科に入学した。早稲田を志望したのは入試科目に数学がないのが魅力だったからという。

同じ年に早稲田大学の第二文学部史学科に入学したのが女優の吉永小百合である。すでに押しも押されもせぬ映画スターであった吉永は、大学入学資格検定（現在の高等学校卒業程度認定試験）をパスして大学に進んだのだった。

タモリが学年では一つ上の吉永（一九四五年三月一三日生まれ）の熱烈なファンであること

はつとに知られる。きっかけは一四歳のとき、デビュー四年目頃の吉永の写真を週刊誌で見たことだったという。それ以来のファンなのだが、当時恋愛物の映画が嫌いだった彼は、『キューポラのある街』（浦山桐郎《きりお》監督、一九六二年）をはじめ吉永の主演映画を一本も観たことがなかったらしい。タモリにとって吉永は映画スターなどという次元を超えた「いてくださればいい」存在であった（『証言の昭和史9 〝ニッポン株式会社〟出帆す』）。

　その憧れの人が自分と同じ大学に進んだことを知ったのは入学直後だったという。仕事を終えた吉永が夜間の講義の始まる前に校門前の立ち食い蕎麦屋に立ち寄っていると聞いて、その店へ行ってみたこともあった。また、何度か校内で本人の姿も見かけている。あるときなど学生食堂でラーメンを食べていたところ、たまたま前の席に吉永が座り、トーストを食べ残して立ち去った。それを持って帰ろうか迷っているうちに食堂のおばさんが片づけてしまったと、タモリはたびたび照れながら語っている。

　子役として親のマネジメントのもと芸能活動を始めたという点で吉永は美空ひばりなど前世代のスターと共通する。しかし彼女は自らの意志をもって両親や映画会社の反対を押し切り大学に進み、のちには結婚もした。美空をはじめ従来のスターが幸せな家庭生活を犠牲にしてまで芸能活動に身を捧げたのに対し、吉永がスターのイメージを壊すことなく、一個人として生きることも大切にしてきたのは、戦後に育った世代ならではといえるかもしれない。

時代を彩った一九四五年生まれ

タモリと同じ一九四五年生まれには、吉永小百合だけでなく一時代を築いた女性が目立つ。たとえば女優の藤純子《じゅんこ》。六〇年代末から七〇年代初めにかけて東映の『緋牡丹博徒《ひぼたんばくと》』シリーズでヤクザの一家を継いだヒロイン・緋牡丹お竜の役で同世代の男たちの支持を集めた藤は、その結婚による引退（七二年）をもってヤクザ映画の時代に幕を引いたともいわれる（彼女自身はのちに富司純子《すみこ》と改名して復帰）。藤と入れ替わるように七〇年代前半に登場した作詞家の阿木燿子《ようこ》もまた同い年だ。阿木は、当時一〇代だった歌手・山口百恵本人たっての希望により夫のミュージシャン・宇崎竜童とのコンビで「横須賀ストーリー」（七六年）などの曲を提供、山口に絶頂期をもたらした。

このほか、七七年に全米女子プロ選手権で優勝し、日本ゴルフ界では男女通じて初のメジャー大会制覇を達成した樋口久子、七〇年前後に文化放送のアナウンサーとして深夜ラジオ番組で人気を集め、独立後は女性の自立など社会問題にも深くコミットすることになる落合恵子、七二年に「中絶禁止法に反対し、ピル解禁を要求する女性解放連合」（中ピ連）を率いて過激な女性解放運動を展開した榎美沙子、さらには連合赤軍の幹部だった永田洋子《ひろこ》（二〇一一年没）や、中東に渡ってパレスチナ解放人民戦線と連携し日本赤軍を結成した重信房子も一九四五年に生まれている。

なお、作家・三島由紀夫が結成した民兵組織「楯の会」のメンバーだった森田必勝《まさかつ》もやはり同い年で、タモリや吉永小百合と同時期に早稲田大学に通っていた。

森田は六六年に早稲田大学教育学部に入学、その四年後に陸上自衛隊市ヶ谷駐屯地にて三島とともに自決を遂げた。太平洋戦争末期の四五年七月に生まれた森田の「必勝」という名は、この戦争には必《まさ》に勝つべしという願いをこめて父親がつけたものだった。じつは森田の父はもうひとつ、早く平和が戻ることを願って「平和《ひらかず》」という名前も考えていたという（中村彰彦『烈士と呼ばれる男』）。この森田に前出の永田と重信を並べれば、右と左と若者による政治運動が過熱した時代の相貌《そうぼう》が浮かび上がる。

同じ森田姓のタモリは、序章に書いたとおり、元首相の田中義一の名前を「そのままると頭でっかちになるから」という理由でひっくり返して「一義」と命名された。これについて本人は「僕は苗字も名前も逆になってるんです。逆人生」とも語っている（戸部田誠「大タモリ年表＃1」）。

森田一義の名前がさかさまになっていなければ、また森田必勝の名前が「平和」になっていたのなら、彼らの人生はまた違ったものになっていたのだろうか。

早大紛争の群像

一九六〇年の日米安保条約改定をめぐる反対運動（六〇年安保闘争）のあとしばらく落ち着いていた学生運動は、六〇年代後半に入るとふたたび高まりを見せる。この時期の学生運動は大学ごとの問題に端を発したが、米軍による空爆で激化していたベトナム戦争や七〇年に予定されていた日米安保条約の延長（いわゆる七〇年安保）などに対する反対運動ともしだいに結びつき学外にも広がっていく。

六五年から翌年にかけての早稲田大学での紛争は、このあと全国で巻き起こった学園紛争の端緒とも位置づけられる。その発端は六五年一二月、竣工したばかりの第二学生会館の管理・運営権を求めて一部の学生が運動を起こし、大学当局と対立したことだ。学生側はやがて大学本部を封鎖するという実力行使に出るも、大学側はこれを学内への警官隊の導入によって排除する。

だが学生会館問題はそれで終わることはなかった。翌六六年の年明け早々、唐突に新年度からの学費値上げが発表されると、それに反対する多くの一般学生をも巻きこみ運動は拡大していく。一月下旬からは全学ストライキが決行され、六月までじつに一五五日間も続き、この間しばしば警官隊の出動が繰り返された。「学費・学館紛争」とも「早大紛争

〈闘争〉」とも呼ばれるこの紛争は結局、総長以下、大学執行部の総退陣により終結を見る。

全学的な運動となっただけに、参加した学生のなかにはのちの著名人の姿も見られる。京都のヤクザの家に生まれた異色の作家・宮崎学は、タモリと同じく高卒後一浪して六五年に早稲田の法学部に入学した。早大紛争に際し共産党系の活動家として奔走した宮崎は、このときのことをのちに自伝的著書『突破者《とっぱもの》』に書いている。

それによれば、全学ストに突入して以来、日ごとに集会や学内デモに参加する学生が増え、本部前広場での集会でも、活動家だけでなく一般の学生が次々と登壇してアジ演説をしていたという。

あるとき、学内の劇団に所属する男子学生が登壇して演説を行った。活動家連中の聞き取れないダミ声とは違い、さすがに発声もちゃんとしており、そのスマートで物馴れたさまに運動組織の幹部が「達者なもんだな。あいつにずっとアジらせろ」と感心するほどだった。その劇団の学生とは誰あろう、のちのニュースキャスター・久米宏である。タモリや宮崎学よりひとつ年上の彼は、当時大学三年生だった。

ただし、久米自身がのちに語ったところによれば、大学時代は学生運動にはまったくノータッチ、就職試験で「君は学生運動期間中何をしてた？」と聞かれても、「芝居の稽古

や バイトで忙しくて、学生運動をする暇がなかった」というふうに答えていたらしい（久米宏・久米麗子『ミステリアスな結婚』）。本人としては、学生運動にそれほど深くかかわったという意識はなかったのかもしれない。

学生運動に嫌気

タモリにいたっては、学生運動にかかわった形跡すらない。本人も、《全共闘世代っていうけど、なんら、影響、受けてないもん。やってたヤツ、知りあいにいないし》と明言している（「タモリ先生の午後２００７。」第一七回）。

全共闘とは「全学共闘会議」の略で、既成の学生自治会組織とはべつに、無党派の学生が中心となって結成された運動組織だ。その先駆けとなったのが、くだんの早大での学館紛争に際して結成された「早大第二学館問題全学共闘会議」だった。のち六八年から翌年にかけて東京大学や日本大学をはじめ全国の大学で紛争が起こったが、このとき各大学で全共闘が結成され学生運動を主導することになる。「全共闘世代」というとたいていは、早大の学館紛争より少しあとのこの時代に学生運動に参加した世代を指すことが多い。

タモリは先の対談で、大学に入って《一年半は、けっこう授業もちゃんと出ていましたよ。だけど、大学紛争になるんです》と語っている（「タモリ先生の午後２００７。」第一四回）。

早大紛争が起きたのはタモリが一九六五年四月に入学してから約八ヵ月後だから、「一年半は」と言っているのはおそらく記憶違いだろう。ともあれ紛争が起こってからというもの、タモリのような一般学生はバリケード封鎖などで構内に入れないことが増えた。たまに教室に行っても党派の違う活動家の学生どうしが争って大激論している。ときには、活動家から勧誘されることもあったという。

《「革マルに、はいらないか」
「そういうつもりは、ない」
「……きみはノンポリだ。もっと、思想的になれよ」

そう言われて、そのときはほんとに落ちこみました》（前掲）

しかしここで思想的になったり政治に走ったりせず、ノンポリだったからこそ、その後のタモリが生まれたのだろう。学生運動がらみでは、ほかにもこんなことがあったらしい。

《中核にとりかこまれたときは殺されるかと思ったもん。ちょっと批判的なことを言うと、ウワーッと集まってきて。そんなこんなで学校にいくのがイヤになってきました》（前掲）

もともと早大では紛争以前より、共産党系の民青、反共産党系の革マル派、社会党系の社青同解放派（青解）が三つ巴となって互いにしのぎを削っていた。そこにやはり反共産党系の中核派やブントなど諸派もからみ、混乱にさらに拍車をかけた。前出の全学共闘会議の内部でもやがて民青・革マル・青解の三派が主導権をめぐって争いを起こし、一般学生の不信を招くことになる。タモリもまた、そうした各派の対立に迷惑をこうむった一般学生のひとりであったというわけだ。やがて彼は学生運動に嫌気がさしたうえ、所属したモダンジャズ研究会での活動が忙しくなり、演奏旅行で各地を回ったりしているうちに大学からはだんだん足が遠のいていった。

たけしと西川きよしは同世代

ところでタモリが早大に入った一九六五年には、のちに彼とともに笑いの世界をリードすることになるビートたけしも明治大学に入学している。たけしは四七年の早生まれだから、学年でいえばタモリの一つ下だ。

さらにいえば、横山やすし（一九四四〜九六）とのコンビで一時代を築いた漫才師の西川きよしも四六年生まれで二人とは同世代にあたる。とはいえ、六六年結成のやすし・きよしは八〇年までに三度も上方漫才大賞を受賞するなど、タモリとたけしの人気がブレイクするころにはとうにベテランの域に達していたから、同世代といわれると意外な気もする。西川とタモリ・たけしのキャリアの差は学歴の違いから生じたものだ。

西川は六二年に大阪の中学を卒業すると市内の自動車修理工場に就職している。過労で父親が倒れたため高校進学をあきらめざるをえなかったのだ。しかし勤務中の事故で大やけどを負ったのを機に退職、一転して芸人をめざした。東京から大阪に来て長期客演していた喜劇役者の石井均《きん》に弟子入りしたのをふりだしに、吉本新喜劇に移ってさらに修業を積んでいたところへ横山やすしから誘われて漫才に転向している。

六〇年代前半には西川のように中学を卒業してすぐ就職する者がまだ多かった。高度経済成長の本格化にともない都市部では人手不足が顕著となり、中学の新卒者は「金の卵」ともてはやされた。地方から東京・大阪などの大都市の中小企業や商店へ大勢の中学・高校の新卒者が集団就職したのもこの時代のことだ。タモリと同じ一九四五年生まれ＝一九六一年三月に中学を卒業した一四〇万人中、就職者（就職進学者も含む）は五〇万人だった（文部科学省「学校基本調査」）。

一方、この年次の人口に対する大学進学者の数はいまとくらべるとけっして多くはない。一九六四年四月の大学入学者数は二二万人だった（二〇一四年は一一九万人に対して六一万人）。

これについては、タモリと三歳下の糸井重里（一九四八〜）の対談でも話題にのぼっていた。対談中、糸井の「当時の大学卒は全体の一五％くらいだったらしい」との発言に、タモリは《学生運動は、一五％の中の、また微々たるものですよねぇ》と返している（「タモリ先生の午後2007。」第一七回）。時代や世代をごく一部の目立つ層だけを見て語るのはいかがなものか、というその考えにはうなずける。

ただ、一五％という数字はけっこう重要だったりする。

というのも一説には、高等教育は該当年齢人口の進学率が一五％までのときがエリート段階で、それを超えるとマス段階になるといわれているからだ。四年制大学の進学率でいえば、六四年に初めて一五％を超え、その後数年は下がったものの六九年にふたたび一五％を超えてからは毎年上昇していくことになる。先の説にしたがうなら、この時期を境として日本の大学教育はエリート育成の段階を終え、本格的な大衆化が始まったといえる（竹内洋『学歴貴族の栄光と挫折』）。

タモリが哲学科を選んだ理由

戦前の旧制高校を引き合いに出すまでもなく、かつての大学生にとって、岩波文庫などに収録されている哲学書や西洋文学を読んで教養を身につけることがエリートの条件とされていた。教養という言葉が、人間として成長するための幅広い知識や精神の修養、またその成果の意味で使われるようになったのは大正時代あたりからだという。まだ多くの若年層が、義務教育すら満足に受けられないうちに家業を継いだり外へ稼ぎに出なければならなかったこの時代、高等教育を受けながら青春を謳歌できた者はほんの一握りにすぎず、教養の追求は彼らの特権であった。自己形成のうえで教養を重んじる「教養主義」は、立身出世とも結びつくことになる。

だが六〇年代、先述のとおり高等教育が大衆化したことで、教養主義は実質的に終わりを迎えたとする見方がある（三浦雅士『青春の終焉』、竹内洋『教養主義の没落』）。そこへ来て、どこか押しつけがましい響きのあった「教養」の語に代わり、ただ純粋に客観的な知識を意味する「知」という言葉が新たに使われるようになったと、文芸評論家の三浦雅士は説明する。三浦によれば、知は身につけていなければ恥ずかしいという類いのものではないので、それを必要とするか否かは単に「趣味の問題になってしまった」という（『青春の終焉』）。

ちょうど教養が知に取って代わられつつあった時期に大学に入ったタモリは、文学部のなかでも哲学科を選んでいる。教養主義的な志向を感じさせる選択だが、べつに精神の修養とかそんな目的意識があったわけではない。彼自身は哲学科を選んだ理由を次のように語っている。

《高校の倫理社会で、何か偉そうなことをこいとるやつがいるなと。ぼくは能書が大好きだから、これは能書ばっかりこいとる学問があるぞ、これはいいなと。何を言っとるのかわからないがと、何だろうこいつはと、ムラムラッとのめりこみたくなるんですね》（PLAYBOY日本版編集部編『プレイボーイ・インタビュー　セレクテッド』）

まさに趣味的に哲学という学問を選んだわけである。結局、大学は除籍になったとはいえ、哲学をはじめ知的なものをネタに遊んでみせるという彼の姿勢はいまにいたるまで変わらない。

教授のモノマネから生まれた「中洲産業大学」

初期タモリが若者を中心に支持を集めていった時代背景としては、やはり大学進学率の上昇を抜きにしては考えられない。ビートたけしにも同様のことがいえるが、彼らがコアなファンを獲得したラジオの深夜番組『オールナイトニッポン』も、そのリスナーには受験生が大勢いたことを考えれば、なおさら高等教育の大衆化という要素は見逃せない。

たけしはかつてタモリを《エセインテリをくすぐるのがすごくうまい》《ホント、エセインテリだと思う、タモリのことをどうのこうの面白がる人たちって》と評していたことがある（『広告批評』一九八一年六月号。傍点原文ママ）。興味深いのは同じ記事でたけしが次のように指摘していることだ。

《大体、いまの日本人のかなりの人たちが大学卒でしょ。で、その人たちの大半は自分はバカではないと思ってるわけね。（中略）学校に行ったというただそのことだけで、みんな自分の頭は一般の人とレベルは同じだと思っちゃうんだよね。で、そのへんの奴らが知ってるようなことをタモリさんがちょっと突っつくと、あ、あいつ、おれと同じ感覚だな、とか、センス的にわりといいじゃない、みたいなことになるんだよね》（前掲）

たしかにタモリの芸には、受け手の知的センスをくすぐるものがあった。

その代表的なレパートリーとして、「中洲産業大学」という架空の大学の「タモリ教授」あるいは「森田一義助教授」に扮し、難解なことをもっともらしく解説しているように装って、まるっきりでたらめな講義を行うというネタがある。そのいでたちはヨレヨレの背広に野暮なネクタイ、ボサボサの髪に右側のレンズが黒く塗りつぶされた丸メガネというものだった。

このネタの原型は、彼が学生時代からやっていた大学教授のモノマネだ。居候先の友達の兄がミュージシャンで、テープレコーダーやステレオなど当時としては高級な機器をたくさん持っており、それらを使いラジオ番組のパロディをつくるなどして遊んでいたという。そのなかのひとつに、「朝の教養講座」というレパートリーがあり、「ココアの歴史」

などのテーマで口から出まかせに語っていたのが、そもそもの始まりらしい（前掲）。

中洲産業大学の名前は、タモリの郷里・福岡の歓楽街である中洲からとられたことはいうまでもない。名称の「産業」も、中洲が芸者屋・待合・料理店の三業種の営業が許可された「三業地」であったことに掛けたものだとする説がある。タモリの祖父が中洲検番で芸者の手配をしていたことを思えばいかにももっともらしい。が、当のタモリによると、「中洲大学」ではちょっとつまらないので、あいだに「産業」を入れたにすぎないようだ。

《「産業」とつく大学が、ぼく、なんとなく嫌いで好きなんですね。産業界のあのいかがわしい感じ、産学協同路線のイメージがちらついて。（笑）経営学部かなんかを入学案内のトップにすぐ置くようなね、国際貿易学科とかなにをやっとるのかよくわかんない感じの学科があったりして。（笑）なにかそういう感じが好きで「産業」ってつけたんですけどね》（前掲）

この発言を裏づけるように、タモリの初期からのブレーンのひとりで放送作家・演出家の高平哲郎《てつお》（一九四七〜）は、中洲産業大学の名前は京都産業大学の学園祭へ二人で営業に行ったときに思いついたものだと証言している（「ジャズと、タモリと、70年代。そして、中洲産業大学。」第一回、「ほぼ日刊イトイ新聞」）。

一〇年遅れの「大学解体」？

中洲産業大学はその後、単なるネタのレベルを超え、現実をも巻きこんでいく。一九七八年にはラジオ番組『タモリのオールナイトニッポン』の企画として、実際に〃学生〃を集めて夏期講座が五日間にわたり開かれた。会場となったのは早稲田大学にほど近い高田馬場にあるFIビルの六階。教授陣にはタモリのほか赤塚不二夫・山下洋輔・所ジョージ・ツービートなどといった錚々《そうそう》たる面々がそろった。受講資格を得るための〃入学試験〃は番組を通じて行われ、じつに約二万五〇〇〇人もの応募があったという。会場のキャパシティは五〇～六〇人だったため、結局受講者を毎日入れ替えることになった。

ひょっとすると、中洲産業大学は全共闘運動に対するタモリの一〇年遅れの回答ではなかったか。大学紛争の際に学生たちが掲げたスローガンのひとつに「大学解体」というのがあった。そこに込められた意味は色々あるが、一つには、現実社会からかけ離れた旧来の大学のあり方への批判があげられる。

そうした大学の問題は、紛争後も解消されることはなかった。浮世離れした大学の教員を戯画化したタモリのネタも、そんな状況だからこそパロディとして成立しえた部分はあったはずだ。

タモリ扮する「森田一義助教授」にはモデルがあった。彼は「その人と並べてくらべてみたら全然違うかもしれないが」と前置きしつつ、早稲田大学にいたひとりの助教授をあげている。それは論理学の助教授で、年齢はわりあいいっていたにもかかわらず、教授になれずにいたという。学生から見てもそれも当然と思わせる、ようするに「勉強はできるけれども頭が悪い」「それがどういうわけか間違って助教授になってしまった」、そんな人だったようだ。

その助教授、授業を聞いていると愚痴をこぼす。それも自分を追い抜いていった同僚の愚痴ではなく、昔の人の論理学を説明したあとで、「まっ、こんなことを言ってますけどね……」というぐあいに、何世紀も前に死んだ学者に対し愚痴をこぼしたというのだ。《とにかく、それがおかしくってね、ふとそれを思い出して、その人をもっとムチャクチャに、時代錯誤もいいとこで学問しか知らない、しかし頭が悪いためにたいした業績はあげられない、そういう感じの助教授に作り変えちゃったんです》(『広告批評』前掲号)

そんな教員が存在しえた「象牙の塔」としての大学ももはや遠い過去のものとなっている。大学全入時代のいま、かつて大学教育の基礎をなしたはずの一般教養をカリキュラムから外し、より実践的な職能教育に重点を置く大学も目立つ。何より、長い不況も大きく影響しているが、学生が早い時期から就職活動に追われ、七〇年代以降顕著となった社会に出るまでのモラトリアム(猶予期間)としての大学生活も、かなりの学生にとってはもはや無縁のものとなりつつある。

他方、名門校から新設校にいたるまで、グローバル化や情報化に対応し入学者を呼びこむべく、従来の学問の枠組にとらわれない学際的な学部・学科を設けるようになった。そこで出現した新たな大学や学部・学科の名前には、国際○○学部や××情報学部、あるいは△△コミュニケーション学科など、名前だけではさっぱり内容の見えてこないものが目につく。こうしたネーミングは、かつてタモリが「なにをやっとるのかよくわかんない感じ」と例にあげた国際貿易学科などの比ではない。しかもここにきて、文部科学省が人文社会系や教員養成系学部や大学院について組織の廃止や社会的要請の高い分野への転換を迫っているだけに、謎の学部・学科名は今後ますます増えていきそうだ。

六〇年代末に全共闘の学生たちが解体しようとした大学は、その後の社会状況の変化にともない大きく変わり、内部から解体されていった。二〇一四年に始まったトーク番組『ヨルタモリ』（フジテレビ）では、タモリが往年の中洲産業大学の助教授ネタを彷彿とさせるコントをたびたび披露している。

私はそれにノスタルジーを感じずにはいられない。それはタモリの芸そのものが懐かしいというよりは、そこで戯画化されている大学教授がもはや現実には存在せず、過去のものとなっているからだろう。

「司会者・タモリ」誕生

話をふたたびタモリの学生時代に戻そう。大学に入学すると迷わずモダンジャズ研究会に入った彼は、学生時代を通して本も読まなければ、映画も観ず、ほかの音楽についても「あんなものは芸術ではない」と思いこみ、とにかくジャズしか聴かなかったという。本人いわく《だから、あの何年間っていうのは、何が流行っていたとか、世の中の動きって何も知らない》（髙平哲郎『植草さんについて知っていることを話そう』）。

本名の森田をひっくり返して「タモリ」と呼ばれるようになったのも、モダンジャズ研究会に入ってまもなくのころだ。これはジャズを「ズージャ」、ピアノを「ヤノピ」などという具合に言葉をひっくり返して呼ぶジャズマン同士での言い方を踏襲したものである。モダンジャズ研究会も「ダンモ研」と通称された。

タモリは高校時代にリー・モーガン（一九三八〜七二）やマイルス・デイヴィスといったジャズ・トランペット奏者に憧れていた。あまりの心酔ぶりに、所属したブラスバンド部では、顧問の教師にごまをすって楽器をチューバからトランペットに替えてもらうほどだった。将来はジャズ・ミュージシャンになるつもりでいたが、大学生になりダンモ研に入ってすぐ断念したという。同級生・先輩のなかにはのちに渡辺貞夫のバンドに入る増尾好秋（ギタリスト）や鈴木良雄（ベーシスト）など、自分よりずっと才能のある連中がいたからだ。

トランペットはダンモ研に入っても一年ぐらい続けていたものの、結局レギュラーにはなれなかった。先輩から「マイルス・デイヴィスのトランペットは泣いているが、おまえのは笑っている」と言われてあきらめた、という話はファンのあいだではよく知られるところだ。結局タモリは、司会、さらにはマネージャーを兼務することになる。その手腕は主に、全国各地を演奏でまわる旅、「ビータ」で発揮された。

早稲田大学には卒業生の団体として「稲門会《とうもん》」という組織が、地域や職域、サークルなどさまざまな区分で全国に多数存在する。演奏旅行というのは、それら稲門会に呼ばれて各地をまわるものであった。

司会はコンサートをうまく進行するため重要な役割だ。一九六〇年に発足したダンモ研には、研究にいそしむ「鑑賞部」の部員と、楽器を演奏する部員とがおり、司会は前者から出すことが慣例になっていた。ところがなかなか適任者がいない。そこで、演奏する側の部員だったタモリにお鉢がまわってくる。

司会者としてのタモリのデビューは、早稲田大学の大隈講堂でのコンサートだったらしい。ダンモ研の一年先輩で、在学中よりジャズ評論家として活動していた岡崎正通（のちのニッポン放送ディレクター）は、タモリが初めて司会をするのを見て、格段に目立った特徴があったわけではないが、これまでの司会者とは違い「何だか面白かった」ことが記憶にあるという（片田直久『タモリ伝』）。

タモリの司会はしだいに評判をとるようになった。メンバー紹介のときなど、まず「いつもは学年順に先輩からやるのが普通ですが、きょうは顔のいい順に紹介します」と言っておき、メンバーがステージに出てきたところで、「まずは最初。司会の私」とやったりすると結構ウケたという。バカバカしい話やモノマネをしているうちに、司会のパートが演奏より長くなることもしばしばで、バンドのメンバーからは「俺たちはおまえのしゃべりの合間に演奏してるんじゃないんだから」と言われるほどだった。

列車内で中国人になりすます

演奏旅行は夏に二ヵ月、春に一ヵ月という長丁場で、年間を通じて約三〇〇ステージをこなした。移動はもっぱら夜行の鈍行列車。旅行中は列車のなかで寝起きする日々が続く。鈍行には寝台がないので、網棚の上で何度寝たかわからないという（『ザ・ヒーローズⅡ　宝島ロング・インタヴュー集』）。車中で洗濯をして、荷台から荷台にロープを吊るして干すこともよくあった。見かねた車掌から、「通路のとこだけは空けてください。パンツが乗客の顔にあたりますから」と注意されたりもしたとか。いや、注意するのはそこではないはずだが。

列車内では、ほかの乗客にいたずらを仕掛けることもあった。タモリは仲間に「じゃ、やってくるな」と言って、一人で車両の端のボックスシートに移動し、誰かが来るまで待っている。そのうち向かいの席に二人くらい座るが、しばらくはじっとしていて、そのあといきなり「ウーチャ　シーチェン　ターパイヤア」とデタラメな中国語でしゃべり出す。そのときの相手の反応を楽しむのだ。

《間ぱつを入れず「クーヒー　スーシェー　ヒーパイアー」。（笑）向こうは困ってね、「だれか中国語わかる人いませんか?」。（笑）いるわけないいんだよね。でも、田舎の人って親切だから、「なんですか?　なんか困ってるんですか?」》（『広告批評』前掲号）

本人はおかしくてしかたないのだが、それでも笑いをこらえてやり続ける。そのうち辺りがざわつき出すなか、向こう側の席では仲間がクスクス笑っている。そんなふうに延々と何時間も中国人になりすましているうちに、お腹が空いた。ふっとまた向こうを見ると、仲間たちは自分を差し置いて弁当を食べているではないか。だが、ここまで相手を信じこませておきながら、日本人だとバレたらきっと怒られるに違いない。そこでタモリは窓を開け、「ベンタオ!　ベンタオ!」と叫んだ。仲間に向かってではなく、窓を開けて叫んだのは、相手に何としてでも悟られまいとする苦肉の策だったのだろう。

ステージでも、たまにデタラメな言葉で「イパネマの娘」なんかを歌うことがあった。客にウケるだろうと思ってやったのだが、誰もデタラメだと気づかなかったという。まだ時代が早すぎたのか、ポルトガル語の原詞か英語詞で歌っているものと思われたのだろう。ともあれ、のちに芸能界にデビューするきっかけとなるデタラメ外国語のネタは当時すでに完成されていたというわけだ。

演奏旅行でもっとも長距離を移動したのは、鹿児島から東京経由で青森に行ったとき。途中、上野で休憩を三時間とっただけの強行軍だった。春に北海道から富山へ移動したときには、前夜に列車に乗りこんだ際は雪が降っていたのに、日本海に沿って富山の近くまで来ると暑くなり、窓の外を見たらもう海で泳いでいる人がいて、日本の広さを実感したという。

マネージャーになるまでの長いビータ

タモリがマネージャーに選ばれたきっかけとなるビータも、なかなか波瀾に富んだものだった。発端は、休みで福岡に帰郷していたときのこと。佐賀へ仲間たちが演奏旅行に来たので遊びに行くと、そこで「バンドボーイが一人足りないから来い！」と急遽参加を命じられる。一行は翌日、宮崎に行き、そのあと福井に移動するので、その途中、小倉の駅で列車に乗り合わせることになった。

約束の時間、乗車券は先方が持っているので駅の入場券だけ買い、すでにバンドメンバーの乗っているはずの夜行列車に乗りこんだ。しかしいくら探しても見つからない。検札に来た車掌には「この列車に絶対に乗ってるはずだ」と言って翌朝まで待ったものの、結局会えずじまい。それもそのはずで、メンバーたちは一本前の臨時列車で先に行ってしまっていたのだ。

列車は京都に着いたが、手元には入場券だけでカネもない。ちょうど朝のラッシュアワーだったので、駅員が満員電車をさばくのに手いっぱいとなっているすきを狙って、駅の柵を飛び越えて外へ出た。その日は京都の友達の下宿で一泊。翌日、福井にたどり着き、ようやくメンバーと合流することができた。ところが、先に着いていた仲間たちはみんな下痢に苦しんでいた。どうやら列車のなかで食べた弁当にあたったらしい。タモリは一本遅れたおかげで災難を逃れたばかりか、ここまで来た根性を買われて当時のマネージャーから後任に指名されたのだった。

マネージャーの仕事は、大都市のホールや地方の市民会館での公演をとってきてスケジュールを埋めていくことだ。当時、早稲田の軽音楽のクラブは五つあったが、一同がそろって出演するのは大都市のホールしかなく、地方に行けば出演できるのはせいぜい三組、もっと田舎だと二組に限定される。そのかぎられた枠をめぐって各クラブが争うのだ。もっとも二枠しかない場合、一番人気のフルバンドと、次いで人気のあったハワイアンバンドで確実に埋まってしまう。そのため三組が出演できる公演では残る一枠をめぐり、一番不人気のタンゴのバンドは事実上ないものとして、モダンジャズとニューオーリンズジャズが熾烈な争いを展開したという。

営業は毎年春ごろから始まった。全国各地の稲門会に連絡を入れ、直接担当者に会っては顔をつなぎ、そのうち飲みながら交渉を進めるようになる。その接待費としてマネージャーには八万〜一〇万円ほどの軍資金があった。そのうえマネージャー手当も出るので、興行の仕事をとってくれば自分にもカネが入る。演奏旅行に出る夏など、ひと月で三〇万〜四〇万円ぐらいの収入があったという。大卒の初任給が二万円ほどの時代だから、学生にはとんでもない高収入である。

この間、タモリは大学を学費未納で除籍となっていた。実家からの仕送りはみな使いこんでしまい、ついには親元に督促が行く。父親から問い合わせの便りが届くも、返事は出さない。おかげで仕送りは止められ、勘当ということになった。それでもダンモ研には残り、本人いわく責任を持って務めあげた。後年タモリから対談でこの話を聞き、《なにが

「責任持って」だよ》とツッコミを入れたのは、同じく早大中退にして芸能界の大先輩・大橋巨泉（一九三四〜）である（『主婦の友』一九八一年一月号）。ちなみに、タモリはダンモ研時代にTBSラジオの『大学対抗バンド合戦』に出演、その司会ぶりを番組の司会者だった巨泉から褒められている。

だが、どれだけ責任持って務めようとも、研究会は四年経ったら自動的にやめなければならなかった。当然、マネージャーの収入は途絶えるから働かねばならず、東京で就職先を探したもののことごとく失敗。そんな折、自分を勘当した父親が亡くなる。祖母もすでになく、七八歳にして一人きりになった祖父の面倒を見なければならないと、タモリは福岡に帰ることにした。が、いざ帰郷してみると、祖父は一五歳も年下の女性と再婚していた、というオチがつくのだが。

大学生がエリートだった時代の終わり

ダンモ研で司会を務めるなかでのちのコメディアンとしての素養が培われるとともに、日本各地を演奏旅行で回ったことでタモリの観察眼はますます磨かれたことだろう。本人は大学時代を次のように振り返っている。

《旅の珍事件は、ホント、いろいろあったたな。そんなことばっかやってるから、単位はとれないし……それで4年間いて、やめちゃった。いまの大学生は、まァ……マトモですねぇー。ホントにマトモ。当時は、将来のことなんて考えてるやつ、いなかったもん。ダーレもいない。みんか《ママ》何かに狂ってた。女にしても、マージャンにしても……ま、それでも就職できたもんね、昔は。なんだかんだ言っても……》(『ザ・ヒーローズⅡ　宝島ロング・インタヴュー集』)

これは一九八三年、大学が「レジャーランド化した」と批判されていたころの発言だ。そんな時代にあってタモリが「いまの大学生はマトモ」と言っているのは興味深い。社会学者の竹内洋は、全共闘世代のあとの世代では《四年間大学にいなければならないとしたら、軋轢をおこさず、最小限の努力で最大の満足感を得ようとするしたたかな適応》を見せる学生が主流になったと指摘する(『教養主義の没落』)。八〇年代、リクルートなどの就職情報産業の確立もあって、学生たちはモラトリアムとしての大学生活を享受しつつもそつなく必要な単位を取り、四年生ともなればリクルートスーツを着て就職活動をするというのが慣例化していた。そんなことはタモリの学生時代にはまだなかった。

逆にいえば、タモリたちはぎりぎり大学生がエリート予備軍たりえた時代に属していたともいえる。そのことは「将来のことなど考えてなくても就職できた」という言葉にも表れている。

東京大学総長・大河内《おおこうち》一男は一九六五年の卒業式辞で《諸君は職業生活におけるエリートとして、いわゆる出世コースに乗ることでありましょう。それは諸君の実力や職務担当能力にかかわらずでありますす》と述べて式場の笑いを誘った（竹内洋『学歴貴族の栄光と挫折』。傍点引用者）。東大卒という肩書きがあれば就職はもちろん、出世コースを歩むことがほぼ約束されていた時代の話だ。早大を含め大卒者がホワイトカラーの職種に就く率もいまより高かった。ただし本章前半に記したような高等教育の大衆化にともない、大学新卒者が事務職に就く割合は五三年の四三・〇％から六七年には三一・二％にまで減り、以後、減少を続ける（前掲書）。

八二年頃、タモリは当時朝日新聞社の記者だった筑紫哲也（一九三五～二〇〇八）と東大の学園祭に呼ばれたことがあった。このとき筑紫が学生に向かって「君たちは否が応でも日本のエリートになっていくんだから」と言うと、「ぼくたちが何のエリートですか」との言葉が返ってきた。タモリはそんな東大生の態度に「自分の立場を客観的に見ていない」と憤っている（筑紫哲也ほか『若者たちの神々Ⅳ』）。

だが、それはしかたないことではあっただろう。八二年時点で大学進学率は二五％を上回り、大学生がエリートであるとの前提は、たとえ東大生であろうともこのときにはとっくに自明のものではなくなっていたのだから。

第3章　空白の7年間
——ボウリングブームのなかで

満員のボウリング場（1971年、朝日新聞社／時事通信フォト）

性に合わなかったジャズ喫茶

ビートたけしは一九六五年に明治大学に入ったものの、二年生になったころから大学にはほとんど行かなくなる。それからというもの新宿界隈ですごすことが多くなり、「びざーる」「ヴィレッジ・ゲート」「ヴィレッジ・ヴァンガード」といったジャズ喫茶でバイトもした。このうちヴィレッジ・ヴァンガードでは早番のボーイとして働いていたが、たけしと入れ違いで遅番勤務していた青年が永山則夫（一九四九～九七）だったという。永山は一ヵ月足らずのあいだに東京はじめ日本各地で計四人をピストルで射殺した直後、六八年一一月から翌年四月に逮捕される直前までこの店に勤務していた。

ジャズ喫茶というのは文字通り、ジャズのレコードを聴かせる喫茶店である。たいていの店では客のリクエストに応じて曲がかけられた。サラリーマンの平均月収が四万～五万円なのに対し二〇〇〇円とレコードがまだ高価だった六〇年代、高音質のオーディオセットで曲の聴けるジャズ喫茶が日本のジャズファンに果たした役割は大きい。タモリも、早稲田大学のモダンジャズ研究会に在籍していたころによく新宿あたりのジャズ喫茶に入り浸っていたという。

この時代の新宿のジャズ喫茶の代表として、いまでもファンのあいだで語り継がれている店にＤＩＧがある。ただしタモリはＤＩＧは性に合わなかったと語っている。マジメで、《しゃべってると〝静かに〟とか怒られる》のがその理由だ（『宝島』一九八六年一一月号）。

「しゃべってると怒られる」というのは、この時代のジャズ喫茶の特徴としてよくあげられる。これは店側の押しつけというより、会話で曲が聴こえないと客のあいだでケンカが起こったりしたので、やむをえずそうしたという側面が強いらしい（後藤雅洋『ジャズ喫茶リアル・ヒストリー』）。ＤＩＧでも当初は、客同士がコミュニケーションを取り合うことをむしろ歓迎していたものの、同様の理由でやがて私語を禁じるようになったという。

私語が禁止される以前から、ＤＩＧは鑑賞に重きを置いた硬派なジャズ喫茶として他店をリードする存在であった。求道的なファンが輸入新譜を聴きに来る一種の聖地であり、「ここで〝みっともなくない〟リクエストができればファンとして一人前」といった伝説さえ広まっていたという。ようするに相応の知識を要する店であり、気楽に入れる雰囲気ではなかったわけだ。

まあそもそも私語を禁止したところで、ジャズ喫茶はだいたい大音量で音楽がかかっているものだから、まともに会話は成立しなかったはずだ。タモリは、当時の友人のなかにナンパの上手かった男がおり、《ナンパしていきなりジャズ喫茶連れてっちゃうんだから、すごいよ。セロニアス・モンクかなんかかかってるとこに。女のコも面食らいますよね。なんだこれは……って（笑）》などと語っているが（『宝島』前掲号）、曲がどうとかいう以前に、連れて来られた相手はその音量に面食らったことだろう。ちなみに、セロニアス・モンク（一九二〇〜八二）というのは、独特のハーモニーやリズム感でモダンジャズというジャンルを切り拓いたアメリカの黒人ピアニストの代表格である。

ＤＩＧのような硬派な店が性に合わなかったというタモリは、《だから下品な〝ポニー〟とかあの辺によく行ってた》という（前掲）。ポニーが本当に下品だったかどうかはともかく、初心者でも気楽に入れる間口の広い店であったことはたしかのようだ。常連客には文化人も多く、作家の三島由紀夫のほか、モダンジャズに造詣の深かった評論家・エッセイストの植草甚一（一九〇八〜七九）もよく来ていた。前出のＤＩＧもそもそもは店主の中平穂積（一九三六〜）がポニーで植草と知り合い、自分が店を出すときには相談に乗ってもらったという経緯がある。なお、植草は早大のモダンジャズ研究会の顧問でもあり、その没後、タモリは彼とある関係を持つことになる（「終章」参照）。

「過剰な意味づけ」を嫌悪

タモリが硬派なジャズ喫茶を苦手としたのは、彼の嫌う「過剰な意味づけ」がそこに充満していたからでもあるのだろう。マンガコラムニストの夏目房之介によれば、六〇年代のジャズ喫茶の客には当時流行っていた実存主義などの難解な本を持参して読んでいる人が多かった。かかる曲からしてサックス奏者のジョン・コルトレーンなど重厚な音楽が好まれ、その手の硬派なジャズ喫茶に行くと、コルトレーンの肖像写真のパネルが「神棚的なところ」に飾られたりしていたという(『夏目房之介の講座』)。

コルトレーンはもともとマイルス・デイヴィスのグループにおり、やがて自らバンドを結成した。同い年(一九二六年生まれ)のマイルスと並び「モダンジャズの巨人」と称された彼は、六七年に急逝したこともあり、ファンのあいだでは早くから神格化されていた。だが、「暗くて重いものが高級だ」と考える人々から持ち上げられがちなコルトレーンにタモリは反感を抱き、《確かにコルトレーンはすごいんだけど、暗いがためにコノヤロ許せない……みたいになって》しまったという(『宝島』前掲号)。

ジャズ喫茶のなかには、学生運動の隆盛にともない活動家たちのたまり場となった店も少なくない。その手の店では、トイレの壁が政治的な落書きで埋め尽くされることになる。六七年に東京・四谷に「いーぐる」というジャズ喫茶を開店した後藤雅洋は、このころから激しく敵対していた革マル派と中核派の双方の学生が自分の店に出入りしていたことをトイレの落書きで知ったという。また、神保町のあるジャズ喫茶の店主は、デモに行く学生から事前に学生証を預かったことがあると証言している（マイク・モラスキー『戦後日本のジャズ文化』）。

そこにタモリはいなかった

六〇年代末から七〇年代初めにかけてのジャズ喫茶には、学生運動の活動家だけでなく、フーテンと呼ばれた日本版ヒッピー、あるいは芸術家の卵などもよく出入りしていた。のちの作家・中上健次（一九四六～九二）は六五年、高校卒業後に上京したその日、母校・和歌山県立新宮高校の先輩でもあった中平穂積の経営するＤＩＧに直行したという。出入口付近に政治的なアジビラとともにジャズコンサートやアングラ演劇などのビラが置いてある店も多かった。ジャズ喫茶は、カウンターカルチャーやサブカルチャーなどと呼ばれた当時の先鋭的な文化とも関係が深かったのだ。先に紹介した、ビートたけしと永山則夫が新宿のジャズ喫茶に交替で勤務していたという話もまた、このような時代を象徴するエピソードといえよう。

しかし、タモリがジャズ喫茶で政治活動やカウンターカルチャー的なものと接したという形跡はない。第一、彼は全共闘運動が本格化する六八年頃には東京を去り、故郷の福岡に戻っていた。

翌六九年には、ふたたび紛争が起こった早稲田大学で山下洋輔と中村誠一・森山威男《たけお》のトリオがゲリラライブを行っている。このライブは当時東京12チャンネル（現・テレビ東京）のディレクターだった田原総一朗が山下ともくろんだもので、その様子は同局の番組『ドキュメンタリー青春』で「バリケードの中のジャズ～ゲバ学生対猛烈ピアニスト～」と題して放映された（この回の一部はのちにＤＶＤ『田原総一朗の遺言～タブーに挑んだ50年！未来への対話～』に収録）。もっとも、このころ首都圏のローカル局にすぎなかった東京12チャンネルの番組が福岡で放送されたはずもなく、タモリは知るよしもなかっただろう。

この時期に東京をいったん離れたことは、タモリにとって案外重要だったように思われる。のちに彼は、アングラ演劇の旗手の一人だった寺山修司（一九三五～八三）のモノマネをはじめ、前衛的、先鋭的な文化をも笑い飛ばす芸を披露している。タモリの交友関係からすれば寺山やそのライバル格だった唐十郎はかなり近いところにいた。それにもかかわらずネタにできたのは、カウンターカルチャー華やかなりし六〇年代末～七〇年代初めには東京にいなかったがゆえ、それを変に崇めたてたりせず、相対化してとらえることができたからではないか。これがどっぷり浸かっていたのであれば笑いにはしにくかったはずだ。

マイルスの変貌に戸惑う

じつは六〇年代末は、ジャズ喫茶にとって絶頂期であるとともに斜陽の時代でもあった。その原因としては、レコードやオーディオが徐々にジャズファンの手に届くようになる一方で、都心部の開発が進むにともない家賃が上がってゆくなか、商売がだんだん成り立たなくなってきたこと、またそれ以上に、若者の志向する音楽が、ジャズからロックやフォークソングへと移っていったことが大きい（本間健彦『60年代新宿アナザー・ストーリー』）。

六九年のアメリカ・ウッドストックでの野外ロックフェスティバルの影響から、日本でもロックやフォークのフェスが盛んに行われるようになった。そのなかにあって、ジャズ喫茶という密室で聴くジャズが若者のあいだで魅力を失っていったのは当然かもしれない。

もちろんジャズの世界にもこうした時代の変化に機敏に対応しようとするミュージシャンたちはいた。たとえば山下洋輔トリオは、当時のジャズ界にあってロックやフォークのフェスティバルにも積極的に出演した希有な存在である。タモリの憧れのトランペッター、マイルス・デイヴィスもまた生涯を通して試行錯誤を繰り返しながら何度となく変貌を遂げた。

マイルスがもっとも大きな変化を見せたのは、六九年に『イン・ア・サイレント・ウェイ』、翌七〇年に『ビッチェズ・ブリュー』とアルバムを立て続けに発表したときだ。これらの制作にあたりマイルスは電子楽器を大幅に導入する。フュージョンミュージックのルーツともされるこのスタイルは、ロックの流行にマイルスが刺激されて生み出したものだった。ただ、この画期的な試みに対しては、それまでマイルスを支持してきたファンのなかにも戸惑う者が少なくなかった。タモリもその一人である。後年、彼は次のように当時を振り返っている。

《俺はね、マイルスの変貌の時はついていけなかった。その当時は、どうしたんだろう、なにをやりたいんだ、この人はって。わかんなかったよ。ずいぶん後になって、聴き返して、やっぱりすごいことやってんだなとわかったけどね》（高平哲郎『植草さんについて知っていることを話そう』）

〝強制送還〟されて保険外交員に

マイルスが変貌を遂げていたころ、タモリは郷里・福岡でサラリーマン生活に入ろうとしていた。

早稲田大学を除籍になったあとも、モダンジャズ研究会で司会者兼マネージャーとして多忙な日々を送っていた彼は、あまりのカネ回りのよさを不審がられ、親戚のあいだでは「あいつはヤクザになってしまった」などといった噂も流れていたという。父親が亡くなったときも演奏旅行に出かけていて居所がわからず、親戚中から怒られた。あげく、東京にいるとろくな者にならないと福岡に〝強制送還〟され、そのまま朝日生命に入社させられてしまったと本人は振り返る（『週刊宝石』一九八三年二月一一日号）。一九七〇年のことだ。

朝日生命では保険の勧誘に回ったが成績は悪かった。地元の後輩のところに行っては加入してもらい、社内で一〇位という売り上げを記録したこともあったものの、後輩が見つからないときにはまるでだめだった。タモリに言わせると口が立つのがかえって災いしたようだ。同じ職場にいた年寄りの社員が、商品知識もないのにどんどん契約を取って来るのを不思議に思って同行したところ、その人は先方でただ一言「いい保険が出ました」と言うだけ。説明を求められても「お任せください。大丈夫です」としか答えない。にもかかわらず、見事に契約を取っていたという（『ＳＯＰＨＩＡ』一九九三年四月号）。

結局タモリは保険の仕事が性に合わず、そのうちに、朝に出社して打ち合わせが済むと喫茶店に直行し、モーニングコーヒー一杯でねばって、ジャズやラジオを聴きながら午後二時ごろまで時間をつぶすようになったらしい（『主婦の友』一九八一年一月号）。

これは本人の証言だが、他方で真面目な男と周囲では評判だったとの話も伝わる。なかでも彼を高く買っていたのが、地元の名士的存在だった高山三夫（一九〇八〜七一）という人物だ。

福岡の恩人

高山は早稲田大学のタモリの大先輩にあたり、三年生のときには応援部団長も務めている。ちなみに現在も東京六大学野球などの競技大会で早大生に愛唱されている応援歌「紺碧の空」は高山が団長だった一九三一年につくられた。このとき学内での公募から選ばれた住治男（当時、早大高等師範部に在学）の歌詞について、選者の一人だった詩人で早大教授の西条八十《やそ》はほとんど直すところがないと褒めつつ、「覇者、覇者、早稲田」の箇所は曲をつけるのが難しいだろうから、相当の謝礼金を積んで山田耕筰《こうさく》や中山晋平といった大家に依頼するべきだと提言している。それに対し「早稲田に生きる者が金銭的に図るとは何事ですか」と一喝したのが高山だった。結局、作曲は日本コロムビアに入社して二年目の古関裕而《ゆうじ》（一九〇九〜八九）に応援部幹部のツテを通して依頼され、これが古関にとって初のヒット曲となる。後年、高山は「あのときは西条先生に大変すまないことを言ってしまった」と古関に打ち明けたという（古関裕而『鐘よ鳴り響け』）。

余談ながら「紺碧の空」以前より早大ではいくつも応援歌がつくられており、戦後も永六輔や青島幸男といった名だたるOBが作詞を手がけてきた。八〇年にはタモリも「ザ・チャンス」という二八番目の応援歌を書いている（作曲は早大ハイ・ソサエティ・オーケストラ一期生の岸田哲）。このときタモリは《『紺碧の空』ができた時の応援団長だった高山三夫さんは、個人的に大変お世話になった方なので、私に依頼がきた時には、なにか不思議な因縁の様なものを感じた次第です》と、作詞を依頼した「稲門七夕会」（早大ＯＢの演劇・音楽関係者による会）の会誌に記している（『サンデー毎日』一九八〇年一一月一六日号）。

高山は早大卒業後、福岡日日新聞社（戦時中に九州日報社と合併し西日本新聞社となる）に入社、戦後は全九州一周各県対抗自転車競走大会や西日本巡回移動大動物園など大規模な事業に多数かかわった。前者はのちに九州一周駅伝に発展、後者ではタイから輸入し九州中を巡回したゾウを福岡市に寄贈して、戦中に閉園された動物園（現在の福岡市動物園）の復活に一役買う。六四年に定年退職後は西日本新聞社の嘱託となり、たびたび特派員として世界各地を回ってもいる。

新聞社勤務のかたわら、高山は人の世話も惜しまなかった。長男の博光（現・福岡市議会議員）によれば、毎朝出勤前には地元の人たちの〝陳情〟に応じていたという。また、元横綱の双葉山、作曲家の中村八大や歌手の村田英雄といった九州にゆかりのある人々を支援するなど、まさしく地元の名士というべき存在だった。

高山がどうして朝日生命時代のタモリと出会ったかはつまびらかではない。ただ、高山が早大交友会福岡支部の幹部を務めていたことから察するに、おそらくはその関係で知り合ったのではないだろうか。長年多くの若者の面倒を見てきた彼だけに、きっとタモリとも出会ってすぐに何か感じるものがあったに違いない。

実際、タモリが七一年秋、二六歳で朝日生命の同僚だった二歳上の女性と結婚したときには、高山三夫が媒酌人を務めている。その翌年、タモリが福岡県の東隣、大分県日田《ひた》市にあるボウリング場に転職したのも、高山の紹介によってだった。

ヘッドハンティングされ大分へ

日田市では日田観光開発という会社が温泉ホテルとヘルスセンターおよびボウリング場を経営していた。その大株主の一つだったのが、佐賀出身の松尾國三（一八九九〜一九八四）が社長を務めていた雅叙園観光である。松尾は旅芸人から一五歳にして興行師となり、戦後は雅叙園観光を創業、一九五四年には松竹から千土地興行（のちの日本ドリーム観光）を買収して、やがて日本各地でホテルや遊園地、キャバレーなどを経営する総合レジャー・エンターテインメント企業を築き上げた立志伝中の人物だ。

もともと日田に温泉ホテルを誘致したのは高山だという。福岡に雅叙園ホテルが進出したころより高山が何かにつけ松尾を助けていた関係から、雅叙園観光は六一年の日田観光開発の設立時から出資し、社長を松尾が兼任していた。その後、日田観光開発は約五〇〇〇万円もの累積赤字を抱えるも、七一年にオープンしたボウリング場が好調で業績は回復しつつあり、その収益を見こんで雅叙園観光は日田観光開発の吸収合併を画策、ボウリング場もリニューアルすることになった。

そこで松尾からその経営を任せられる人物はいないかと相談され、高山が推薦したのが森田一義青年だった。本人にはぜひにと頼んで、朝日生命から引き抜くことになる。合併は七二年三月に発表、九月に実施されたが、高山が前年の七一年一一月に死去していることから推察するに、それ以前より松尾とのあいだでは水面下で話が進められていたのだろう。経営好調のボウリング場を任されたことに、タモリへの期待ぶりがうかがえる。

なお、七二年五月には雅叙園観光系列の日本ドリーム観光が経営していた大阪の商業ビル・千日デパートで火災が発生、日本のビル火災では史上最悪の一一八名の死者を出した。折しもこの千日デパートでも、六階の劇場跡をボウリング場に改装する工事の最中だった。まさにこの年、ボウリングブームはピークに達しようとしていたのである。

空前のボウリングブーム

日本初の本格的なボウリング場は一九五二年に東京・青山にオープンした東京ボウリングセンターである。敗戦後の連合軍占領下に計画されたこのボウリング場は、アメリカ製の高額なレーンの輸入許可をＧＨＱ（連合国軍総司令部）より得て完成した。

　東京ボウリングセンターは一年で経営破綻したものの、ボウリング場はその後高度経済成長期を通じて全国に普及していく。三井物産などの大手商社は、欧米並みの豊かな暮らしを日本でも実現しようと、ボウリングの設備や機械の輸入・販売に力を入れた。また、アメリカ文化に憧れを抱く戦後のベビーブーム世代がこのころ青年期を迎えたことも、ボウリング人気の要因となる（三浦展『昭和「娯楽の殿堂」の時代』）。

　ブームが本格化するのは、六九年に女子プロボウラー一期生として中山律子や須田開代《かよ》子《こ》らがデビューし、スター選手になったあたりからだ。その人気に乗じてテレビでもボウリング番組が増え、ブーム最盛期の七二年には週一四本を数えた。

　ブーム時のボウリング場の建設ラッシュにもすさまじいものがあった。その全国での総数は七〇年の時点で一三八一センターにのぼり、業界内では「いまに過当競争になるのでは」とささやかれるほどだった。しかしなおも建設に拍車がかかる。七一年には二二六センター、さらに七二年には三六九七センターにまで膨れあがった。わずか二年間で三倍近くもボウリング場が増えた計算になる。この背景の一つには、倉庫会社や不動産会社、果ては銀行、放送局、新聞社などさまざまな企業がボウリング業界に参入したことがあげられる（山田一廣『復興への狼煙』）。

ボウリング場で支配人に出世

日田市の温泉会館ボウル（合併後は日田雅叙園ボウル）に、タモリは機械に強いということでメカニック主任として赴任する。ボウリングブームのさなかだけに早朝から深夜まで働きづめで、甘い新婚生活などまるでなかったという。

だが、好奇心が強く、面白いと思うと何から何まで知りたくなるたちの彼は、機械の整備からボウル磨き、さらには接客、経理まで覚えてしまった。しかも休日も率先して出勤する。《その働きぶりを上司が見てるとさ、会社のためによく働く奴だ、となるわけだ。そこで支配人まで出世してね。そうなるとますます面白くなる》とは本人の弁だ（『週刊宝石』一九八三年二月一一日号）。実際、彼は一二名の従業員の先頭に立って八面六臂《ろっぴ》の働きを見せ、《それで千円札を段ボール箱で運ぶ繁盛》と、収益もしっかりあげていたという（『女性自身』一九八二年四月二二日号）。

日田市出身のジャーナリスト・筑紫哲也は、タモリが自分の郷里で一時期をすごしていたという事実に、「およそタモリのイメージとは逆の環境なのでピンとこない」と書いている。高度経済成長期に日本全土を覆った開発ブームにも、山間部に位置する日田はほぼ無縁で、「九州の小京都」と呼ばれる昔ながらの風景が残った。だが、動的なところのない、《水がピタリと止まっているようなまち》での生活に、果たしてタモリは満足していたのか。筑紫は《そんな静的な環境で沈澱していたことが今日へのバネになったのだと辻褄を合せることもできようが、イメージどおりの騒々しいだけの人物だったとしたら、退屈で死にそうになっていたはずである》と訝《いぶか》しんだ（『潮』一九八一年一二月号）。

とはいえ、当のタモリはそれなりに楽しみを見つけていたようだ。仕事のあいまに、日田の町の中心部から車で一時間ほどかけて前津江・上津江・下津江の「三津江」と呼ばれる集落に出かけていたともいう。そこでたまたま見つけた寺院にえらく洗練された庭があるのが気になって、住職に聞いてみたところ、その庭は源平合戦の時代の武将・長谷部信連《のぶつら》が平家の追っ手を逃れしばらく隠れ住んだ館の跡だろうという。そんな話が好きなタモリは、その後も二、三回通っては住職から地元の祭りの話などを聞き出すことになる（『歴史読本』一九八一年五月号）。タモリが若いころより土地の歴史に深い関心を抱いていたことがうかがえるエピソードだ。

ブームの終焉と再度の転身

ボウリング場で支配人の仕事を立派に務め上げていたタモリだが、日田に赴任して一年半ほど経ったころ、福岡に戻り今度はフルーツパーラーのバーテンダーに転身している。

これは高山三夫の長男・博光の頼みを受けてのことだった。

高山博光も早大OBだが、タモリより五歳年長で在学中には面識はなく、卒業後、大成建設に勤めていたころに父・三夫を通じて知り合った。当時彼はサラリーマン生活のかたわら山《さん》開発という会社を設立し、福岡・中洲に立体駐車場を建て、その一階に「サンフレッシュ」というフルーツパーラーを開業しようとしていた。しかしフルーツパーラーのバーテンダーを雇うため面接を行ったものの、店を任せられそうな人間が見つからない。そこへたまたま森田青年が遊びにやって来た。高山は彼なら適任だと直感する。

翌日、高山は日田にあった森田夫妻の家に出向き「おれに力を貸してほしい」と頼みこむ。ずぶの素人の自分にバーテンなどできるのかと戸惑う彼に、高山は「あのな、紅茶だってティーバッグを（お湯に）つけたら紅茶になるやないか。氷入れてコカ・コーラ入れたらコカ・コーラやないか。コーヒーも粉入れて濾《こ》したらコーヒーやないか。何が難しい？」などと言って口説き落としたという。

その一週間後には引っ越しのトラックが日田までやって来る。新居は高山が福岡・薬院に所有していた借家のうち一番いい家を用意してくれた。七三年一一月のことである。

タモリが日田を離れるのと前後して、ボウリングブームは下火となっていく。それはブームがあまりに過熱したがゆえの反動ともいえる。すでに七二年に入るころには、どのボウリング場も客の入りが悪くなっていた。ボウリング人口そのものは増えたにもかかわらずそうなったのは、やはりボウリング場が増えすぎた結果だった。

その後、七三年にはブーム時に計画されていたボウリング場が新たに建設されたものの、全体数は減り始め、翌七四年になると一年間で一一四〇センターが消えた。そこには七三年秋に起こった第一次石油危機の影響も大きい。七四年の日本の経済成長率は戦後初のマイナスとなる。石油危機は高度経済成長とともにボウリングブームにもとどめを刺したのだった。

ブームは終わったとはいえ、大都市ばかりでなく郊外、地方と問わず日本各地に濫立したボウリング場が残した影響はけっして小さくない。全国どこへ行っても変わり映えのしないロードサイドに代表される風景の均質化に端緒を開いたのは、コンビニエンスストアやショッピングセンターより以前に、まずボウリング場ではなかったか。

坂の上のパルコ

日本初の本格的な郊外型ショッピングセンターとして知られる玉川高島屋S・C（東京・二子玉川）にも、一九六九年の開店時にはボウリング場が設けられていた。NHK総合のテレビ番組『ブラタモリ』では、タモリがその店舗を訪ねる回があった（二〇〇九年一〇月一五日放送)。現在は事務所となっているフロアがかつてボウリング場だったと聞かされた彼は、自身もボウリング場で働いていただけに懐かしそうだった。

玉川髙島屋S・Cは、百貨店と専門店が同居している点でも画期的だった。時期を同じくして六九年一一月には、東京の池袋パルコ、大阪の阪急三番街と、専門店を集めたファッションビルがオープンしている。

西武流通グループ(のちのセゾングループ)の一企業だったパルコは、池袋駅東口の東京丸物というデパートを買収・リニューアルする形で第一号店をオープンした。その成功ののち七三年には渋谷に進出する。渋谷パルコには、専門店街のほか劇場も開設された。それが西武劇場、現在のパルコ劇場である。

渋谷パルコのオープン時、パルコ創業者の増田通二《つうじ》(一九二六〜二〇〇七)は「パルコのなかに劇場があるのではなく、劇場のなかにパルコがある」との基本理念を掲げた。渋谷パルコは渋谷駅から九〇〇メートルも離れ、しかも向かう途中で登り坂となるため、立地条件は必ずしも恵まれていない。そこでパルコのイメージの中心に、しゃれた文化の発信基地としての劇場を置くことで、客を呼ぼうとしたのだ。

増田はパルコを舞台に見立て、その〝周辺設備〟をどうするかも考えた。そこで彼が注目したのが坂道だった。渋谷パルコの前を通る坂道はそれまで「区役所通り」と呼ばれていたが、これをパルコは「公園通り」と改称した。ほかにも通り沿いの工事現場の壁などを若手アーティストによるウォールペインティングで飾るなど、環境が整えられていく。これらを舞台装置に、駅からパルコに向かう人々が互いのファッションを「見る、見られる」関係を持つことで、街全体でドラマが展開されることを増田は狙ったのだった。

ただし、渋谷パルコの計画当初、劇場を開設する予定はなかった。いや、渋谷にパルコを出店する話自体があとづけのようなところがある。というのも、じつは渋谷パルコの敷地には本来、パルコではなくボウリング場を建設する計画だったからだ。しかし準備が進められるうち「ボウリング場だけではもったいない」と、パルコの進出が決まる。ブームになっていたボウリングと、池袋で成功したファッション専門ビルのドッキングというわけである。

構想ではビルの上層部にボウリング場を設け、その下を専門店街として使う予定だった。それが七二年秋になって急遽、ボウリング場は劇場とレストランに変更される。その理由がボウリングブームの沈静化であったことはいうまでもない。ボウリング場も劇場もフロア内に柱を使わないので構造的に転用しやすかった。前出の千日デパートでは逆に劇場をボウリング場に改装する工事が進められていたように、両者の互換性は高かったのだ。

おばちゃんたちのアイドルに

パルコは劇場だけでなく高いデザインセンスとメッセージ性を持った広告や、あるいは雑誌『ビックリハウス』の発行などを通じて若者の心をつかむべくイメージ戦略を展開した。なおタモリはデビュー直後の七六年、創刊二年目の『ビックリハウス』の「今月のビックリハウス賞」というコーナーに登場している。その誌面に掲載された写真で、彼はまだサングラスではなく、普通のメガネをかけていた。

もっとも、まさか数年後に自分が東京でそんなふうに注目されようとは、渋谷パルコの開店した七三年に中洲のフルーツパーラーで働き出したタモリはまだ夢にも思っていなかったのではないか。

本書の執筆に際し、高山博光にそのフルーツパーラーおよび立体駐車場のあった場所に案内してもらったところ、那珂川に面したその土地は平面駐車場となっていた。スペースはけっして広くはない。しかし当時、まだ周囲に駐車場はほとんどなかった。狭い土地でも効率よく車を入れられる立体駐車場をつくればきっと儲かる。大成建設で土地利用のコンサルタントをしていた経験から、ここなら絶対間違いないと高山は確信していた。

そのもくろみは当たる。すぐ隣に松竹ピカデリー、裏には福岡宝塚会館と映画館が集まっていたことから、土日にはカップルが車でやって来た。ブルース・リー主演の『ドラゴン危機一髪』（日本では七四年公開）がオールナイトで上映されたときなど、駐車場は大きな売り上げを得る。メカに強かったタモリは、この駐車場で故障した車を見かけ、修理工が来る前に直してしまったこともあった（『女性自身』前掲号）。

近くにはまた生命保険会社も多く、平日の昼間ともなるとフルーツパーラーは生保のおばちゃんたちのたまり場となった。バーテンダーのタモリは誰にでも優しく接し、おばちゃんたちのアイドル的存在であったという。店で出す果物はすべて高山家が福岡県田主丸《たぬしまる》町（現・久留米市）に所有する果樹園から仕入れていたので、食べ放題、ジュースも飲み放題にして好評だった。タモリはカクテルづくりもお手のもので、高山が出張先の沖縄で無税の洋酒を大量に仕入れて来ると、それを使ってオリジナルの「沖縄と福岡の架け橋カクテル」などをつくってみせたこともあった。

タモリはフルーツパーラーに休むことなく真面目に勤め、社長の高山が休んでくれと言っているにもかかわらず正月も店を開けたという。一方で彼は、後述するようにこのころすでに山下洋輔トリオと出会っていた。その仲間内で開花させ始めていた芸人としての才能を、彼は仕事先でもときおり発揮することがあったようだ。

高山とは月に一回、日曜日に営業状況について打ち合わせをしていた。それが終わるころには深夜で、食事をしようにもどこの店も閉店まぎわ。もう閉めますと渋る店に二人は頼んで入れてもらうのだが、タモリは得意のデタラメ外国語の芸などで店員やほかの客をさんざん笑わせ、必ず朝帰りになったという。それでも月曜にはケロッとして出勤するタフさを見せ、高山を感嘆させた。

「謎の空白時代」

考えてみれば、フルーツパーラーで生保のおばちゃんたちの人気者だったことといい、無欠勤を続けたことといい、のちにタモリが平日昼の番組『笑っていいとも!』で女性たちの支持も得て三一年半も続けられたのは、生真面目な性格に加えて、それだけの力をこのころに鍛えていたからではないか。

福岡にいったん戻ってからふたたび上京するまでの約七年間について、タモリ本人は多くを語っていない。いわば「謎の空白時代」だ。平安初期の僧で真言宗の開祖・空海にもまた、京の大学をやめて四国の山奥で山岳修行者となり、三一歳で遣唐使船に乗りこむまでの約七年間、どこで何をしていたか不明な「謎の空白時代」があった。ノンフィクション作家の立花隆は、さまざまな分野で活躍する若者たちを取材した『青春漂流』のエピローグでこの空海の話を引き合いに、《青春は誰にとっても「謎の空白時代」としてある》

と書いている。立花いわく、その空白時代に、自分の求めるものをどこまでも追求する強い意志を持ち、そのために自分を鍛えぬくことができたのならやがて「船出」を決意する日がやって来る。《そのとき、その「船出」を無謀な冒険とするか、それとも果敢な冒険とするかは、「謎の空白時代」の蓄積だけが決めることなのだ》と。

タモリにとっても空白の七年間は、船出を前にひたすら蓄積を続けた時代であったはずだ。なお、大の船好きとしても知られる彼は、フルーツパーラーに勤務中も断りを入れて博多港へよく船を見に行っていたという。

タモリ＝座敷わらし説

本章冒頭でとりあげた「性に合わなかった」とタモリが語った新宿のジャズ喫茶・DIGは、現在のスタジオアルタのすぐ裏にあった。DIGは、『笑っていいとも！』放送開始の翌年、八三年に閉店する。前年の東京・永田町のホテルニュージャパンの火災を機に消防署の点検が厳しくなり、店舗の入る建物が再三にわたって注意されていたのがその理由だ。

ただ先述のとおり、すでにジャズ喫茶は六〇年代末には斜陽を迎えていた。不思議なことに、ジャズ喫茶以外にもタモリがかつて入り浸っていた場所には、彼がそこを離れるのと前後して急速に斜陽化を迎えたというところがいくつか思いあたる。ボウリング場はまさにそうだし、『いいとも！』終了前後のテレビ業界にも何となくそんな雰囲気がある。タモリが芸を磨いたバーやスナックにしてもそうだ。後述するように八〇年代前半、彼がしきりに「カラオケ撲滅」を訴えていたのも、社交の場としてのバーやスナックが、カラオケによってぶち壊しにされたとの理由からだった。

東北地方には、座敷わらしという子供の妖怪が現れた家は繁栄するが、それがいなくなると途端に没落するとの言い伝えがある。そんな座敷わらしのイメージを、私はどうしてもタモリと重ね合わせてしまう。

七〇年代前半の列島改造や八〇年代後半のバブルなど政治・経済の動向を背景に、日本列島の風景は大きな変化を繰り返してきた。そのたびに人々の集まる場所も移り変わっていく。タモリの足跡をたどると、そのときどきで一番熱気のある場所ですごしてきたという印象が強い。それは偶然とかいうものではなく、彼は「場の芸人」とも評されたように、どこに行けば一番面白いのかを嗅ぎとる能力を自然と身につけていたからだろう。

タモリは七二年に山下洋輔らと出会って上京のきっかけをつかむと、七五年夏、三〇歳を目前にしてふたたび東京に向かった。それはきっと、自分の居場所があると鋭敏に感じ取ったからに違いない。

第４章　ニッポン最後の居候
——タモリ出現

家主と居候

デタラメ外国語の応酬

タモリに再度の上京を決意させたそもそものきっかけは、福岡でジャズ・ピアニストの山下洋輔たちと出会ったことだった。結果的に彼の人生を決定づけることになったこのできごとについては、これまで山下ら当事者によって繰り返し語られてきた。ここではまず、山下がタモリとの遭遇を記した最初期の文献の一つ、『ピアノ弾き よじれ旅』（一九七七年）をもとに再現してみよう。

一九七二年の某日、演奏旅行で福岡を訪れた山下洋輔（一九四二〜）と中村誠一（テナーサックス。一九四七〜）・森山威男（ドラムス。一九四五〜）のトリオは、公演が終わったあと、真夜中すぎまで宿泊先のホテル（タカクラホテル福岡）の一室で大騒ぎをしていた。やがて山下がベッドに正座しながら、デタラメな長唄を歌い出す。それにあわせて浴衣姿の中村が籐椅子を鼓《つづみ》のように抱え、ヨォーッカッポンカッポンと言いながら踊り始めた。だがそのうちに籐椅子の底が抜けてしまう。中村はすかさずそれを、虚無僧の編み笠のごとく頭からかぶった。そうやってなおも唄い踊っていると、部屋のドアが開き、知らない男が中腰で踊りながら入ってきたのである。

男はときどきヨォーなどと言いながら中村のそばまでやってくると、彼の頭から籐椅子を奪い取り、自分がかぶって踊り続けた。我に返った中村は、踊りをやめ、ものすごい勢いでまくしたてる。それも日本語ではなく、得意としていたデタラメな朝鮮語で。だが信じがたいことに、男は中村の三倍の勢いで同じ言葉を返してくるではないか。びっくりした中村はそれならと中国語に切り換えた。しかし相手はその五倍の速さでついてくる。

その後もドイツ、イタリア、フランス、イギリス、アメリカと各国語（むろんすべてデタラメの）でやり合ったものの、ますます男の優位になるばかりであった。ついには男が急にアフリカ原住民の顔となってスワヒリ語をしゃべり出す。さっきから笑いが止まらず悶絶寸前だった山下は、それを見てついにベッドから転がり落ちた。

中村はいさぎよく敗北を認めた。そして思い出したように「ところであなたは誰ですか？」と聞くと、男は「森田です」と初めて名乗ったのだという。

山下はべつのエッセイ「全冷中顚末記」（『ピアノ弾き翔んだ』）で、この瞬間をもう少しくわしく描写している。

《朝も白々と明けた頃、この黒ブチ眼鏡に白ワイシャツ、黒ズボンにズック靴の男は、急に真面目な顔になり、ではと言って帰ろうとした。ドアへと歩いて行くその後姿に向って、最早ユカタもはだけ、パンツもずり落ちている中村が呼びかけた。

「失礼ですが、あなたのお名前は何とおっしゃるのですか」男は立ち止まり、ドアに手をかけたまま、こちらを向いた。

「モリタです」中村は走り寄り、二人は抱き合い、再会をちかった》

当の中村が最近インタビューで語ったところによれば、このとき頭にかぶったのは底の抜けた籐椅子ではなく籐のゴミ箱で、最初から虚無僧の真似をしていたという。子供のころ、講談本が好きだった中村は、そこに登場する虚無僧がお気に入りだったらしい。そんな恰好で踊っていたところ、一〇センチくらい開いていたドアから、タモリがいきなり歌いながら入ってきたのだった。中村はその瞬間を次のように振り返っている。

《怖い感じはしなかったですね。入ってきたときに一瞬、誰かな？　と思っただけ。そのままふたりで踊って。バッチリですよ、バッチリ完成されてたと思いますよ。音楽でいきなりジャムセッションしてうまくいったのと一緒で、感覚的にはジャズ演ってるのとあまり変わらない》（洋泉社ＭＯＯＫ『タモリ読本』）

中村によると、デタラメな朝鮮語は、踊りを終えてから「おまえは誰だ？」と聞こうとしたものの言えなくて、代わりに口を衝いて出てきたのだという。それに対し相手はもっと流暢な言葉で返したのち「タモリです」と名乗った。中村の記憶では、応酬のなかで相手は自分の名、それも本名ではなく学生時代から呼ばれていた名前を口にしたというわけだ。

ただしタモリ自身の証言では、山下の記述と同様に、トリオと初めて会った際、夜明けに「こりゃいかん、会社があるんだ」と帰ろうとしたところ、名前を聞かれたので「私は森田と申します」と言い残して立ち去ったという（『これでいいのだ。――赤塚不二夫対談集』）。

「ここは自分のいるべき場所だ」

それにしても、なぜタモリは山下洋輔たちの泊まるホテルにいたのだろうか？　ここでまず確認しておきたいのは、このとき山下トリオは、ジャズ・アルトサックス奏者の渡辺貞夫（一九三三～）のバンドとともに公演に来ていたという事実である。

本書執筆に際し取材に応じてくれた山下は、「渡辺貞夫バンドと山下トリオとまったくタイプの違うバンドを一緒にコンサートに出すという企画を考えてくれた人がいて。さすが九州人ですね（笑）。もちろん僕らのほうが前座ですよ」と当時を振り返る。

デビューまもないタモリを紹介した『週刊プレイボーイ』一九七六年一月二〇・二七日号の記事にも、このとき山下トリオが渡辺のバンドと一緒だったことが明記されていた。この記事には、タモリは当時、渡辺貞夫の演奏会の司会をしており、例の夜も「ナベサダさん（渡辺の愛称）の部屋から帰る途中」で山下たちが騒いでいるのを見て、「あんまり楽しそうなんで仲間に入れてもらった」とある。

ただし、後年のタモリ本人の証言にしたがえば、これも事実とは微妙に異なる。タモリが渡辺貞夫の一行の泊まるホテルを訪れたのはたしかだが、それは公演の司会を務めていたからではない。《その当時の［引用者注――渡辺の］マネージャーっていうのが僕の学生時代の知り合いで、一緒に飲んでた》というのが真相らしい（『これでいいのだ。』）。

また中村誠一によれば、渡辺貞夫のバンドにはそのころ、タモリの早稲田大学モダンジャズ研究会の同期でギタリストの増尾好秋、一年先輩でベーシストの鈴木良雄がいたこともあって、タモリはバンドが九州で公演を行うたび顔を出していたという（『タモリ読本』）。いずれにせよ、その日もタモリは知人に会うためにホテルを訪ね、時間も遅いので帰ろうとしたところ、たまたま山下たちの部屋の前を通りかかり闖入《ちんにゅう》におよんだのだ。

しかし、じつはその前、この日の演奏終了直後に、タモリは福岡・天神のジャズ喫茶「コンボ」のマスター・有田平八郎を通じて山下たちに紹介されていたとの話がある。これは評論家の平岡正明（一九四一～二〇〇九）が、有田本人からの伝聞として書いていることだ。平岡に言わせると、山下・タモリ・有田は世間にはその事実は伏せ、そのほうが面白いからとタモリを突然の闖入者にしたのだという（平岡正明『タモリだよ！』）。

これについても山下洋輔に取材時に確認してみた。どうやらそれは事実とは異なるらしい。山下自身もそのことについては気になって、タモリ本人にあらためて訊くなどして一応の結論に達したという。

山下いわく、じつはタモリが侵入した部屋には山下トリオ以外にも、有田ら数人のタモリの顔見知りがいた。この事実から山下はのちに有田と、タモリは部屋に知り合いがいるのを見たから安心して入って来られたのではないかと話したことがあったという。平岡が有田から聞いたのもおそらくはそういう話で、それがいつしか「事前に紹介していたが、そのことは伏せた」という話になってしまったのではないか。

山下がタモリ本人に確認したところ、部屋のドアからは中村誠一の踊っている姿しか見えなかったらしい。そもそもホテルの部屋は「くの字型」をしており、奥のほうの別の場所で飲んでいた有田たちの姿はドアから見えなかったことは間違いないようだ。このことは、片田直久『タモリ伝』における森山威男の《そのとき、森田という男のことはそこにいる誰も知りませんでした》という証言でも裏づけられる。

しかし知り合いでもないにもかかわらず、タモリはあいさつするでもなく、スーッと踊りながら入って来て自然に騒ぎのなかに入ってきた。これが何か言って入って来たのならシラケてしまっただろうと山下は語る。

当のタモリは虚無僧に扮して踊る中村の姿を見て、「ここは自分のいるべき場所だ」と確信したという。《ドアが開いてて、面白そうなことをやってるなぁと思って入ってくとバカなことやってるわけだけど、そのバカさ加減の波長が合ったんですよ》とも語っている（『これでいいのだ。』）。とすれば、事前に山下たちに紹介されていなくても、また部屋に知り合いがいなくても、彼の行動はきっと変わらなかったに違いない。

山下トリオのオモチャに

福岡市内のホテルで「森田」と名乗る男と出会ってから約半年後、山下洋輔トリオはふたたび彼の地を訪れることになった。もう一度あの男を呼びたいが、いかんせん名前しかわからない。一体どうすればよいのか考えた末に、彼らが思いついたのは、「あいつはジャズ好きに違いないから、地元の老舗のジャズ喫茶に聞けばいいのではないか」ということだった。そこで訪ねたのが、天神のジャズ喫茶「コンボ」マスターの有田平八郎だ。当然のごとく有田は森田を知っており、無事に連絡がついたのだった——。

以上は、タモリ本人の発言をもとに再構成したものである（『これでいいのだ。』）。だが、実際には例のホテルの一室には有田も居合わせていたのだから、タモリを呼び出すのはわりと容易だった気もする。また、山下は山下で、《その後、九州に行くたびに、どこからともなくタモリは現われた》と書いているが（『ピアノ弾き翔んだ』）、むしろこちらのほうが神出鬼没の怪人のようで、タモリらしい。

それでも、現れた先が山下たちと主催者との打ち上げの席であれば、タモリは酒席が終わるまでその場でずっと待っていたという。彼のやることのほとんどは、そういう公の場所では差し障りのあるものだったからだ。

とはいえ、タモリが姿を見せれば、山下たちは一刻も早くホテルの部屋に帰りたくなってソワソワし始める。ついには主催者には詫びを入れながら早退、そのままタモリを抱えるようにしてホテルに連れ込み、朝まで悶絶するのだった。後年「国民のオモチャ」を自称することになるタモリだが、当時から「山下トリオのオモチャ」として丁重に扱われていたのである。

ハナモゲラ語を生んだ人間関係

それにしても、どうしてこれほどまでにタモリと山下トリオの面々は気が合ったのか。まず第一に、中村誠一と言い争ったインチキ外国語をはじめ、芸風がよく似ていたということがあげられる。それらの芸はけっして完成されたものではなかった。彼らはタモリと出会う以前から、フリージャズにおけるジャムセッションのごとく宴席で出し物を競い合い、そのなかで芸が思いがけない方向へ変化することも多々あった。

たとえば、デビュー時のタモリの持ちネタとなる「ハナモゲラ語」の原型が生まれたのは、一九六九年に山下が中村・森山とトリオを結成した頃にまでさかのぼる。あるとき彼らは、相手の言うことを聞きながら同時に自分もしゃべってみた。しかし当然ながら互いに話す言葉はまともに聞き取れない。ただ声の高低やフレーズの区切り目がわかるだけだ。それなら言葉の構文的要素を一切捨ててしまっても同じだと、リロリラリリラ、トベリビッチョレ、コチャハベラダ、カンジョレなどという具合にデタラメな言葉を勝手につくっては、仲間内で使い始めた。山下たちはこれを「メチャクチャ語」「ハチャハチャ語」などと名づけている。

山下はこうしたデタラメ語について、コント55号が当時盛んに使っていた変な言葉からの影響を示唆している。また筒井康隆（一九三四〜）や横田順彌（一九四五〜）のSF小説からも多分にインスパイアされているようだ（山下洋輔・奥成達「ハナモゲラ語の発生と発展」、『定本ハナモゲラの研究』）。

山下はトリオを結成したあたりから、ジャズ評論家の相倉久人（一九三一〜二〇一五）を介して筒井をはじめ前出の評論家の平岡正明、詩人の奥成達《おくなりたつ》（一九四二〜二〇一五）などといった人たちと親しく付き合い始めていた。それまで文化人のあいだでは、ジャズ・ミュージシャンというのは少し特殊な人たちと思われていたふしがあり、直接に交際のあるケースは少なかったらしい（副島輝人『日本フリージャズ史』）。そのなかにあって山下は積極的に異ジャンルの人々と交流を持った。こうして山下を中心に各分野に張りめぐらされたネットワークは、のちに文字どおり網のごとくタモリを捕えることになるのである。

山下本人は自分から芸を演じることは少なかったが、ほかのメンバー、とくに中村誠一はレパートリーに事欠かなかった。タモリと出会う少し前、七一年頃には「フリー落語」なるものを生み出している。これは落語の知っているかぎりの仕草とセリフを、まったく前後の脈絡なしにものすごい速さで演じるというものだ。中村はまた、タモリと初対面時に演り合うことになるデタラメ外国語を応用した「朝鮮語の三遊亭圓生《えんしょう》」だの「ブルックリン訛りの英語のモノマネ」だのといった芸も発明していた。後者など、本場ニューヨーク育ちの女性に披露したところ、おおいにウケたという。

これら外国語のモノマネからは、やがて「初めて日本語と接した外国人の耳に聴こえる日本語のモノマネ」なるアイデアがもたらされることになる。これを中村は「じつは変なことを考えた」とやや顔を紅潮させながら山下に告げ、実演してみせたという。「いやあ、あれこれれました。おや、それこれ、あしたとてますか」と頭をペコペコ下げながら発せられる言葉は、ほかのどの言語でもない、まぎれもなく日本語であった（『ピアノ弾き翔んだ』）。言葉のみならず日本人の立ち居振る舞いまで戯画化しているところが、また鋭い。

七二年末には中村はトリオを抜け、新たにアルトサックス奏者の坂田明（一九四五〜）が加入した。中村の「初めて日本語と接した外国人の耳に聴こえる日本語のモノマネ」は、その後タモリによって受け継がれ、やがて坂田が「ハナモゲラ語」と命名、さらなる発展を見る。このときにはすでに上京していたタモリも加わり、仲間が集まるたびに、相撲中継だの料理教室だのあらゆるものをハナモゲラ語化しては大騒ぎした。

中村誠一にしても坂田明にしても、ジャズ・ミュージシャンのなかでもかなり異色の才能と芸の持ち主といえるだろう。これについて筒井康隆は次のように書いている。

《どうして山下トリオにはこの種の人物ばかりが入ってくるのかというひとつの不可思議があるが、これは誰もみな当然といった様子でとりたてて論じようとする人もいない。ジャズマン全体にそういう素質があるのか山下洋輔によって才能を開発されるのか類は友を呼ぶのかそのうちのどれかだろうと思うが、おそらくはその全部であろう》（筒井康隆「虚構におけるハナモゲラの自己完結性」、『定本ハナモゲラの研究』）

これは山下たちとタモリが出会った理由とも共通しよう。もともとジャズの素養を持っていたタモリもまた山下によって才能を開発された。その偶然の出会いも「類は友を呼ぶ」と言うにふさわしい。

こうして互いに引かれ合うようにしてタモリと山下トリオが出会い、それからまもなくしてトリオから中村が脱退した七二年にはもう一つ、タモリ史上特筆すべきできごとが起きていた。それは、東京・新宿のスナック「ジャックの豆の木」が、歌舞伎町の外れから新宿コマ劇場（二〇〇八年閉館。一五年にはその跡地に新宿東宝ビルがオープン）裏に移転、新装開店したことだ。のちにタモリを世に送り出す舞台が静かに整いつつあったという意味においても、この年は大きな転換期だったのである。

伝説の「ジャックの豆の木」

タモリの芸能界デビューへの道を拓いた伝説のスナック「ジャックの豆の木」は店舗としては二代目にあたる。

第一次「ジャックの豆の木」は、山下洋輔の麻布中学・高校の後輩で初代マネージャーだった柏原卓の母親が開店した。ノンフィクション作家の橋本克彦『欲望の迷宮』によれば、それは一九六五年のことで、場所は靖国通りから現在の四季の路（新宿遊歩道公園）を新宿六丁目へと抜けるあたりだという。四季の路はもともと都電の専用軌道敷（七〇年廃止）で、新宿六丁目交差点付近には新田裏という停留所があった。

開店初期の「ジャックの豆の木」には演劇や映画関係者の出入りが多く、山下トリオも当時からの常連客だった。このころ店でアルバイトしていた男性は、《山下トリオの中村誠一さんが何を思ったかパンツ一枚で逆立ちをはじめて、ひっくりかえったり、三上寛がギターをかきならして絶叫したり》と証言している(『欲望の迷宮』)。青森出身のフォークシンガーの三上ものちにタモリと親交を持つことになる一人だ。

柏原の母である「ジャック」初代ママは議論好きで、客同士が映画論などで大議論になると割って入り、いつのまにか一方をやっつけたりすることもあったという。強烈な個性を持った客たちが出入りし、いつも店はにぎやかだった。ただ連日連夜、酔っぱらいを相手にしているうちにママも疲れがきたのだろう、少し体を壊してしまう。そこで「ジャックの豆の木」は場所を移して、ほかのスタッフに任せることになった。それを引き継いだのが、山下のエッセイなどには「A子」の名で登場する柏原の当時の妻だ。

既述のとおり七二年に新宿コマ劇場の裏に移転した第二次「ジャックの豆の木」は、それまでの店の三分の一ほどの広さとなり、客と客とが接近するますます濃密な空間となった。それゆえ常連から「小さなジャック」とも呼ばれた。

当時の山下トリオは毎週、新宿の「ピットイン」に出演しており、それを聴きに来た客が、そのままメンバーと一緒に歌舞伎町の「ジャックの豆の木」に流れるということも起きていた。そういうこともあって、第二次「ジャック」では、山下トリオが常連客のあいだでますます中心的な存在となっていく。

タモリが新宿にやって来た！

タモリと福岡で遭遇したのち、山下たちは「ジャックの豆の木」で会う人ごとに、この〝九州の天才〟のことを吹聴した。山下が書くところによれば、タモリへのたび重なる絶賛の言葉を聞くうち、「ジャック」のママはその真偽をたしかめるべく、その男をここへ呼べと命じたという（『ピアノ弾き翔んだ』）。

本書の執筆にあたり山下に話を訊いたところ、タモリを呼ぶことになったのは、ママとともに常連客の要望もあったからだという。

当時のジャックでは夜な夜な、有名無名を問わず才気あふれる人たちが互いに顔マネやモノマネなど芸を披露したり言葉遊び的なものに興じたりとおおいに盛り上がっていた。そこへ山下がタモリの話をさんざん吹聴したので、一度そいつを連れて来いということになったというのだ。

こうして客から新幹線代を集めて、タモリを福岡から呼び出すことになる。それが一九七五年の夏のこと。ちょうどこの年の三月には山陽新幹線の岡山〜博多間が開業、東海道新幹線とあわせて東京まで全通していた。ちなみに当時の博多〜東京間の所要時間は最速で六時間五六分、料金は普通車で八七一〇円かかった。

初めて「ジャック」にやって来たタモリは背広姿でパッとしないサラリーマンのような出で立ちであったという。約束より早く着いてしまった彼は、しばらく一人カウンターにぽつんと座りながら、黙ってビールを飲んでいたらしい。ママのA子はまさかそれが噂の〝九州の天才〟だとは気づかなかった。山下洋輔の『ピアノ弾き翔んだ』には、このときタモリを呼び出したのは仲間内で唯一電話番号を知っていた中村誠一だったと書かれている。カウンターにいたタモリはやがて口を開くと、「あの、中村誠一さんは今晩ここに来られますか」と訊ね、ママと常連の一人でマンガ家の高信太郎（一九四四〜）を「えっ、あなたがあの九州のデタラメな人ですか!?」と驚かせたという。

マンガ家で赤塚不二夫のブレーンやマネージメントを担当していた長谷邦夫《ながたに》（一九三七〜）もまた、タモリの上京に立ち会った一人だった。長谷は山下洋輔が一九六九年にトリオを組んだばかりのころからのファンで、前出の「ピットイン」でのライブには七年半無欠席で通い詰めたほか、ヨーロッパツアーにも追っかけとして同行している。長谷も、タモリが上京してきたときについては著書で詳細に記しているが、山下たちの記憶とは微妙に食い違う。

長谷によれば、そもそもの発端は、長谷が山下トリオの元メンバーだった中村誠一からタモリの話を聞いて、自分もその芸を見たいと言い出したことだったという。福岡からの交通費を「ジャック」の客からカンパを募り捻出するというのも長谷のアイデアで、そのために店のカウンターに募金籠を置いた。これらは、「ジャック」のママにもタモリ本人にもまったく都合を確認することなく、中村と二人だけで決めた企画だったと、長谷は書いている。中村はさらに、山下トリオのヨーロッパツアーの凱旋公演を七月二六日に銀座ガスホールでやるので、それを聴きに来てほしいと口実をつけ、タモリに連絡をとったらしい。長谷がタモリと会ったのも、そのコンサートの終了後に中村から紹介されてだったという（長谷邦夫『桜三月散歩道』）。

ただ、これについて筆者が山下に訊ねたところ、中村誠一はそのころすでにトリオを脱退していたから凱旋公演では共演していないとのことだった。『ピアノ弾き翔んだ』には、中村はタモリを「ジャック」に連れて来ると、その後ほとんど店には顔を出さなくなったとあるから、公演などとは関係なしに単に店の常連たちの要望を受けて使命を遂行したにすぎなかったのか。もっとも、当の中村は、最近のインタビューで《「ジャックの豆の木」っていうお店で、みんながお金出し合ってっていう話は山下さんも書いてるけど、僕はちょうど山下さんのバンドを辞めたところで、そのあたりの詳しい経緯は知らないんです》と語っているのだが（『タモリ読本』）。

上京の経緯についての詳細はどうあれ、タモリは初めて訪れた日以来「ジャック」に入り浸るようになる。やがてタモリの噂を聞きつけた神戸在住の筒井康隆が上京し、「ジャック」で本格的な独演会が催されることになった。会が開かれたのは、長谷邦夫の著書では七月三〇日とある。

独演会当日、店内には山下洋輔をはじめ、詩人の奥成達、マンガ家の上村一夫や高信太郎、それから長谷に同伴して赤塚不二夫も顔をそろえていた。赤塚は当初、長谷からタモリについて聞いても「そんな芸達者だったら、とっくにプロになっているはずだろう」と信じようとしなかったという。しかしとにかく行こうと長谷にうながされ、いやいやついてきたのだった。

会が進行するうちに筒井から、中国人のターザンをやってくれとのリクエストも飛び出し、タモリはこれに見事に応じてみせた。しかし筒井の要望はとどまることを知らない。さらに「大河内伝次郎（映画俳優）の中国人ターザンが、宇宙船のなかで酸素漏れに苦しんでいるところをやってくれ」とむちゃくちゃな設定が与えられる。だがこれにもタモリは一瞬たじろぎながらも挑んでみせ、《「およ。うよ。すうしほ。ごよごよごよ」などと言いながらノドをカキムシリ、苦悶の表情物凄く、それでも必死に操作盤《コンソール》を手さぐりしようとする》その演技は客人たちを圧倒する（『ピアノ弾き翔んだ』）。こうしてリクエストに応えるがままに即興で演じるなかから、「四ヵ国語麻雀」など、のちに「密室芸」と呼ばれることになる初期タモリのレパートリーができあがっていったという。その様子を目の当たりにして、店に来るまでは渋っていた赤塚もいつしか惹きこまれていた。

すっかりタモリに惚れこんだ赤塚不二夫は、目白にある自分のマンションの部屋に泊まっていけと申し出た。カーサ目白というそのマンションは、妻との離婚時に土地も自宅も譲ってしまった赤塚のため、事務所側が探してきたものだった。しかし淋しがり屋の彼は一人暮らしが苦手なうえ、仕事も忙しくてほとんど帰っていなかった。ようするに空家も同然だったわけで、まるでタモリのために用意されていたのではないかとさえ思わせる。

三〇歳を前に仕事をやめる

タモリからしてみれば、東京に呼ばれた一九七五年というのは、絶好のタイミングであった。というのも、この年の初めにはバーテンダーの仕事をすっぱりやめていたからだ。これについて本人は、赤塚不二夫との対談で次のように語っている。

《いや、ちょうどそのとき三十になってて、何もかも辞めてしまってたんですよ。というのも偶然なんだけど、俺は三十になったら、今やってることを全て辞めてしまおうと思ってたんですよ。だからって、何の考えもなかったんですけどね。まあ、全部辞めてちょっと考えようかなぁって思ってたんですよね。そこに東京から［引用者注――新幹線の］チケット送られてきて、タイミングとしては絶妙でしたね》(『これでいいのだ。』)
最近本人が語ったところによれば、三〇歳を前に勤めをやめたのは、三〇までは何をやってもいいが、三〇から一生やる仕事を見つけないといけないと以前より考えていたからだ。いったい自分は何をやるのがいいのだろうと考えた末に、やはりお笑いしかないんじゃないかと思いいたったという(『SWITCH』二〇一五年五月号)。人生の区切りを二五歳でも三五歳、四〇歳でもなく三〇歳と定めたのは多分に恣意的なものではあろう。しかしこのころ二〇代と三〇代のあいだにはいま以上に高い壁があったはずだ。六〇年代末のアメリカにおけるカウンターカルチャーの隆盛のなかで「三〇歳以上の奴は信じるな(Don't trust anyone over 30)」というスローガンが掲げられたのは象徴的である。また、この少しあと、八〇年前後には当時三〇代を迎えていた戦後のベビーブーム世代を指して「ニューサーティ」という言葉が登場するが、そこには従来の三〇代とは違う価値観を持つとの意味が込められていた。こうして見ても、七〇年代半ばにあってタモリが「三〇歳から一生の仕事を」と考えたのはごく自然のことだったように思われる。
べつの対談でタモリは、《結論として、「やっぱり喋りしかないなあ……」って思ってたら、山下(洋輔)さんたちから「東京に来い」と声がかかって》とも話している(『週刊文春』二〇〇九年四月二日号)。中村誠一も、中洲の屋台の天ぷら屋でタモリと飲みながら、

「タモちゃん、そろそろ東京へ出てきたほうがいいんじゃない？　ここにいてもしょうがないでしょ」と話した記憶があるという（『タモリ読本』）。

自分には笑いしかないと思ったタモリは、一番信頼していた地元の親友に相談している。このとき友人を博多の屋台に呼びつけて、「じつは東京に行ってお笑いをやろうと思ってるんだけど、おまえどう思う？」と訊いたところ、「やめとけ」と止められた。「おまえはたしかに面白いけど、プロで通用する人間じゃない」というのだ。《その時にわかったのは、「あ、こいつらわかってないし、やっぱり相談しちゃいけないんだ」と（笑）。それでその場は「わかった」と明るく呑んで別れて、東京に出てきたんです》（『ＳＷＩＴＣＨ』前掲号）

テレビで見るタモリは飄々としていて、上昇志向などとは無縁のイメージがあるから、これほどまでに決心を固めていたことは意外にも思える。だが、山下トリオにいた森山威男は《タモリにはもちろん、『東京へ出ていき、自分の芸をするんだ』という大目標があった。最初からそのつもりだったはずです。『良い機会が来れば、それでいい』と思っていたでしょう》と断言する（『タモリ伝』）。

前章に書いたとおり、タモリは職場では真面目で仕事をきちんとこなす一方、仕事仲間を相手にインチキ外国語などの芸を披露することもあったという。しかし自分はさらに上を目指さないといけないという思いが、山下たちとつきあううちに大きくなっていったに違いない。福岡時代には、ジャズ喫茶「コンボ」でライブ・トーク・ショーを開いたこともあった。「三〇歳になったら……」との決意はそうしているうちに固まっていったのだろう。

タモリが三〇歳になったのは、戦後三〇年の節目でもあった。一九七五年八月、戦後生まれは日本の総人口の四九・四パーセントに達していた。過半数に達するのはその翌年のことである。この時点で日本は、人口の半分が三〇歳以下という若い国だったのだ。

それを反映するように、さまざまな分野で若い世代の台頭や新たな活動が起こっていた。たとえば、この年の六月には、井上陽水・小室等・吉田拓郎・泉谷しげるがレコード会社「フォーライフ・レコード」を設立し、若手ミュージシャンが自分たちの手でレコードを制作し流通させる試みとして注目を集めた。また、マンガ批評集団「迷宮」の実質的な主催により第一回コミックマーケットが、三〇あまりのサークルを集めて開催されたのもこの年のことである。他方、ロックや小劇場演劇などそれまでカウンターカルチャーやサブカルチャーと呼ばれていたものが、このころには商業資本に取りこまれ消費され始めていた。仲間内で芸を披露するところから出発したタモリが、上京後やがて表舞台に引っ張り出されていったのも、そうした流れのなかでのことだった。

衝撃のテレビ初出演

一九七五年夏、新宿に現れたタモリは、歌舞伎町のスナック「ジャックの豆の木」で常連客を前に独演会を行った。タモリの芸に惚れこんだマンガ家の赤塚不二夫は会のあと、先述のとおりマンションの自室に彼を連れて行き、そこに住まわせた。長谷邦夫によれば、タモリはその後いったん福岡に帰郷し、八月二八日に再度上京してきたという（『桜三月散歩道』）。

ちょうど夏休みの終わりで、赤塚のもとにはNET（現・テレビ朝日）から子供向けの番組の企画が持ちこまれていた。長谷の前掲書によれば、それは俳優の高島忠夫が司会する番組を「赤塚版の子供向けにして放映したい」との注文で、構成も自由にしてよいとディレクターから一任されたという。筆者が調べてみたところ、NETではこのころ毎週土曜の正午から一時間、『土曜ショー』という番組が放送され、高島はその司会を務めていた。ちょうど七五年八月の最終土曜日、三〇日の新聞のテレビ欄を見ると、『土曜ショー』で「マンガ大行進！・赤塚不二夫ショー」という企画が組まれていたことが確認できる。

長谷はこの番組の冒頭でタモリを出してしまうことにした。赤塚マンガの人気キャラクターを使ってデタラメな場面を七、八枚描き、それを紙芝居仕立てで、完全なアドリブで演じる、というのがタモリの役回りだった。赤塚もこれに同意する。出演時には牧師に扮装してもらおうということで、テレビ局の衣装部に発注した。

番組は生放送、しかもリハーサルなしのぶっつけ本番。だがタモリは真骨頂であるアドリブを発揮し、その紙芝居口演にスタッフ一同はすっかり聴き惚れ、司会の高島にも驚きが走った。

高島はタモリを高く評価し、当初流す予定だった赤塚のアシスタント総出演のVTRを自らの判断でとりやめ、タモリにほかにも芸を演ってみせてほしいと頼んだ。進行の変更は、CM中に赤塚とタモリから了承を得て、カメラにも高島から指示を出す。

こうして番組内容は赤塚マンガの話題から離れ、タモリにスポットが当てられた。タモリはカメラを前に、「ジャックの豆の木」でやっていたネタを視聴する層に合わせて短縮しつつ、四人の外国人がゲームを繰り広げる芸（「四ヵ国語麻雀」をアレンジしたものか）などをここぞとばかりに演じてみせた。スタジオは爆笑の渦に包まれ、エンディングで出演者全員が並ぶシーンでも高島はタモリに芸をやらせながら番組を終えるよう指示を出し続けたという。

テレビでタモリの芸を初めて見たタレントの黒柳徹子が、すぐさまテレビ局の受付に電話をかけて赤塚を呼び出し「あの人は誰!?」と訊ねたという話は、彼女が司会する『徹子の部屋』（テレビ朝日）でもたびたび語られている。黒柳が見たのがまさに『土曜ショー』のこの回だった。

黒柳と赤塚不二夫は六〇年代後半、ＮＥＴの『まんが海賊クイズ』という番組でそれぞれ司会者と回答者として共演して以来のつきあいだった。わざわざテレビ局まで「あの牧師さんは、スゴイ！」と電話をかけてきた黒柳に、赤塚は「あれがいつも話していた九州のモリタだよ。面白かった？　伝えるよ。喜ぶよ。初テレビで、本職の芸能人からほめられてさ。黒柳さんが最初だよ！」と我がことのように喜んでいたという（『赤塚不二夫のおコトバ』）。

ちなみに、このとき黒柳が出演依頼し、タモリ二度目のテレビ出演は『徹子の部屋』になった、という話が伝えられている。しかし、同番組の放送開始はこの翌年、七六年二月のこと。タモリの同番組への初出演にいたっては七七年八月一一日と二年もあとだ。

このあたりについては、『タモリ学』の著者・戸部田誠がくわしく検証している（ブログ「てれびのスキマ」二〇一四年三月二〇日付　http://littleboy.hatenablog.com/entry/2014/03/20/150934）。それによれば、『徹子の部屋』には『13時ショー』という前身番組が存在し、タモリはそれに出演したのではないかという。当時の番組表を調べると、七五年九月八日放送の『13時ショー』で「珍芸スターお笑い大行進」という企画が組まれていた。先の『土曜ショー』

の放送から約一週間後という時期からしても、これにタモリが出ていた可能性は高い。

売りこみのための〝バーチャル会社〟設立

赤塚不二夫と長谷邦夫の手でタモリはブラウン管デビューを果たし、高島忠夫や黒柳徹子といった芸能界のベテランをうならせることに成功した。これと並行して、「ジャックの豆の木」内にタモリのマネージメント事務所として「オフィス・ゴスミダ」が〝設立〟され、社長に「ジャック」のママが、常務取締役には山下洋輔が就任した。「ゴスミダ」とは、タモリの十八番であるインチキ朝鮮語からワンフレーズをとったものだ。

「ジャック」の常連の一人で、のちに演出家・構成作家としてタモリとともに仕事をするようになる高平哲郎によれば、「ジャック」のママは奥成達などが与太話で「タモリのマネージャーをやってあげたら」と言っていたのを受けて、さっそく「オフィス・ゴスミダ社長」という名刺をつくって配り始めたという（『ぼくたちの七〇年代』）。

所属タレントのタモリ以外には、ママと山下しか社員のいなかったこの事務所は、表向きには希代の才能を何とか世に送り出すためにつくられた。だが、山下に言わせると、本意はべつのところにあったらしい。

じつのところ、「ジャック」の常連客のみんながみんなタモリを歓迎していたわけではなく、古くからの客のなかには《時にニガニガしげな気持を押さえかねる人達もいた》という。彼らにとってタモリは、《わけの分からんことをほざき、芸人好きのママに取り入って間断なく、アハハーハ、アハハーハと笑わせる》得体の知れぬ男にすぎず、あまつさえ、どうやらただ酒を飲んでいるらしいことも、怒りに火をつけた(『ピアノ弾き翔んだ』)。

そこで山下はママと相談したうえでプロダクションをつくり、タモリをそこで抱えているタレントということにしたのだ。プロダクションの社長がタレントを激励し、出世払いで酒を飲ませても不自然ではなかろう、というのがその理屈である。

登記だけのペーパー会社どころか、存在を証明するものといえば名刺だけという、いわばバーチャル会社だった「オフィス・ゴスミダ」だが、山下いわく、それでも二度ほど仕事をしていた。その最初の仕事こそ、黒柳徹子が司会を務める10チャンネル＝NETの「素人芸能合戦のような昼間の番組」であった。これはおそらく前出の『13時ショー』のことだと思われる。二度目の仕事は、京都大学の学園祭への出演だった。

前者の番組収録には、「二日酔いだったらしい社長の強い命令で」結局山下だけがタモリについて行ったそうだ。放送前、タモリはディレクターを前に一通りの出し物を披露した。するとディレクターは大笑いしながらも、「テレビではできないんだよ」と告げたという。インチキ外国語などは国際関係に好ましくない影響を与えると判断されたらオシマイだ、というのがテレビ局側の言い分であった（『ピアノ弾き翔んだ』）。

誰もがテレビ向きではないと思っていた

タモリがテレビ向きではないとは、山下洋輔にかぎらず、タモリをメディアや芸能界に熱心に売りこんでいた仲間たちが方々で聞かされた言葉だ。

このころ、「ジャックと」のママや山下のほかにも、前出の高平哲郎、あるいは高信太郎や筒井康隆といった人たちがタモリのマネージャーを自任していた。

高信太郎はニッポン放送の深夜番組『オールナイトニッポン』で七五年七月から九月までパーソナリティを務め、その間、四週連続でタモリをゲストに呼んでいる。さらに一〇月には、TBSラジオの人気番組『パック・イン・ミュージック』の水曜日（通称「水曜パック」）を担当していた同局アナウンサーの林美雄のたっての希望で（彼は高の『オールナイトニッポン』でタモリの存在を知った）、そのスタジオにタモリを連れて行った。

このとき同番組の名物コーナー「苦労多かるローカルニュース」にタモリは何の前触れもなしに登場し、林の読む「続いて苦労多かる国際放送です。TBSが聴いた昨夜の北京放送は……」というパロディニュースに合わせて、デタラメな中国語の同時通訳を当てた。林は必死に笑いをこらえながら「一方、自由ドイツの声は……」と原稿を読み続けたが、耳元でタモリがデタラメなドイツ語をつけると、ついに爆笑してしまう。その後、高が短くタモリを紹介したあと、タモリは四ヵ国語麻雀を披露した（柳澤健「1974年のサマークリスマス」第一四回、『小説すばる』二〇一四年九月号）。

なお、その後七六年春には林から『パック・イン・ミュージック』のパーソナリティにしたいとの打診を受けたタモリだが、このときにはすでに『オールナイトニッポン』を秋から始めることが、彼の早大のモダンジャズ研究会の先輩でニッポン放送のディレクターだった岡崎正通とのあいだで決まっていたため断っている（『ぼくたちの七〇年代』）。

しかしラジオはともかく、テレビへの出演はあいかわらず難色を示された。高信太郎がタモリをNETの『前武のヤングアップ』という番組の前説にどうかと司会の前田武彦に芸を見せてその感想を訊ねたところ、「面白いんだけど、テレビでは難しいんじゃないの」との返事だった（『文藝別冊　タモリ』）。高平哲郎も、まずジャズ評論家の久保田二郎と演出家の滝大作の二人にタモリの芸を見せたところ、久保田は笑ったが、滝は最後まで笑わないまま「やりたいことはわかる。やっていることもいいと思う。だが、これをどう展開させるかというと非常に難しい」と言ったという（『ぼくたちの七〇年代』）。

高平哲郎はこのころ雑誌『宝島』の編集部をやめて設立したばかりだった個人事務所「アイランズ」にタモリを所属させ、自分の知るかぎりの芸能界の人たちに紹介してまわった。

タレントの堺正章も、髙平に頼まれてタモリの芸を見た一人である。しかし堺はその芸にピンと来なかったうえ、サングラスをかけたままのタモリに「先輩の前で芸をやるときは、サングラスぐらい取れよ」と叱りつけてしまったと、近年、あるバラエティ番組で冗談めかして語っていた。喜劇俳優・堺駿二の息子であり、自身もドラマなどでの軽妙な演技で人気を集めていた堺には、タモリが従来の笑いから外れた存在に見えたのかもしれない。

髙平によれば、このとき堺以外に俳優の藤村俊二と田辺エージェンシーの副社長も同席しており、藤村にはおおいにウケたものの、肝心のタモリをどうするかという話になると、全員、前出の滝大作と同じ答えを出したという(前掲書)。タモリが田辺エージェンシーに所属し、堺正章の後輩となり、また滝大作と赤塚不二夫・髙平哲郎とともに「面白グループ」なるグループを結成するのは、それからもうしばらくあとのことだ。

このように仲間たちはタモリの売りこみに奔走したが、一方では仲間内でも、タモリの芸がテレビで通用するかどうか懸念されていたのも事実だ。筒井康隆にいたっては、雑誌上で次のように断言している。

《じつはムッシュ・タモリの芸は密室むきなんですよ。彼の天皇陛下は韓国系だというシャベリなんかね。タブーのある社会ほど原始社会に近くて遅れているんだが、タモリの芸も、その真髄が現在のタブーに抵触しているからこそ面白いんです。それでタモリの芸は、現在のマスコミの中では成功しないと思うから、できたら私の家に秘密クラブをつくって、専属の芸人にしようと思ってるんですョ》（『週刊プレイボーイ』一九七六年一月二〇・二七日号）

そのなかにあって、最初からタモリを信じていたのが山下洋輔だった。《俺はずっとタモリは面白いから出てくると信じていたからね。いまでもタモリは面白いし。タモリは昔から本質的に何も変わってないと思いますよ》とは、タモリが大成したのちの山下の言葉である（髙平哲郎『今夜は最高な日々』）。

思えば山下もまた、まだ若かった六〇年代、家や学校に籠もりがちだったのを評論家の相倉久人や先輩ミュージシャンの渡辺貞夫といった人たちから引っ張り出され、さまざまな人々と交流を持つようになった。山下としては、今度は自分が逆の立場となってタモリを世間に引っ張り出そうという思いが強くあったのではないだろうか。

居候と家主の逆転関係

赤塚不二夫が上京まもないタモリに貸し与えたカーサ目白は、ひと月の家賃が七五年当時で一七万円という高級マンションだった。

タモリは当初、赤塚が自分を誘ったのは男色の趣味があるからではないかと、貞操の危機を感じ、スナック「ジャックの豆の木」のママに相談したという。赤塚のことをよく知っているママの答えは、「冗談じゃないわよ、あの人はそんな人じゃない。そう言われるんだったら行けば大丈夫。恩着せるような人じゃ全然ないから」というものだった（月刊PLAYBOY日本版編集部『プレイボーイ・インタビュー　セレクテッド』）。

結果的にこの居候時代は、《俺の人生の中で一番楽しかった、あの一年くらい》と後年タモリに語らしめることになる（『これでいいのだ。』）。当時まだレギュラー出演する番組はなかったので、時間はたっぷりあった。しかも赤塚からの待遇は、駆け出しの芸人に対しては破格のもので、タモリの生活は優雅そのものだった。

赤塚には小遣いももらっていた。月に一度は電話があり、「カネあるの？」と訊かれる。そこで「カネないよ」と答えると、「じゃあ取りに来い」と言われ、下落合のフジオ・プロダクションまで受け取りに行くのだ。それで一回につき三万円ほどもらっていたという。当時としてはかなり使いでのある額だった。

小遣いを受け取る際には「酒あるか？」とも訊かれ、「ない」と答えると、翌日には酒屋からハイネケンのビールが何ダースも届けられた。それも、部屋に友達を呼んで全部配ってしまうので、その日のうちになくなってしまう。「もう飲んじゃったの」と赤塚に驚かれても、タモリは「飲んじゃったあ」とあっけらかんとしていた。

部屋にはもちろん洋服ダンスもある。そこから赤塚の服を拝借して、何気なく着てみると、サイズがぴったりだった。赤塚から飲みに誘われると、それを着ていく。自分の服を着ていることに気づくや「それ、俺んだよねえ」と訊く赤塚。それに対してタモリは「そうだよ」と平然としながら答える。「それ、大切にしてたんだよなあ」と寂しそうに言われても、当然のごとく冷たく「あっそう」。

帰りも赤塚はタクシーに、タモリは赤塚所有のベンツに乗ってと別々だった。下落合と目白はさほど距離も離れていないが、タモリは一度たりとも赤塚をベンツで送ったことはなかったという。ちなみにベンツは450SLCというスポーツカータイプで、タモリはこれを自由に乗り回した。あるとき工事現場にこの車で突っ込んでしまったことがあったが、赤塚からは一切怒られることはなかったとか。

赤塚はたまに部屋へ来ることもあった。それもまずタモリに電話をかけ、「いまから洋服を取りに行きたいけど、いいだろうか」とあらかじめ確認したうえでだった。部屋に来ても、「これとこれ、持ってっていいかなあ」と自分のものなのにいちいちタモリにうかがいを立てる。用事が済んで一服するときも、「タバコ吸おうかなあ」「ちょっと一杯飲むもうかなあ」などと遠回しに許しを求め、「どうぞ」と言われてやっと飲み始める。そんなふうに赤塚は終始恐縮したまま部屋でしばらくすごすと、「そろそろ帰るわ」と一人タクシーで仕事場に戻っていくのだった。これではどちらが家主なのかわからない。

来宅した赤塚はまた、食べ物がないだろうと、買ってきた食料品を冷蔵庫いっぱいに入れてから帰っていったという。そんな家主にタモリが礼を言うことはなかった。タモリには、《お前が俺を見込んだんだから仕方ない。お前は自分の度量がそれだけあって、それなりに経済的にやっていけるんだから、なかったらやんなきゃいい》という、居候道というか居候哲学みたいなものがあったからだ（『これでいいのだ。』）。

じつは当初、タモリは赤塚がほかにもマンションを持っていて、そこに住んでいるものとばかり思っていた。だが、実際には赤塚は帰るところがないので、仕事場に寝泊まりしていたのだった。それを知ったとき、さすがのタモリにもグッとこみあげるものがあったが、ここで引け目を感じては居候道に反すると思って堪えたという。赤塚も赤塚で、「ジャックの豆の木」のママの言葉どおり、恩に着せるような人間では全然なかった。むしろ堂々と居候しているのがいい、とタモリに惚れこんでいた。

《あれがなかったら、今のタモリはないんだよ。普通にペコペコするような奴だったら、こうはなってなかった。（中略）人の服着てな、十七万のマンション住んで、平気でベンツ

に乗って走り回ってね。そういうのができたってことで、この人の今があるんだよ》（前掲書）

仲間を呼んでラジオドラマを制作

驚くのは、上京してしばらく経つとタモリは福岡から妻を呼び寄せ、夫婦で居候していたという事実だ。当時出た雑誌記事にも、《朝9時、ムッシュ・タモリは赤塚不二夫邸の一室で、眼ざめる。春子夫人が「オキヤガレ」と枕を蹴とばすからである》との一文がある（『週刊プレイボーイ』前掲号）。

同じ記事でタモリは、きょうの仕事は？　との記者の質問に、《居候は仕事をしてはいけないのです》と答えている。まだ仕事が月に二本か三本ぐらいしかなかったころだ。その少ない仕事ですら、遊ぶのに夢中で忘れることがあったらしい。夜は「ジャックの豆の木」に出かけて行く。部屋にいるときも友達を集めて、ラジオドラマをつくるなどして遊んでいた。ちょうど部屋にはカセットデッキやエコーマシン、ミキサーなどがあって、好き放題使うことができた。

タモリは学生時代にも、やはり当時の居候先の友人宅でテープレコーダーなどを使ってラジオ番組のパロディをつくっていた。これはその活動の再開ともいえる。なかにはサンプリング的な手法を用いたものもあり、たとえば佐藤栄作の首相退任会見（一九七二年）での「テレビカメラはどこですか？」というセリフをコラージュしたものはおおいにウケたという。このセリフは、佐藤が記者たちを前に、新聞は真実を伝えないからテレビで国民に直接話をしたいと発したものだ。タモリと仲間は、それを実際の音源から切り取り、新たに録音したものにはめ込んだ。

タモリ　あの、そこ行くおじさん。ちょっとこっちを向いていただけませんか？
佐藤　テレビカメラはどこですか？
タモリ　リンスなさってますか？
佐藤　テレビカメラはどこですか？

これは、その少し前に流行った、街行く女性に声をかけるリンスのＣＭのパロディらしい。いまからすると他愛もないものにも思える。だが当時としては、ニュース素材をそのまま使って、まったく違う文脈に置き換えてしまったことが新鮮だったのだろう。
これらの作品は、やがて奥成達の企画によるカセットブック『タモリのカセット面白術』に収録された。また、のちにラジオ番組『タモリのオールナイトニッポン』で、リスナーにＮＨＫのニュース音源を面白おかしく切り貼りしてもらう「ＮＨＫつぎはぎニュース」というコーナーが設けられたが、これも録音ごっこの延長上にあるといえよう。

最後の居候

文筆家の草森紳一は、古代中国や明治時代の食客《しょっかく》たちについて『食客風雲録』という本を「日本篇」と「中国篇」に分けてまとめている。食客というのは、他人の家に居ついて食わせてもらっている人、ようするに居候と同じ意味だ。古来、大人物と呼ばれるような人たちは、自分の家に有望な若者を住まわせることが珍しくなく、実際にその食客のなかからのちの歴史的人物が輩出されることも少なくなかった。戦前の国家主義者で、一九三六年の二・二六事件で決起した青年将校らの思想的指導者と見なされ処刑された北一輝《いっき》（一八八三～一九三七）もその一人だ。

北一輝は二五歳のとき、東京・青山にあった黒沢次郎という人物の家に居候として転がりこんでいる。そこでは「どちらが主人かわからぬ態度で、その家に住みついてしまった」といい、黒沢夫人までも籠絡《ろうらく》してしまう。北は当時すでに〝危険人物〟として警察からマークされていたが、夫人は彼と一緒に買い物などで外出したとき、刑事を撒《ま》くことに興味を覚えるほど仲良くなったという。

北は、ときには金銭を得るため、黒沢の所有品を売り飛ばすことさえあった。それでも黒沢は「あいつは大物だ」と北の将来に期待し、彼を養うことを生き甲斐としていたようだ。その交情は北が死ぬまで続いたという。

居候としての態度だけ見れば、北一輝とタモリはかなり近いものがある。このような居候は北以外にも、あるときは食客、またあるときは書生と呼び名を変えつつ、歴史上たくさん存在したのだ。

『食客風雲録　日本篇』の巻末には、ノンフィクション作家の関川夏央（一九四九〜）が跋文《ばつぶん》を寄せている。それによれば、関川が青春時代をすごした六〇年代末から七〇年代にかけてもなお、世間には食客を容認する空気が残っていたという。実際、関川の当時の友人は、別の友人宅に居候しており、夕食の席では、先方の母親に臆することなく酒を要求し、それを父親と酌み交わすほどその家になじんでいた。たまたま同席した関川は、そんな友人に嫉妬したそうだ。

戦後にいたっても、一般家庭で親戚や同郷の若者を下宿させるということはよくあった。だが、都市部に人口過密をもたらした高度成長後の住宅事情はそれを困難にさせていく。七〇年代初めの列島改造ブームにより地価が高騰すると庶民が「庭付き一戸建て」を持つことはもはや夢と言われ、一戸建てとくらべると割安感のあるマンション取得へと人々を向かわせた。若者の側でも、プライバシーを侵されるのを嫌い、実家を離れてもアパートやマンションに部屋を借りて住むケースが多数を占めるようになる。ここに居候や食客の系譜は途絶えたといってよい。タモリが自分のことを《日本史上、最後の居候》と呼び、《あれ以降、俺のあとには居候はいないね。(笑)》と語っているのは、何もおおげさなことではないのだ(『これでいいのだ。』)。

居候時代のタモリは図々しさを貫いたが、しかし部屋はいつもきちんと整理しており、赤塚を安心させたようだ。七六年四月、東京12チャンネル(現・テレビ東京)の『空飛ぶモンティ・パイソン』への出演が決まり、これがタモリ初のテレビのレギュラー番組となる。これを機に、タモリは赤塚のもとから独立し、妻とともに地下鉄丸ノ内線・新高円寺駅のそばのマンションに引っ越した。

赤塚にさんざん世話になりながら、タモリはその後も礼を言うことはなかった。当の赤塚も、《「俺は赤塚さんのお陰でここまでこれたんです」なんて言う奴いるだろ。そうゆう奴はいやなんだよね》と語っていた(前掲書)。お礼を言ったり言われたりするのを拒んだ、二人の真意はどこにあったのか？　そのことは二〇〇八年八月になってようやく、タモリの口から明かされる。それも、赤塚への弔辞という形で。

《私はあなたに生前お世話になりながら、一言もお礼を言ったことがありません。それは肉親以上の関係であるあなたとの間に、お礼を言う時に漂う他人行儀な雰囲気がたまらなかったのです。あなたも同じ考えだということを、他人を通じて知りました。しかし、いま、お礼を言わさせていただきます。赤塚先生、本当にお世話になりました。ありがとうございました。私もあなたの数多くの作品の一つです》

居候・タモリが家主・赤塚不二夫に初めてお礼を言った瞬間だった。

他人の考えた芸を自分のものに

先述のとおり、タモリの初期の芸には「ジャックの豆の木」の常連からのリクエストに応じる形で生まれたものが少なくない。山下洋輔トリオと初めて出会ったときに中村誠一と応酬を重ねたデタラメ外国語、中村が発案し坂田明が発展させたハナモゲラ語など、他人の芸を一緒に遊ぶうちに自分のものとしてしまうこともしょっちゅうだった。

アルバム『タモリ』にも収録されているアフリカ民族音楽もどき「ソバヤ」も、もともとは坂田のアドリブから生まれたものだった。ときは一九七六年二月一一日、作家の河野典生の家で、彼が小説の取材でアジア各地で集めた民族楽器の即興演奏を山下・坂田・平岡正明・奥成達などプロ・アマ入り乱れてやってみるという集いが催された。

河野によれば「ソバヤ」はその日、《時々飛び出す怪演奏に大笑いしながら昼間から続いた宴もたけなわの頃、それは坂田のリード・ボーカルで突然、自然発生》したという（『芸能界考現学』）。山下の話では、河野邸からの帰り道でもなお昂《たか》ぶりは収まらず、とくに坂田は駅まで歩きながらそこらじゅうにある店を指して「トコヤ、トコヤ」「ゲタヤ、ゲタヤ」などと叫びまくっていた。そのうちに目に飛びこんできたのが蕎麦屋だった。ここから「ソバヤ、ソバヤ」の掛け声が生まれる。そのまま電車に乗って新宿に向かった一行は「ジャック」でタモリと合流。こうして皆で「ソバヤノニカイデ」「ソバヤソバヤ！」などとコール・アンド・レスポンスを繰り広げたのだが、タモリの掛け声は仲間内でも一番うまく、いつしか「ソバヤ」は彼のものになっていたという。

坂田とタモリは、「ジャック」の噂を聞きつけて見学に来た学生たちをからかうようなこともした。カウンターで並んで飲んでいると、どちらが合図するでもなく芝居を始める。タモリは大学教授、坂田は大学でフランス文学を専攻した労務者という役どころだ。からんでくる坂田を、タモリはキザな口調で揶揄する。さらに両者はサルトルだのボーヴォワールだの口角泡を飛ばして議論を繰り広げたあげく、互いに首を絞め合う。学生たちはなぜかタモリ教授の味方をして坂田を取り押さえようとした。やがて、二人はもみあいながら店の外へ出ていく。そして、学生たちが出てこられないよう、ドアにもたれかかりながら大笑いをしたという。まだ彼の顔は一般に知られていなかったから、バレなかったのだろう。

せんだみつおの時代

だが、タモリは着実に有名人への道を歩んでいく。七六年九月に深夜ラジオ番組『タモリのオールナイトニッポン』が放送開始、一〇月からは日本テレビの『金曜10時!うわさのチャンネル!!』にレギュラー出演するようになる。前述したタモリ初のレギュラー番組『空飛ぶモンティ・パイソン』は、まだローカル局にすぎなかった東京12チャンネル(現・テレビ東京)の放送だったから、全国に彼の存在を知らしめたのはこの二番組ということになるだろう。

このうち『うわさのチャンネル!!』はせんだみつお(一九四七〜)が歌手・タレントの和田アキ子らとともにメインを張っていた番組である。いまでこそテレビで見かけることは少ないが、テレビやラジオの世界にせんだが残したものはけっしてバカにならない。『うわさのチャンネル!!』では、和田アキ子に張り扇ではたかれたり、プロレスラーのザ・デストロイヤーに技をかけられたりした。こうした役どころなど、いまのリアクション芸人の元祖ともいえそうだ。

またビートたけしの「コマネチ!」というギャグや『オレたちひょうきん族』(フジテレ

ビ、一九八一～八九年）で演じたタケちゃんマンの発する「ナハッナハッナハッ」というセリフはもともとはせんだがやっていたものである。
所ジョージ（一九五五～）が初めて出演したラジオ番組も、せんだがパーソナリティを務める『燃えよせんみつ足かけ二日大進撃』（ニッポン放送、一九七四～八〇年）だったという。また、秋元康（一九五八～）が放送作家になったのも、高校時代にこの番組でやっていた名作パロディを聴いて、こんなものなら自分も書けると『平家物語』のパロディを投稿したのがきっかけだ。それからまもなくして秋元は同番組に携わっていた放送作家の奥山侊伸《てるのぶ》に師事し、その後『タモリのオールナイトニッポン』にもスタッフとして参加している。

七〇年代のせんだの活躍を語るうえでいま一つ外せないのは、TBSテレビが首都圏でのみ放送していた『ぎんざNOW！』（一九七二～七九年）である。これは平日夕方、銀座のサテライトスタジオ「銀座テレサ」に観客を入れての公開生放送で、せんだは七二年の放送開始とともに司会に抜擢された。

同番組は毎週月～金曜日の公開生放送であることに加え、出演者に素人をメインに据えた点でものちの『笑っていいとも！』を先取りしていたといえる。『いいとも！』で司会のタモリを除けばもっとも長くレギュラーを務めた関根勤（一九五三～）も、この番組の「素人コメディアン道場」というコーナーで五週勝ち抜いて優勝したところをスカウトされて芸能界にデビューしている。一九七四年、関根が二一歳のときだ。このコーナーはのちに小堺一機（一九五六〜）も輩出した。関根と小堺は同じ浅井企画に所属し、八〇年代初めに事務所の先輩で師匠格の萩本欽一のテレビ番組でコンビを組んで世に知られるようになる。

このようにせんだみつおの番組からはさまざまな人々が世に出たが、彼自身は『ぎんざNOW！』を体の不調から七八年に降板して以降、タモリの台頭やマンザイブームと、笑いの世界に新風が吹くなかで影が薄くなっていく。

「ジャックの豆の木」閉店とカラオケブーム

七七年に入ると、ハナモゲラ語の流行もあいまってタモリは一躍時の人となった。折しも、彼を世に送り出した「ジャックの豆の木」はこの年の六月いっぱいをもって閉店している。

その閉店記念に、タモリを含む総勢一〇〇名もの常連客がママとともに温泉旅行に出かけた。目的地である群馬県の水上温泉まで、参加者は観光バス二台に分乗し、タモリは持ちネタでもあるバスガイドを務めた。「ただいま通過しました陸橋は、仁和元年、一夜にしてできあがったと伝えられております大和陸橋でございます」「右手をご覧ください。

農業に従事する農民夫婦でございます。技巧のないセックスを営み、早三十年」といったフレーズは、のちのちまで仲間たちのあいだで語り継がれることになる。

到着した旅館の大広間では、夜七時から山下洋輔の開会宣言、筒井康隆による乾杯の音頭で宴会が始まった。そこでは店の常連が数人ずつ組んで、ありとあらゆる芸が披露されたという。一一時、坂田明が得意の田中角栄のモノマネで「まぁこのぉ……A子はよくやりました！　これは終わりでなく始まりを意味する！」と閉会を宣言、A子ママの胴上げが行われた。

七七年といえば、ハードやソフトのメーカーがあいついで参入・登場して機器のレンタルを開始したことにより、社交場に急速にカラオケが普及した年でもある（全国カラオケ事業者協会ウェブサイト「カラオケ歴史年表」）。カラオケは酒場の人間関係を大きく変えた。タモリは八〇年代前半、カラオケ撲滅をことあるごとに訴えている。それまでバーやスナックは、客が小道具を持ち寄ってまで色々と芸をするクリエイティブな場所だったはずなのに、カラオケによってそれが全部なくなってしまったというのだ。

《バーは大人の飲むところなんですよね。それがもう、酒飲みの素人が入りこんで、また、バーの素人が、カラオケさえやっておけば客は喜ぶもんだと思ってる。あんなもの、いい気持ちになっているのはマイク握ってる当人だけで、聞いてるほうは、いくらうまくたっておもしろくも何ともない》（『プレイボーイ・インタビュー　セレクテッド』）

べつの記事では《カラオケっていうのは、バーの人間関係を全部ズタズタにしたよね》とも語っている（『週刊現代』一九八四年一月七日号）。タモリには自分が芸を培った酒場がめちゃめちゃにされてしまうことが許せなかったのだろう。そもそも「ジャックの豆の木」という店に呼ばれる形で上京し、芸能界デビューのきっかけをつかんだのだから、なおさら酒場という場所に対する想いは強かったに違いない。

「ジャックの豆の木」の閉店後もタモリは、奥成達や山下洋輔など旧「ジャック」一派とは四谷の「ホワイト」、また赤塚不二夫や演出家の滝大作、あるいは芸人グループとは新宿二丁目の「ひとみ寿司」「アイララ」といった店で、あいかわらずのバカ騒ぎを繰り広げた。

だが、「ジャック」閉店と前後してタモリは芸能事務所・田辺エージェンシーの所属となり、それを境に急激に忙しくなっていくのだった。

第5章　テレビ界「お笑い」革命
——芸能人と文化人のあいだで

四ヵ国語麻雀

サングラスをかけた理由

ここまで書いてきたとおり、タモリが新宿のスナック「ジャックの豆の木」の常連客を前に披露した密室芸の数々はたちまち評判を呼び、山下洋輔・長谷邦夫・筒井康隆・高平哲郎・高信太郎などさまざまな人がテレビなどに彼を売りこんだ。

タモリといえば、かつてはレイバンのサングラスをかけ、髪は真ん中分けでオールバックにしてポマードで塗り固めていた。四〇代後半あたりからレイバンも真ん中分けもやめてマイナーチェンジしたものの、現在でもサングラスとオールバックがトレードマークであることに変わりはない。これらはデビュー時に売りこみをはかるなかで徐々に採り入れられ定着していったものだ。

上京してデビューしたころのタモリは、普通の眼鏡に七三分けという真面目なサラリーマンそのものの風貌だった。それがやがて右目にアイパッチを着用してテレビ出演するようになる。タモリ本人に言わせれば、アイパッチは何かの番組に出演した際、スタッフから、どうも顔に特徴がないからとつけさせられたという。

サングラスも同様の理由からかけ始めたものだった。本人の話によればあるテレビ番組のディレクターが、タモリの顔に特徴がなく、派手でも、ましていい顔でも何でもないのでつまらないと、たまたま持っていたサングラスを彼にかけさせたのだという（『広告批評』一九八一年六月号）。

高平哲郎の著書ではよりくわしく、それが七六年四月に始まったタモリの最初のテレビのレギュラー番組『空飛ぶモンティ・パイソン』の収録時のことで、サングラスは「素顔では迫力がないから」との理由で、ディレクターではなく高平自身が自分のレイバンのサングラスをかけさせたとある。同時に、衣装は局に用意してもらった黄色のタキシードに蝶ネクタイをつけさせたという（『ぼくたちの七〇年代』）。ただし、一気にサングラスへと移行したわけではなく、しばらくはアイパッチと併用しているのだが。

『モンティ・パイソン』の初収録時にはまた、「タモリ」を芸名とすることも高平と番組制作会社・テレビマンユニオンのディレクターが相談して決めている。しかし、当初は番組関係者からこの芸名について「タモリって、これだけ？」「普通は名前の上にグレートとかジャイアントとかつくだろう」と言われたこともあったそうだ（『ＳＷＩＴＣＨ』二〇一五年五月号）。「タモリ」だけでは人の名前なのかわからないと判断されたのだろう。ライターの石川誠壱は、それゆえある種の妥協策として「タモリ一義」「ミスタータモリ」など複数の名前が併用されたと推測する（『誠壱のタモリ論』）。事実、「タモリ一義」の名はその後も八〇年代初めまで雑誌の見出しや出演映画のクレジットなどで頻繁に使われた。

CM撮影時の髪型がそのまま定着

自身初のCM出演となる一九七七年三月から六月にかけて放送されたキヤノンのカメラのテレビCMではタモリはアイパッチ姿だった。一方、髪型はオールバックで真ん中分けと、その後おなじみとなるスタイルが採用された。それはこの撮影時にスタイリストが決めてくれたものだという。タモリいわく、撮影が終わったあとそのままにして帰宅、翌朝も早かったので戻さずに仕事に行き、以来この髪型でずっと通すことになったのだとか(『広告批評』前掲号)。

同じく七七年三月にリリースされた1stアルバム『タモリ』でもタモリは真ん中分けの髪型でジャケットに写っている。もっともこちらは、アートディレクターを務めたグラフィックデザイナーの平野甲賀が、ルドルフ・バレンチノ風の髪型にすることを主張して実現したものだという(『ぼくたちの七〇年代』)。

バレンチノといえば、一九二〇年代にハリウッド映画で活躍した俳優だ。服装もそのイメージに合わせてか、黒のタキシードに白いスカーフを着用している。テレビでもタキシードを着ることが多かったタモリだが、それは先述したような黄色など派手な色のいかにも芸人風のものだった。それに対し、このジャケット写真ではスタンダードな黒いタキシードである。当時のタモリの色物というイメージからすれば、かなり洗練されたスタイリングといえる。というか、あえてそれを狙ったのだろう。

このときやはり平野の提案で、タモリの目にはアイパッチではなくベルベットのはちまき型眼帯がつけられた。なお、このジャケット写真を撮ったのは写真家の浅井愼平（一九三七～）である。先述のキヤノンのCMにタモリが抜擢されたのも、浅井の推薦によるものだったという。

芸能事務所入り

LP『タモリ』は、リリース前年の七六年の夏前、アルファ&アソシエイツ社長の村井邦彦がタモリの芸を生で観て、その場で制作にゴーサインを出したものだった。アルファ&アソシエイツは、七八年に原盤制作会社からレコード会社となり、アルファレコード（現・アルファミュージック）と改称、タモリのレコードを出す少し前には荒井（現・松任谷）由実を、少しあとにはYMOを世に送り出したことで知られる。

アルバム『タモリ』は七六年中にもリリースされる予定だったが、その直前になってレコード制作基準倫理委員会のチェックに引っかかり、いったん発売中止の憂き目にあっている。レコ倫の指示書にしたがい、四ヵ国語麻雀は「テーブル・ゲーム」、そこに出てくる人物（おそらく昭和天皇と思われる）は寺山修司に急遽差し替えられたという（洋泉社ＭＯＯＫ『タモリ読本』）。

タモリが芸能事務所の田辺エージェンシーに所属したきっかけも、このアルバムのリリース時にさかのぼる。このとき、村井からレコードの宣伝方法を話し合うため呼ばれた高平哲郎は、何はともあれタモリを一流のプロダクションに入れたいと提案したのだ。そこで具体的にどこがいいか訊かれ、高平があげたのが、ザ・スパイダースの元リーダー兼ドラマーだった田辺昭知《しょうち》（一九三八〜）が社長を務める田辺エージェンシーだった。高平のなかには、笑いより音楽色の強いプロダクションを選ぶことで、タモリのブランドを高級化させたいとの思惑があったという（『ぼくたちの七〇年代』）。

タモリの田辺エージェンシー入りはそれからまもなくして実現する。社長の田辺は、会う前には、タモリをどうやってマネジメントすればいいのか悩んでいたが、会ったらけっして難しい人間ではないと判断、事務所入りを認めた。初対面のタモリに、田辺は「おれを信用できるなら来い！」と言ったという。

それまで仲間内でばかり芸をしてきたタモリが、あっさりと芸能事務所に入ったのはなぜか。これについて高平は、《タモリって（中略）まわりで決めてくれたことに対して、それなら間違いはないだろうと動くタイプ。タモリは田辺さんを信用したからこそ動けたんでしょう》と語っている（『週刊明星』一九八二年三月一八日号）。

原宿セントラルアパート

ＬＰ『タモリ』のプロデュースを務めた高平哲郎は、もともと出版社・晶文社の嘱託として書籍の編集やサブカルチャー誌『宝島』（当初の誌名は『ワンダーランド』）の創刊に携わった。ＬＰ『タモリ』でアートディレクターを務めた平野甲賀も晶文社でずっと仕事をしており、同じくジャケット写真を撮影した浅井愼平と同様、高平が『宝島』の編集者だったころからのつきあいだった。

『宝島』は創刊二年目の七四年、ＪＩＣＣ出版局（現・宝島社）に移った。これを機に高平は平野を含め旧『宝島』のスタッフを連れて新事務所「アイランズ」を立ち上げる。このとき浅井は、原宿セントラルアパートの自分の事務所兼スタジオの一部を、家賃は折半するとの条件で高平に提供している。

高平が「ジャックの豆の木」でタモリと出会ったのはちょうどこのころだった。アイランズが間借りしていたことから、タモリもデビュー当初の仕事がまだあまりなかった時期には浅井の事務所を毎日のように訪ねていた。浅井の自伝的小説『セントラルアパート物語』（文庫版では『原宿セントラルアパート物語』と改題）では、浅井の分身である主人公がタモりにつきっきりで寺山修司のモノマネを教える様子が描かれている。君塚太編著『原宿セントラルアパートを歩く』所収の浅井のインタビューによればそれは事実だという。

原宿セントラルアパートは、JR原宿駅にほど近い表参道と明治通りの交差点の一角にあった。竣工は一九五八年。このころ、原宿駅西側の旧代々木練兵場跡(現在の代々木公園)には駐留米軍の宿舎地・ワシントンハイツ(六三年に日本側に返還)が存在した関係から、当初は外国人向けの高級賃貸マンションとして建てられた。その後、六〇年代から七〇年代にかけては、写真家、グラフィックデザイナー、イラストレーター、コピーライターなどの事務所やスタジオ、あるいは雑誌の編集室や出版社が続々と入居し、クリエイターズ・マンションとして知られるようになる。浅井愼平は七一年から八四年までここに事務所をかまえていた。

原宿セントラルアパートでは、異なるクリエイター同士が交流したり一緒に仕事をしたりすることも珍しくはなかった。そのなかにあってとくに異分野をつなぐ役割を果たしたのが、コラム誌『話の特集』編集室である。同誌は創刊翌年の六六年に入居し、一時転居した時期を挟み、八六年に激しい地上げ攻勢を受けて立ち退くまでこのアパートに居続けた(休刊は九五年)。

同誌編集長の矢崎泰久の証言では、上京してまもないタモリを、赤塚不二夫から「編集室で預かってくれ」と頼まれたことがあった。矢崎と赤塚は七〇年代前半に『まんがNo．1』というコミック誌を一緒につくるなど以前より親交があった。ここからしばらく編集室に寝泊まりするようになったタモリは、四ヵ国語麻雀などのネタを披露したりと暇に飽かして一日中しゃべっていたという（『原宿セントラルアパートを歩く』）。

『話の特集』の階下には、まだ売り出し中のコピーライターだった糸井重里の事務所もあった。矢崎はかなり早い時期に糸井にエッセイを書いてもらっているという。そんなふうに、原宿セントラルアパートでは、人々が互いに部屋に出入りしながら、新しい情報を仕入れたり、出会った人を連れて来たりするなかでジャンルの垣根を越えたネットワークを広げていたのだ。そんな場所に毎日のように入り浸っていたことはタモリにとってきっと刺激となったに違いない。

全日本冷し中華愛好会の結成

デビューまもないタモリが居合わせた〝場所〟としては、山下洋輔の呼びかけで結成された「全日本冷し中華愛好会」、略して「全冷中」なる団体も特筆される。その発足のきっかけは、一九七五年一月（タモリ上京の半年ほど前）、山下が蕎麦屋でマネージャーと音楽誌の編集者と一緒にビールを飲んでいたときに、急に冷し中華が食べたくなり注文したものの冬場なのでやっていないと断られたことだった。その瞬間「どうして冬に食ってはいかんのだ」と強い怒りを抱いた山下は、こうした〝理不尽な状況〟と戦うべく全冷中結成の声明を仲間内で発表、会長に就任する。これに対しスナック「ジャックの豆の木」の常連客からはすぐにリアクションが起こった（『ピアノ弾き翔んだ』）。

「ジャック」の常連客の一人、詩人の奥成達は「冬に食わせろと言うだけでは主婦連と同じでダメだ。革命運動にするにはもっと深い思索が必要だ」と主張、いわば思想的リーダーとして全冷中を牽引していくことになる。

奥成はあくまで潔癖だった。エッセイでスパゲッティなど食べ物についてうんちくたっぷりに書いていた俳優の伊丹十三にも入会してもらおうと山下が提案したところ、「スパゲッティを語った口で冷し中華を語ってほしくない」と断固拒否された。元首相の田中角栄に会員になってもらったらとの話にも、「あの人は政治を持ちこむ」と強く反対している。田中の政治の良し悪しではなく、既成のものを借りてくるという姿勢が奥成には許せなかったのだ。

それでも筒井康隆や赤塚不二夫など「ジャック」常連の著名人が続々と会員となり、会報『冷し中華』も発行された。その第一号では評論家の平岡正明による「冷し中華トコロテン説」に対し、奥成達が「冷し中華バビロニア説」を発表し、以後しばらく冷し中華の起源をめぐり論争が両者のあいだで戦わされた。世に言う「バビテン論争」である。

ちなみに奥成が冷し中華の起源を世界最古の文明の発祥地であるバビロニアとしたのは、「その東のインドには釈迦がいるし、西のエルサレムにはキリストがいるから冷し中華のふるさととしてはまさにうってつけ」というきわめて強引な理由からだった。だが、その後、山下洋輔がヨーロッパでの演奏旅行中にドイツでソーセージに酢味の強調されたタレのたっぷりかかったヴルスト・ザラートというサラダを発見し、これこそバビロニアから西に「原冷し中華のタレ」が伝えられた痕跡だと結論づけられるなど（奥成は冷し中華をタレ・麵・具の三要素に分けて分析するという方法をとっていた）、バビロニア説は思いがけず〝立証〟されていくことになる。

こうした冗談とも本気ともつかない展開に一般の人たちも呼応した。勝手に地方支部をつくったとの報告が入るなど、全国から反応があいつぐ。ついに七七年四月には、全国大会として「第一回冷し中華祭り」が、東京・有楽町のよみうりホールで開催されるにいたった。このときタモリも中洲産業大学教授として講演を行っている。全冷中内での論争は彼の芸風にもおおいに通じるところがあったから当然の出演だろう。この大会において山下が会長の座を筒井康隆に譲り、最後は全冷中のテーマソング「ソバヤ」の大合唱で締めくくられたと伝えられる。

「全冷中」や原宿セントラルアパートでのネットワークに見られたように、七〇年代後半から八〇年代初めにかけてはさまざまなジャンルから気鋭が集まってあちこちでグループが形成された。それらは複数のジャンルを横断しているという点で、既存の文壇や画壇などとはまったく異なる。かといって、戦後まもなくの一九四〇年代後半から五〇年代に文学・美術・音楽など複数のジャンルから若手芸術家が参加した「実験工房」や「夜の会」などのように、前衛的な思想や芸術思潮のもとに結成された運動体とも違う。

「全冷中」的なグループは思想が先にありきで生まれたものではない。そこに参加する人々が共有していたのは、強いていえば思想ではなくある種のセンスや気分であった。その形成も自然発生的で、ほかの同様の各グループとゆるやかにリンクしていた。初期タモリはこうしたあまたのグループ（それは文化人が中心のもの、芸能人が中心のものとさまざまだが）を、売りこみも兼ねて渡り歩くことになる。それは彼にとって芸能人としての武者修行というべきものであったかもしれない。

「面白グループ」結成

タモリは、赤塚不二夫と髙平哲郎に当時NHKの芸能番組のディレクターだった滝大作（一九三三〜）を加えた「面白グループ」にも参加している。これは、自分と同い年ぐらいの友達がほしいという赤塚の希望を受けて、高平が滝を紹介したことから七七年秋に結成されたものだ。当時赤塚が行きつけにしていた新宿二丁目の「ひとみ寿司」にはやがて四人以外にも多くのメンバーが集うようになる。コメディアンの小松政夫、由利徹、団しん也、たこ八郎、佐藤B作の主宰する劇団「東京ヴォードヴィルショー」のメンバーのほか、当時ラジオ番組『オールナイトニッポン』に出演し始めていた所ジョージもその一人だった。面白グループではこれらの人々に出演してもらって舞台公演をたびたび開催し、赤塚は本業のマンガそっちのけで没頭するようになる。

七九年には、高平・赤塚・滝の脚本、山本晋也監督による映画『下落合焼とりムービー』が所ジョージ主演、タモリをはじめグループ周辺のコメディアンや俳優総出演で制作された。八一年には、面白グループの四人が自分たちおじさんの性体験を面白おかしくまとめた『ソノソノ』という本も出している。これは女子大生が性体験を赤裸々につづった当時のベストセラー『アノアノ』のパロディだった。

小松政夫とコント共作

面白グループを中心に集まったコメディアンのなかでも、とくにタモリと息が合ったのが同じく福岡出身、元セールスマンという経歴を持つ小松政夫である。このころの小松といえば、一九七五年に始まった『笑って！笑って!!60分』（TBS）や翌七六年スタートの『みごろ！たべごろ！笑いごろ!!』（NET＝現・テレビ朝日）といったバラエティ番組に出演、伊東四朗とのコンビで人気が急上昇していた。とりわけ後者では、母親役の伊東と息子役の小松にアイドルグループ・キャンディーズの三人がからんでコントを繰り広げ、評判を呼んだ。

タモリと小松は七七年四月に高平哲郎が構成するテレビの特番で共演してから急速に距離を縮め、ひとみ寿司では一緒になってさまざまなネタを生み出した。代表的なものには、製材所の電動のこぎりの模写というのがある。このネタでは、最初はさまざまな木材を切っているのだが、それが一通り終わると、今度は大橋巨泉、寺山修司、野坂昭如（一九三〇～）、永六輔（一九三三～）などといった有名人たちを次々と切っていく。木材なら種類によって「チュイーン」とか「にょんにょんにょん」と声色を変え、人物の場合は、その人がいかにも言いそうなことをモノマネするというのがミソだった。

タモリには誰か師匠についた経験こそないものの、こうして先輩芸人たちと付き合うなかで学んだことは多かったに違いない。小松とはひとみ寿司やテレビ局で会うばかりでなく、温泉旅館へ合宿と称して一緒に出かけたり、また代々木上原にあった小松宅にもよく訪ねていたという。これと前後してタモリは新高円寺（赤塚不二夫のマンションを出て最初に住んだ家）から世田谷区代田《だいた》のマンションに引っ越していた。代々木上原と代田はいずれも小田急沿線で、距離もさほど離れていないから行き来しやすかっただろう。

欽ちゃんとパジャマ党

代田にはいまひとり、超人気タレントとして当時のテレビ界に君臨していた萩本欽一が住んでいた。一九六〇年代に坂上二郎（一九三四～二〇一一）とのコンビ「コント55号」で一世を風靡《ふうび》した彼は、七〇～八〇年代にかけて週三本あった冠番組の視聴率が合計で一〇〇%を超え「視聴率一〇〇%男」と呼ばれる。その萩本の家にも、タモリは唐突に訪ねて行ったことがあった。このときのことについては、番組終了直前の『笑っていいとも！』の「テレフォンショッキング」のコーナーに萩本が最初にして最後の出演をしたときにも話題にのぼった（二〇一四年二月一四日放送）。

当時、萩本は妻子と離れて「パジャマ党」という若手の放送作家集団と共同生活を送っていた。タモリによれば、パジャマ党の一人であった大岩賞介に「近所に住んでるから一度遊びにおいで」と誘われたから訪ねて行ったのだが、まさか萩本がそこにいるとは思わなかったという。これに対し萩本は「あっ、よく来てくれたねえ」と迎えたものの、内心では「まずいの来たな」と思っていたという。ちょうど番組の台本をみんなでつくっている最中だったのだ。

『いいとも！』出演時の萩本の話では、タモリは朝までずっと一人でしゃべり続けたという。彼が帰ったあとも、作家たちは「タモさんっておかしいね。あれがタモさんなんだ」と感心することしきりで、それに萩本は機嫌を損ね「あれからタモリが嫌いになったんだ」と冗談めかして話していた。

このときの話は萩本と作家の小林信彦（一九三二〜）との対談集『ふたりの笑タイム』にも出てくるが、そこで萩本の語っているタモリの印象は『いいとも！』出演時とは若干ニュアンスが違う。

同書によると、このときタモリは三時間以上笑わせっぱなしで、萩本も作家たちもいっぺんに彼のことが大好きになってしまったという。本当はもっとその場にいてほしかったのだが、それでは仕事にならないと、「いま、来週の台本をつくってるんだよ」と帰ってもらったのだとか。萩本いわく《またタモリさん、人懐っこいし、しゃべりがおもしろいし、人を惹きつけるのが抜群にうまいの。うちの作家連中はまだ若かったし、浅草で古い修業してきたぼくとは違うスマートなタモリさんのほうに、ス〜っと寄っていく感じでしたよ》（『ふたりの笑タイム』）。

むしろこちらのほうが本音だろう。対談ではその後、「冗談ぽくスルッと入ってきて」

延々と笑いをとり続けたタモリを、萩本は「もうシャレとしては最高!」と褒めちぎっている。

それにしても、当時人気の絶頂にあった萩本欽一の家へ、それとは知らずに行ったにせよ、物怖じすることなく何時間にもわたり自分の芸を披露してみせたタモリに驚かされる。とはいえ、タモリにしてみれば、自分の芸を先輩タレントに見てもらうつもりなどさらさらなくて、かつての福岡のホテルで山下洋輔たちの打ち上げに闖入したときと同様、単に面白そうな場所を見つけたので顔を出してみたぐらいの気持ちだったのだろう。

「僕の出番はないでしょうね?」

じつは萩本欽一もかつてタモリと似たようなことをしていた。

それは前出の小林信彦が、歌手・坂本九をメインとしたバラエティ番組『九ちゃん!』(日本テレビ、一九六五〜六六年)の台本をつくるため、ディレクターの井原高忠やほかの作家たちとともにホテルにこもって台本をつくっていたときのこと。みんなが打ち合わせをしている部屋へ、萩本はひょっこり顔を出したのだ。

萩本はコント55号で人気が出始めていたころだが、『九ちゃん!』に出演していたわけではない。それにもかかわらずやって来た彼は、帰り際に「僕の出番はないでしょうね?」と言いながらいったん部屋を出て行ったものの、ちょっとしたら戻って来て、また一言面白いことを言って部屋を出て行き、さらにまた戻って来て、ギャグを披露し……というのを何度もしつこく繰り返し、小林たちを大笑いさせたという。萩本が帰ったあとみんなで「あの人は並みのおかしさじゃないね」と語り合ったと、小林は明かす(『ふたりの笑タイム』)。

当の萩本は、そこで自分が何を話したか一切記憶にないらしい。しかしなぜホテルに行ったかについては、はっきりと覚えていた。当時萩本は、コント55号が急に忙しくなって、コントをつくる時間もとれず、これから自分たちはどういう方向に進むべきなのかわからなくなっていたという。それで、誰かすぐれた人に会おうと思い、テレビをあれこれ見ていたところ目に留まったのが『九ちゃん!』だった。自分には絶対できないようなこの番組は、どうやってつくられているのか? そんな興味から、萩本はディレクターの井原に電話して、制作現場であるホテルまで見せてもらいに出かけたのである。

このとき番組づくりの様子を見せてもらった体験は、萩本のその後の方向性を決めるうえで影響をおよぼした。前出のパジャマ党という放送作家集団をつくったのも、一つの番組を作家集団が共作する『九ちゃん!』が日本のテレビでは初めて導入した手法に刺激されたのがそもそものきっかけだ。

なお、テレビの出演者がブレーンを集めて一緒にネタをつくるというシステムは、日本でもそれ以前よりすでに採用されていた。なかでも落語家の林家三平（初代。一九二五〜八〇）はいち早く昭和三〇年代から「勉強会」と称して毎週二回ほど自宅にはかま満緒《みつお》など放送作家を集めてネタづくりをしていた（『プライム10「笑いの革命児　林家三平〜こぶ平が読む父のネタ帳〜」』ＮＨＫ総合、一九九三年三月四日放送）。テレビ時代に入り、番組の司会などもこなし売れっ子になっていた三平は、いつも新鮮なネタを絶やさないようこうしたシステムを採ったのだ。

さんまに受け継がれた手法

萩本はコント55号として、六八年より平日正午からの生番組『お昼のゴールデンショー』、また土曜八時からの一時間番組『コント55号の「世界は笑う！」』にあいついで出演し、一躍スターダムにのしあがる。これらはいずれもフジテレビの番組であり、それぞれの時間帯においてバラエティ路線を開拓し、八〇年代にはこの流れから『笑っていいとも！』と『オレたちひょうきん族』が生まれることになる。

以後、多忙をきわめたコント55号だが、その人気も七一年頃を境に陰りが出てきた。そのなかでコンビは解散こそしないものの、やがて坂上は俳優の道へ進み、萩本も新たな進路を模索するようになる。そこで最終的にたどり着いたのが、自分でテレビ番組をつくるということだった。先述の林家三平のブレーンシステムをさらに進化させ、出演する側が番組のキャスティングボートを握るのだ。そんなことは日本ではまだ前例がなかった。

その第一歩として萩本は、自分と一緒に企画を考えたりコント台本を書いたりする作家を自前で育てることにし、テレビ局でバイトなどをしていた二〇代の若者たちを集めた。こうして結成されたのがパジャマ党で、その名は合宿するためみんなでパジャマを持って集まったことからつけられた。メンバーのうち、はかま満緒に師事していた大岩賞介をのぞけば、全員がまったくの未経験者だった。

パジャマ党の最初の仕事は、ニッポン放送で萩本がパーソナリティを務めていたラジオ番組『欽ちゃんのドンといってみよう!』だった。リスナーの投稿するギャグで構成されたこの番組を、萩本はテレビでやりたいと考えた。そこでまず七四年に、フジテレビで『欽ちゃんのドンと行ってみよう!ドバドバ60分!!』という一時間の特別番組として実現させる。さらに翌七五年には、『欽ちゃんのドンとやってみよう!』(『欽ドン!』)というタイトルで、土曜夜七時半からの九〇分番組としてレギュラー化した。コメディアンの名前が冠されたテレビのレギュラー番組はこれが最初だとされる。

このとき萩本は、街や地方を歩いて、自分に気づいた一般の人たちのリアクションを隠しカメラでとらえるなどの試みを行った。これは「テレビ＝ドキュメンタリー」という発想にもとづくもので、萩本はそのヒントを七二年のあさま山荘事件のテレビ中継から得たという。連合赤軍のメンバーが人質をとって軽井沢の山荘に立て籠もり、機動隊と攻防戦を展開したこの事件では、進展がなかなかないにもかかわらず、人々は長時間テレビの前に釘づけとなった。それはなぜなのか？　萩本は考えた末に、「次の瞬間、何が起こるかわからないから」との結論に達したのだ（小林信彦『日本の喜劇人』）。

こうした発想は、素人を積極的に番組に起用したことにもつながっている。たとえば、話を振るにしても、舞台俳優のようにセリフに抑揚をつけてしまうと、視聴者は「これからおかしいことが起きるぞ」と察知して笑いが逃げてしまう。だからフリは棒読みのほうがよく、それには素人が適役だというのだ。プロである萩本の役目は、そのフリを受けて上手く落とすことだった。たとえば棒読みで「ただいま。ゴハンまだ？」と言われたら、「ま〜だだよ〜」と抑揚をつけながら返す。そうすることでやりとりにリズムが生まれメリハリも効くようになる（『昭和40年男』二〇一四年六月号）。

もともと萩本は浅草で芸人修業をしていたときから客いじりが得意だった。いや得意というか、相手役とセリフを噛みあわせることができず、無意識のうちに観客に話しかけてしまっていたのだ。こうした癖は舞台上で世界を完結するべき芝居には不向きだったが、テレビにはぴったりだった。

相手をいじることで笑いをとる手法は、現在のいわゆる「ひな壇番組」にも脈々と受け継がれている。萩本以後ではとくに明石家さんまと島田紳助が、この手法を武器に多くの番組を切り回すようになった。『恋のから騒ぎ』『さんまのSUPERからくりTV』『踊る！さんま御殿!!』など明石家さんまの番組の多くに、大岩賞介らパジャマ党出身の作家がかかわっているのはけっして偶然ではない。

萩本がテレビのバラエティ番組に導入したのは、こうした笑いの手法ばかりにとどまらない。それまで番組の公開収録では客席の前に置かれていたカメラを、後ろに持っていったり（これによりテレビカメラの望遠レンズの性能が向上したという）、またニューヨーク旅行の際にブロードウェイでピンマイクの存在を知ると、さっそく番組に採り入れたりもした。萩本は技術面でも、テレビに革命をもたらしたのである。

「24時間テレビ」とタモリ

テレビバラエティで次々と新しい試みを展開した萩本は、こんなことも考えていた。

《あのね、テレビ欄、こう線が引いてあるでしょ。あの八時の線と九時の線が、とれたらいいと思うのね。最近、とれだしたよね。一時間でできないものを二時間でやる。テレビは、これからはね、あの線がとれる。ワイドショーの拡大だね、生でね。〝いま〟っていうふうにテレビが使われればいいのよ》（高平哲郎『今夜は最高な日々』）

八〇年に雑誌の仕事で萩本にインタビューした高平哲郎は、このとき彼がそう言っていたのが強く印象に残ったという。後年、この話を思い出した高平がフジテレビのプロデューサーの横澤彪《たけし》（一九三七〜二〇一一）に提案して生まれたのが、『FNSスーパースペシャル一億人のテレビ夢列島』という二四時間の生番組だった。八七年の第一回でタモリと明石家さんまが総合司会を務めたこの番組は、その後放送時間を二七時間に拡大して、いまなお毎年夏に放送されている。

もっとも日本テレビでは、フジテレビより約一〇年も早く、七八年からチャリティ番組『24時間テレビ　愛は地球を救う』の放送が始まっていた。萩本は同番組の初年度から三年間、総合司会を務めた。じつはタモリもこの番組の第一回に出演しており、マラソンランナーの姿で聖火台に点火し、番組を盛り上げるのに一役買っている。まだ毒気の強かったタモリが、チャリティ番組に出演したのは意外な気もする。しかしその後も『愛は地球を救う』との関係は続いた。

八〇年の『愛は地球を救う』では、タモリは番組宣伝のCMに出演している。その一バージョンでは、「いま、地球上に何百万という飢えた人たちがいるのです。この人たちに君たちは何かをしてあげようという気持ちはないのか」とのセリフに、タモリが「私にはありません」と答えるのだが、当時の彼のポジションがうかがえよう（もっともそのあと、タモリの頭に星が当たって天罰が下るというオチがつくのだが）。

『愛は地球を救う』の番宣ＣＭのもう一つのバージョンでは、タモリが評論家の竹村健一に扮して、「与党も野党もやね、福祉福祉ね、言っとるが、お題目だけで何にも福祉国家と違いますよ。民間がやらな、しょうがないでしょ、こんなものね」ともっともらしく語ってみせた。単に声色を真似るのではなく、その人がいかにも言いそうなことをとうとうと語ってみせるというのが、タモリの文化人モノマネの特徴であった。それゆえ声帯模写ならぬ「思考模写」とも呼ばれた。

もっとも文化人のモノマネがテレビで披露して視聴者に理解されるには、それなりの下地を必要とした。文化人がテレビに頻繁に駆り出され、さまざまな役割を担うようになったのは、ちょうどタモリがデビューする前後のことだった。

「文化人」の誕生

政治学者の丸山真男は一九八二年刊の著書で、戦前には「インテリ」のカテゴリーに入らなかったような、司会者や俳優ほかの芸能人の社会的地位が戦後になって急激に上昇し、《「インテリの芸能人化」と「芸能人のインテリ化」という二つの傾向が合流して、その両方を共通に括る言葉が必要になり、「文化人」という言葉が出て来た》と指摘した（『後衛の位置から――「現代政治の思想と行動」追補』）。

「文化人」という言葉そのものは、五〇年代に郵政省（当時）から発行された「文化人切手」のように以前からあったが、それが丸山のいう意味合いで使われ始めたのには、テレビの普及が大きく影響している。とりわけ七〇年代以降、「芸能人化したインテリ」がCMに出演したり、クイズの解答者やワイドショーのコメンテーターなどといった形で番組に出たりすることは珍しくはなくなった。

CMの場合、本格的な大量消費社会を迎え、さまざまな商品・サービスにおいて各社が競合するなかにあって、単にその商品の機能やメリットを説明するだけでは不十分になってきた。そこで、高級感やファッション性あるいは知的な雰囲気など、機能とは無関係な何らかの付加価値を与えることで他社の商品との違いをアピールすることになった。七〇年より多くの文化人を起用してきた「ネスカフェ・ゴールドブレンド」（ネスレ日本）のCMの「違いがわかる男」というキャッチフレーズは、その意味できわめて象徴的である。

七六年には、サントリーのウイスキー「ゴールド900」のCMで作家の野坂昭如が、サングラスに白い帽子・スーツという出で立ちで「ソ、ソ、ソクラテスかプラトンかニ、ニ、ニーチェかサルトルか　みんな悩んで大きくなった」と高らかに歌いあげ大評判を呼ぶ。これ以前より歌手としても「黒の舟唄」をヒットさせたり、タレントの永六輔や俳優の小沢昭一（一九二九〜二〇一二）と「中年御三家」を名乗り日本武道館でリサイタルを開いたりしていた野坂は、まさに「インテリの芸能人化」の先駆者だった。

テレビ番組に文化人が出演するにあたっても、従来のインテリのように大衆を啓蒙するのではなく、むしろインテリのくせにクイズに間違えるなどという具合に、〝インテリらしからぬ〟ふるまいが求められた。TBSの『クイズダービー』（一九七六〜九二年）で長年レギュラー解答者として出演した学習院大学教授でフランス文学者の篠沢秀夫などはその代表格だった。タモリもゲスト出演したある回では、一九世紀フランスの作家フロベールの作品からの出題に対し、篠沢が「この人の本は何度も講義したけど、一冊も読んだことがない」と発言して、司会の大橋巨泉を仰天させていたのを思い出す。

竹村健一をモノマネで「批評」

あるいは評論家の竹村健一（一九三〇〜）のように、テレビでは語る内容以上に、しゃべりやふるまいによって視聴者に「この人は信頼できる」と思わせることこそが重要だと語り、実践する者もいた。ある対談で竹村は、いくら専門知識にくわしくても《その専門家がもし風采のあがらない、どう見ても信用のおけないような人だったら、七パーセントしか効果はない》が、《専門知識をちょっとしか知らんでも、（中略）視聴者から見て非常に信頼のおけるようなタイプの人間だったら、九三パーセントのほうでいけるわけですよ》とうそぶいている（『竹村健一全仕事　マルチ研究』）。

そんな竹村をタモリは「茶の間の無知につけこんでいる人」と評したことがある（『潮』一九八一年一二月号）。前出の「24時間テレビ」の番宣CMをはじめ、タモリにとって竹村はモノマネの格好の対象でもあった。イラストレーターの南伸坊は、竹村がテレビで語っているのは論理ではないと喝破し、それを批評するとしたら《タモリのように、つまり竹村健一の所作を浮き彫りにするしかない》と書いている（『竹村健一全仕事　マルチ研究』）。

面白いのは、各種調査にもとづくランキングで竹村とタモリはたびたび名前を並べていることだ。たとえば八二年のリクルートが大学生を対象にした「話を聞きたい人は？」というアンケートでは、竹村とタモリがそれぞれ一位、二位につけている。さらに八七年のビジネスマン・OL意識調査にいたっては、「いま活躍中の文化人といえば…」との質問に対し、竹村は三位、タモリも六位にランクインしている（日本ディジタルイクイップメント調べ）。前出の丸山真男の言説からいえば、竹村は「芸能人化したインテリ」であり、タモリは「インテリ化した芸能人」の代表格だといえるだろう。

竹村健一、あるいは野坂昭如や寺山修司などをレパートリーとしたタモリの一連の文化人モノマネは、彼の批評精神の表れともとられ、早い段階でインテリ層から支持されることにもつながった。SF作家の星新一（一九二六～九七）はタモリと親交のあった文化人の一人で、彼の密室芸の大ファンだった。なかでも寺山修司のモノマネは大のお気に入りで、あるパーティで本物の寺山があいさつを終えると、「なーんだ、タモリのほうがうめえや」と大声で冷やかしたこともあったという（最相葉月『星新一　一〇〇一話をつくった人』）。

タモリとの面会をのぞんだ寺山修司

タモリは、自分がモノマネする相手は、「アノヤロー」と思うような、好きというより嫌いなタイプだと語っている（『広告批評』一九八一年六月号）。ただ、寺山修司にかぎっては、べつに嫌いだったわけではなく、むしろシンパシーを感じていたふしがある。

八三年に寺山が死去したとき、タモリにはコメント依頼が殺到したという。しかしタモリはそれから逃げ回る。《この野郎って思ってた奴なら、何とでも言えるんだけど、寺山さんを批判してたわけじゃないから》というのがその理由だった（『文藝春秋』一九八三年七月号）。

じつは生前の寺山と、タモリは一度だけ顔を合わせたことがあった。それはある稽古場を、タモリのあとに寺山主宰の劇団・天井桟敷が使うことになっていて、たまたま遭遇したのだという。そのときはあいさつしただけだったが、一年ぐらいして寺山からタモリに手紙が届いた。その内容は、《あなたは今までのコミュニケーションをこわそうとしている。私もそうだ。一度そのことを話し合ってみたい》というものだったらしい（前掲）。

寺山は、手紙に書いたとおり既存のコミュニケーションの形を壊すため、さまざまな試みを展開した。ワークショップでも「造語訓練」と称して、二人の俳優に目隠しをさせ、人間の言語以外の言葉を使って、いかにして「自分が何者であるか」を伝達し合うかということをしばしば行ったという。寺山はそうした自身の試みと似たものを、タモリのハナモゲラ語などの芸に感じ取ったのだろう。

雑誌やテレビでも対談の企画は何度か持ちあがったものの、毎回どちらかの都合がつかず流れたという。もし一度でも実現していたのなら、二人のあいだでどんなやりとりがなされたのだろうか。寺山の死後の、《寺山さんの真似はもうできませんねえ。やっぱり現役でいてくれなきゃつまんない》（前掲）というタモリの発言には、四七歳で早世した才人に対するささやかな敬意を感じずにはいられない。

ありふれた言葉に新たな意味が生まれた時代

寺山が評したようにタモリが従来のコミュニケーションの形を壊そうとしていた七〇年代後半から八〇年代初めは、既存の言葉を本来の文脈から切り離しべつの意味を与えようとする動きが各分野に表れていた時期でもある。とりわけ広告の世界は先を行っていた。たとえばコピーライターの糸井重里による西武百貨店の企業広告のコピー「おいしい生活。」(一九八二年)は、「おいしい」と「生活」という本来なら結びつかなかったような言葉同士をつなげることで新たな生活のイメージを提示した。あるいはこのころ糸井と並んで広告ブームをリードしたCMディレクターの川崎徹(一九四八〜)は、「灰皿」のようなまったく流行る要素のない名詞を流行らせようと真剣に考えた時期があったという(野田秀樹『おねえさんといっしょ』)。

古びて使われなくなっていた言葉が新たな形で用いられ復活するということもあった。後述するフジテレビのバラエティ番組『オレたちひょうきん族』(一九八一〜八九年)の「ひょうきん」はその顕著な例だ。このタイトルを番組プロデューサーの横澤彪が提案したとき、同局の副社長だった鹿内春雄から「古くねぇか?」と言われたのを、語感に非常にピンと来るものがあるなどと説得してどうにか押し通したという(横澤彪『テレビの笑いを変えた男』)。

同時期のテレビ発の流行語にはまた、深夜番組『トゥナイト』（テレビ朝日、一九八〇～九四年）の性風俗レポートで映画監督の山本晋也が異常な光景・行為を表すのに連発した「ほとんどビョーキ」がある。じつはこの言葉の発生源は「ジャックの豆の木」の常連客だった奥成達だともいわれている。

奥成の言う「あの人もほとんどビョーキだねえ」も、何かへの執着、極端に傾いた性癖、非常識な行動パターンなどを指していた点では山本と変わらない。ただし、そこには皮肉っぽくも相手への愛情がこめられていた（橋本克彦『欲望の迷宮』）。

しかしそれがテレビに登場し、巷間に広まったときには、「変なこと」一般に対応する一種のレッテルというか、他人を断罪するための言葉になってしまったことは否めまい。これとまったく同じことが、タモリが広めたとされる「ネアカ・ネクラ」の語にもいえる。

真意を離れて広まった「ネアカ・ネクラ」

七六年から八三年まで七年間続いたラジオの深夜番組『タモリのオールナイトニッポン』（ニッポン放送）は、デビューからブレイクにいたる時期のタモリにとって、きわめて重要な番組であった。昼間はどんなことを言っていても、やはり誤解されてはいけないとの意識がどこかで働いて、つい婉曲な表現をしてしまうが、深夜放送でなら率直に言えるというのがタモリの言い分であった。それだけに、のちにタモリが多忙をきわめ、局からいったん休止を打診されたときにも、「いまのところ自分の顔みたいな番組はこれしかないから」と言って続けさせてもらったという（山藤章二『「笑い」の解体』）。

「ネアカ・ネクラ」の語も、『オールナイトニッポン』の七八年最初の放送での発言が発端になっている。そのときどんなことを話したのか、ここでは八四年のタモリの発言から引用してみよう。

《長い間、オレは人を判断する基準というのがわからなかった。まだ人と付き合う人数が少ないサラリーマン時代は、なんとかいけたけれども、この業界に入って急にいろんな人と付き合うようになって、何がいい人で何が悪い人なのかという判断基準に困ってたんだけど、簡単なことを発見した。それが、根が明るいか暗いか。で、根が暗いやつは、もうオレは付き合う必要はない。根が明るいやつは、なぜいいのかと言うと、なんかグワーッとあった時に、正面から対決しない。必ずサイドステップを踏んで、いったん受け流したりする。暗いやつというのは真正面から、四角のものは四角に見るので、力尽きちゃったり、あるいは悲観しちゃったりなんかかする。（中略）でもサイドステップを肝心な時に一歩出せれば、四角なものもちがう面が見えてくるんじゃないか。そういう時に、いったん受け流したりして危機を乗り越えたりなんかする力強さが出るし、そういう男だと、絶対に人間関係もうまくいく》（筑紫哲也ほか『若者たちの神々Ⅳ』）

ただし、タモリが言いたかったのはあくまで「根」の部分だった。

《表面が明るそうに見えても暗いやつがいる。オレが言ってるのは根の問題なんだ。表面が暗くても、根の部分で明るいやつがいるから、だから、黙って暗くしているからといって、こいつは根が暗いと思っちゃだめだ、というふうに言ったんです》（前掲書）

ところがネアカ・ネクラは、その肝心の根の部分を飛ばして、単に表面的に明るいか暗いかを表す語として広まってしまう。《いまはワアワア言っているやつが根が明るいと言うわけでしょう。もうしようがないですね。宴会芸とかなんかを見ていますでしょう。そうすると暗いやつが明るく振る舞うんですよ。そこでも言うんですけど、暗いやつが明るいやつのように振る舞うのは見苦しくて悲惨もいいとこだ、暗いやつは暗いまんまで表現したほうが、かえって面白い場合がある》とタモリが嘆いたときには、すでに手遅れだった（前掲書）。

そんなふうに受け取られてしまったのには、タモリにも原因があるのかもしれない。彼は八〇年前後、さだまさしやアリス、オフコースなどに代表されるニューミュージック、あるいは小説家の五木寛之を目の敵にして批判を繰り返した。そのことが若者を中心に、暗いものはカッコ悪いという風潮をつくり出すことに一役買ったことは間違いないだろう。ネアカ・ネクラの本来の意図からはズレた受容もその延長線上にあった。

もっともタモリに言わせれば、ニューミュージックや五木寛之批判も根の問題であったのだが。

《重いもの、暗いものでも、自分の根っ子までつながっているならいいんですよ。そうじゃなく、重そうなムード、暗そうなポーズだけでしょう。人間存在の根源というとまたいやらしくなるけど、根っ子のところにあるどろどろしたもの、汚いものを見据えようとする精神的勇気がまったくないんですよね。汚いものが見れないやつらに、どうしてきれいなものが見れますか。本当のきれいさがわかるはずがない。これが日本の、いちばんいかんとこですよね。それを巧みに取り入れて商売してるのがニューミュージックというやつなんですよ》（ＰＬＡＹＢＯＹ日本版編集部編『プレイボーイ・インタビュー　セレクテッド』）

サザンオールスターズは「硬派」？

タモリは、「ニューミュージックの女王」とも呼ばれていたユーミンこと松任谷由実（一九五四〜）との対談で、ニューミュージックを「軟派系」と「硬派系」に分類している（『新評』一九八〇年一一月号）。それによると、「軟派系」はアリスやさだまさしを頂点とし、

「硬派系」にはサザンオールスターズなどが入るという。一見すると逆ではないかと思ってしまうが、タモリに言わせると、重そうなムードや暗そうなポーズを装うだけのさだまさしたちはあくまで「軟派」であり、それに対して人間のスケベさを隠さず、本音と建前の分かれていないサザンは「硬派」ということになるのだ。

日本のポップス史においてユーミンやサザン、あるいはイエロー・マジック・オーケストラ（YMO）は、つくり手と聴き手双方に「サウンド志向」を定着させるのに大きな役割を果たした。

ポピュラー音楽で「サウンド」と言う場合、単に音や音響という意味にとどまらず、そこから得られる感覚全般を指す。音楽学者の細川周平は、「サウンドを聴く人間にとって音色やリズムがその評価を下す決定的な要素であるのに対して、ハーモニーやメロディ、また歌詞の意味内容は二次的なもので、それらを理解できないことは必ずしも負の要因ではない」とする。

《サウンド聴取は意味内容の理解を排除しないが、それを前提ともしない。むしろ声自体、音素自体が持っている肌触りが重要で、声がどのような効果をもつかに関心が絞られる》（細川周平『レコードの美学』。傍点原文ママ）

「歌詞の意味内容よりも、声自体、音素自体が持っている肌触りが重要」とは、タモリの音楽に対する志向にもそのまま重なる。

桑田佳祐への共感

桑田佳祐（一九五六〜）を中心に青山学院大学の学生六人で結成されたサザンオールスターズは、七八年六月に「勝手にシンドバッド」でデビューする。タモリがラジオでネアカ・ネクラの語を初めて用いてから半年後ということになる。

「勝手にシンドバッド」に対しては当時、歌詞が聴き取れない、意味不明だという批判もあがった。レコード制作時のディレクターにさえ、「言葉がわからない、これじゃ売れない」と言われたあげく、「胸さわぎの腰つき」なんて歌詞はおかしいと、代わりに「胸さわぎのアカツキ」「胸さわぎ残しつつ」といった案を示されたという。しかし《ポップスの世界においては語感を大切にするのが普通だと思っていたし。だから〃乗り〃と言うか、意味よりも気持の良さってことしかなかった》という桑田は、あくまで自分のつくったフレーズを押し通した（桑田佳祐『ただの歌詩じゃねえか、こんなもん』）。

「音楽は意味がないから好き」と言ってはばからないタモリにとって、そんなサザンの登場は頼もしく思われたに違いない。事実、タモリは「勝手にシンドバッド」のリリース前にデモテープを聴かされて、そのメロディにも歌詞にも驚いたという。のちにテレビ番組

『今夜は最高！』の第二回（一九八一年四月放送）に桑田佳祐がゲスト出演したときには直接、《歌詞はわかんない、わかんないからこういうのがいいなあって思ったね》と最初の印象を伝えた。ただし、タモリはサザンが果たして売れるのか心配も抱いたという（以下も含め『今夜は最高！』でのタモリと桑田の発言は、トークを再録した番組と同名の書籍より引用）。

『今夜は最高！』のこの回で、タモリは桑田に終始強い共感を示した。たとえば、桑田がサザンの歌は早口だと言われることについて「自分ではそのつもりはないけれど、メロディを生かしたいとか、この響きを聞いてくれとか思う時にむりやり日本語に乗せるとそう聞こえてしまう」と説明したのに対して、タモリは次のように返している。

《わかります。歌、というとおれ、よく酔っ払って、ムチャクチャ歌うわけ。いろんなとこへ行って、ピアノがあれば、人の迷惑かえりみずやってきましたよ、ホント。そんな時、どんどん歌って考えたのは、歌詞に意味はないほうがいいってことだね、極論すると。（中略）メロディ浮かべて、そのとき口から出た、タでもホでもいい、ダバダバウンガッガ、ババババのトットットッでもいいし、つまりそれが歌になってればいい》（『今夜は最高！』）

桑田もまた、メロディにデタラメな言葉をつけながら曲をつくっているとべつのところで明かしている。

《歌詞は、メロディーが浮かぶと同時に、デタラメ言葉——まァ英語が多いんだけど——

で浮かんでくるわけ。日本語の歌詞は絶対に浮かんでこない。浮かんだ言葉とメロディーをゴニョゴニョそのまま唄ってくと、コード進行がピーンとわかる。今度はギターを持って、言葉はデタラメのまま、何度も何度も唄うんだよね。それは、ボク一人でもやるし、バンドと一緒にもやる。そのうちに何となく、そのデタラメ言葉にピッタリとくる日本語が何カ所か出てくるわけ》(『ただの歌詩じゃねえか、こんなもん』)

日本語をロックのサウンドに乗せるというのは、サザン以前から、はっぴいえんど(細野晴臣・大滝詠一・松本隆・鈴木茂)など多くのミュージシャンが試行錯誤を繰り返してきたことである。それを桑田は、デタラメ言葉や語呂合わせによって乗り越えようとしたのだ。

歌謡曲に歩み寄ったミュージシャンたち

デビューから五年目を迎えた七九年、タモリは自分の能力の限界を超えるほど多忙をきわめていた。そのすさまじさは《スケジュールを見せられるとね、十二月なんか、これでオレは生きて年を越せるんだろうかって(笑)》思うほどだったという(山藤章二『「笑い」の解体』)。『家路　ママ・ドント・クライ』というTBSのテレビドラマに出演したのはちょうどこのころだ(放送期間は一九七九年八～一一月)。

『家路』は東京・湯島にある傾きかけた中華料理店を舞台にしたホームドラマである。タモリの役どころはその店の料理人で、劇中では毎回、仕事を終えた彼が近所のスナックに立ち寄り、持ちネタを披露するというシーンが設けられた。そこで演じられたのは、前出の丸太を切る音の口マネのほか、ウイスキーの瓶を女に見立てた降霊術、ピアノで名曲クラシックの弾きマネ、勝手に動く右手、ハエやニワトリの形態模写など、かなりマニアックなものだったらしい（加藤義彦『「時間ですよ」を作った男』）。

さて、『家路』で注目したいのは、同じく料理人の役でタモリと共演したミュージシャンの近田春夫（一九五一〜）である。

当時タレントとして売り出していた近田の芸能界でのポジションは、当時のタモリとかなり近しいものがあった。当時、女性週刊誌に掲載された二人の対談を読むと、お互いに芸能界への違和感を語っていて興味深い。たとえば、芸能界のめんどうな慣習の例として、こんな話が出てくる。

近田　［引用者注——コンサートなどを行うとき］花輪はケッコウですから、前もっていっておかないと。あれ、意外とお返しが大変なんですよ。

タモリ　あの花を贈ったり、贈られたりこそ、芸能界じゃないですか。うるさいんだよナ、あれ。

近田　それにケッコウ高いんですよ。

タモリ　花をちょっと怠ると、かなり感情がズレ合うんだよネ。

（『女性自身』一九七九年五月二四日号）

このときのタモリは、毎日ゲストに花輪が届けられるような番組を、まさか三〇年以上にわたって司会することになろうとは夢にも思っていなかっただろう。

このころの近田春夫はまた、雑誌『ポパイ』などでの歌謡曲評論でも注目を集め、「歌謡界の小林秀雄」などと称されるほどだった。

当時のあるコラムで近田は、歌謡曲が日本独特の音楽であるのは事実だが、そこで使われている楽器も録音機器もすべて外国から来たものだと指摘、ド演歌にさえシンセサイザーがよく使われていることなどに面白さを見出した。それもシンセに限らずどんな楽器も、その音が必要だから使われているのではなく、あくまでこの音のほうが売れるであろうという理念から用いられているのだという。

《音の面だけからいうなら、何を表現したいかという考え方ではなく、いかに表現するかということが勝っている。（中略）だからどんな種類の音楽だろうと、一要素として何のためらいもなくひとつの音楽の中にとり入れてしまう。パンク・ロックとソフト・アンド・メロウが同居することさえ可能なのが歌謡曲》（近田春夫『気分は歌謡曲』）

売れればどんな音でも採り入れるという歌謡曲を、近田は聴いていてしんどくないし、たとえ洋楽と似ていようとも、メロディやフレーズだけでなく音質でもまさっていると評価した。その例として彼は、中原理恵の「東京ららばい」とサンタ・エスメラルダの「悲しき願い」をあげ、前者のほうが生理的には良い音に聴こえるはずだとまで書いている。

近田は歌謡曲を評論するばかりでなく、本業であるミュージシャンとしても、郷ひろみから森進一までをカバーした『電撃的東京』（近田春夫とハルヲフォン名義、一九七八年）をリリースしている。いわば歌謡曲論の実践編だ。

七〇年代後半から八〇年代初めにかけてのこの時期には、近田春夫にかぎらず、さまざまな歌手やミュージシャンによって歌謡曲へのアプローチが試みられていた。前出のサザンオールスターズの「勝手にシンドバッド」も、桑田佳祐によれば、双子の女性デュオ、ザ・ピーナッツのヒット曲である「恋のバカンス」（一九六三年）みたいなものをやりたくてつくったのだという。

サザンのデビュー当時、ロックというとプロ・アマ問わずスリーコードで済ませてしまうような、リズムもヘビーなものが全盛だった。その一方で、テクニックに走ったクロスオーバー（フュージョン）が一時代を築いてもいた。桑田はそこにソウルを感じることができず、自分たちは「ちょい歌謡曲をやろうよ」と思い立ったのだという（『ただの歌詩じゃねえか、こんなもん』）。そもそも「勝手にシンドバッド」のタイトルからして、その少し前のヒット曲、沢田研二の「勝手にしやがれ」とピンク・レディーの「渚のシンドバッド」を掛け合わせたものだった。

LP『タモリ3』販売中止の真相

タモリもまた、第二章でもとりあげたパロディアルバム『タモリ3　戦後日本歌謡史』で歌謡曲へのアプローチを試みている。その制作は1stアルバム『タモリ』と同じくアルファ&アソシエイツよりリリースする予定で始まったが、販売を委託していた大手レコード会社から「これを発売するのは無理だ」との忠告を受け、いったん中断する。問題とされたのは昭和三〇年代ぐらいまでの流行歌のパロディで、この時代の作曲家はレコード会社専属だったので、発売すれば全レコード会社を敵に回しかねないと判断されたのだ。

『タモリ3』の制作が保留となっているあいだ、七八年に社名変更したアルファレコードから『タモリ2』がリリースされた。このアルバムに収録された「教養講座　音楽の変遷その1〜旋律の源とその世界的波及について〜」ではタモリが中洲産業大学の森田一義助教授に扮して、ある一つの旋律が世界中の民族音楽、クラシックからポピュラー音楽にまで波及していくさまを具体的に曲を紹介しながら解説している。もちろん、そんな旋律が実在するわけはなく、とりあげられる曲はすべてミュージシャンのクニ河内がオリジナルのメロディをそれっぽくアレンジしたものだ。

このニセ講義の元となったのは、おそらく音楽学者の小泉文夫（一九二七〜八三）がこのころ盛んに唱えていた学説だろう。小泉は、ピンク・レディーなど同時代のヒット曲を分析し、そこにわらべうたなど日本の伝統音楽や世界各地の民謡と共通の音階を見出した。その説にはうなずける部分もある反面、世界中の音楽が同じルーツを持つかのような論調は、やや眉唾にも思えたりもする。タモリはその眉唾なところをうまくすくいとって、見事に笑いへと変えてみせたのだ。なお、このレコードでタモリは、内山田洋とクール・ファイブ、さだまさし、ピンク・レディーのパロディを披露している。この三者はレコード会社の専属作家制がなくなってから登場した歌手だから、とりあげても問題ないと判断されたのだった（『タモリ読本』）。

お蔵入りとなっていた『タモリ3』はそれから二年ほどして、アルファ社長の村井邦彦から「責任は自分がとるから、続きをつくれ」とのゴーサインが出て制作が再開される。こうしてレコードは完成し、八一年二月発売と告知されたものの、やはり販売元より著作者人格権の侵害だとクレームがついて延期される。これに怒ったタモリは『オールナイトニッポン』の放送中に収録曲すべてをオンエア、また近田春夫が『ポパイ』の連載でぜひ発売しろと呼びかけるなど世間の支持も集まった。これによりレコード店直販に切り替え、同年九月、新星堂チェーン限定で発売されるにいたる。

しかしレコード会社各社はＪＡＳＲＡＣ（日本音楽著作権協会）と日本レコード協会に、アルファに対して発売中止を求めるよう要望書を提出する。一部の作曲家・作詞家からも怒りの声があがった。当時の雑誌記事には、作詞家の石本美由起（一九二四〜二〇〇九）の「パロディとはどこまでも原作者があってのもの。それなのにこのレコードには本歌の表示が一切ない。これでは盗作だ」との趣旨のコメントが掲載されている（『週刊読売』一九八一年一一月二九日号）。『タモリ３』では石本の作品「憧れのハワイ航路」（歌は岡晴夫、一九四八年）を換骨奪胎した「たそがれのオワイ航路」なる曲が収録されていた。

一方で、六〇年代のグループサウンズ（ＧＳ）ブームでのヒット曲「ブルー・シャトウ」「君だけに愛を」の二曲を「ブルー・エンペラー」「ボロだけに」と〝改作〟された作詞家の橋本淳（一九三九〜）は「僕はちっとも不快でないし、最高にいい」と『タモリ３』を絶賛している（前掲）。

石本がレコード会社専属だったのに対し、橋本は六〇年代に専属制度を打ち破って台頭した作家というのが象徴的だ（橋本自身はキングレコードに籍を置いたとはいえ、ほかのレコード会社の歌手にも積極的に作品を書いている）。『タモリ3』をめぐる状況は、日本の音楽業界の歴史と体質をはからずも浮き彫りにしたのである。

訴訟の準備を進めるレコード会社に対してアルファ側は徹底抗戦のかまえを見せたが、やがて新星堂のみの販売ということにほかのレコード店からクレームがつき、このままではアルファのレコードが扱ってもらえなくなるとして最終的に発売中止が決まった。当のタモリはこの騒ぎのなか「レコーディングしてるあいだが大変に面白かった。できあがったものに面白みはない。それを商品にするしないはレコード会社の問題で、アーティストにはまったく関係ない。終わったことです」との言葉を残している（前掲）。

幻に終わった大滝詠一とのコラボ

『タモリ3』の発売延期が決まったあと、同作を《日本レコード産業の未熟さと、日本の文化状況の貧しさを露呈さすべく放たれた黄金の一矢である》と評したのはミュージシャンの大滝詠一（一九四八〜二〇一三）である（『大瀧詠一　Writing & Talking』）。

大滝はサザンオールスターズに先行して日本語によるロックを模索したバンド・はっぴいえんどのメンバーの一人である。七二年のバンド解散と前後してソロ活動を始めた大滝は、ラジオ番組『ゴー・ゴー・ナイアガラ』などを通じて歌謡曲を含め明治以来の日本の音楽がいかに西洋音楽の技法などを輸入し、それを自家薬籠《やくろう》中のものとして進化を遂げていったのか自説を展開している。日本の音楽を根源的に再考する立場からも、タモリ版戦後日本歌謡史には共鳴するところがあったに違いない。

じつは大滝が作曲家の萩原哲晶《ひろあき》と組んでタモリのアルバムを制作するという企画が八一年頃進められていたという。だがレコーディングまで行われたものの、結局諸事情によりお蔵入りとなったらしい。萩原は六〇年代に「スーダラ節」などクレージーキャッツの一連のヒット曲を手がけた人物で、大滝はその再評価に熱心だった。この幻の企画はその後、大滝のプロデュース、萩原の編曲によるビートルズのカバー「イエロー・サブマリン音頭」（松本隆・訳詞、金沢明子・歌、一九八二年）へとつながっていく（レコード・コレクターズ増刊『大滝詠一 Talks About Niagara』）。

近田春夫や桑田佳祐、大滝詠一にかぎらず、多くの日本のミュージシャンにとって、欧米、とりわけアメリカの音楽は憧れの存在であり、そのレベルにいかに近づけるかが大きな課題であった。それがほぼ不可能に近いことに彼らは絶望しつつも、一方で、欧米の音楽のさまざまな要素を取り入れて独自の発展を遂げた歌謡曲に面白さや可能性を見出し、自身の作品づくりにもフィードバックしていったのである。

ＹＭＯとの共時性

先に触れたドラマ『家路』では劇伴としてオリジナルの曲ではなく、音楽評論家の立川直樹の選曲による洋楽の最新ヒットが流された。そのなかにあって日本のミュージシャンの楽曲で唯一採用されたのが、イエロー・マジック・オーケストラ（ＹＭＯ）のテクノポップだった。ドラマの第八回では、細野晴臣（一九四七〜）・坂本龍一（一九五二〜）・高橋幸宏（一九五二〜）らＹＭＯのメンバーがゲスト出演し、トレードマークだった赤い人民服を着て、例のタモリの働く中華料理店を訪れている。ただしセリフは一言も発しなかった。

ＹＭＯは七九年に最初のワールドツアーを行い、欧米各地で大評判となったことから日本でも人気に火がついたとされる。ＹＭＯの成功は、明治以来、あらゆる面で欧米に追いつけ追い越せでやってきた日本が、経済大国と呼ばれるまでにいたったことと重ね合わされたりもした。そこで日本人の欧米に対するコンプレックスが完全に解消されたわけではないものの、少なくとも欧米とのズレを自虐まじりに笑い飛ばす余裕は生まれつつあったのが、この時期だといえよう。

八〇年秋、ＹＭＯは前年に続き欧米各地をまわるワールドツアーを行った。ロサンゼルスでの公演前にはメンバーが『タモリのオールナイトニッポン』に国際電話で出演している。タモリは三枚のレコードをＹＭＯと同じアルファレコードのＡスタジオで収録しているが、このときのＹＭＯの出演はそうした関係から実現したのだろうか。

もともとＹＭＯは、アメリカのミュージシャン、マーティン・デニーの楽曲「ファイヤー・クラッカー」をシンセサイザーによるディスコサウンドでカバーして世界中でヒットをめざそうと、細野晴臣が坂本龍一と高橋幸宏を誘って七八年に結成された。デニーはエキゾチック・サウンドの大家と呼ばれ、「ファイヤー・クラッカー」も日本をイメージした曲調を持つ。それを日本人が電子楽器でカバーしたところに、ある種の諧謔《かいぎゃく》が込められていた。

ちょうど日本が、従来の東洋的なイメージに加えて、半導体や自動車といったテクノロジーのイメージで欧米からとらえられるようになっていた時期である。七九年には、アメリカの社会学者エズラ・Ｆ・ヴォーゲルが『ジャパン・アズ・ナンバーワン』を著した。アメリカとの比較から日本が脱工業社会に的確に適応していることを指摘したその内容は、日本でも反響を呼んだ。

ＹＭＯは、そうした当時の欧米人の日本に対するイメージを逆手にとって、世界進出をはかろうとしていたのである。「ファイヤー・クラッカー」を収録した１stアルバム『イエロー・マジック・オーケストラ』のアメリカ盤のジャケットにも、芸者の頭から電気コードが露出したイラストが用いられていた。

欧米人から見た、現実とはどこかズレた日本（人）像というのは、初期タモリの芸である ハナモゲラ語とも通じるところがある。この手の誤った日本像は、少し前なら当の日本人には受け入れがたいものだった。たとえば五五年に、女優の山口淑子がシャーリー・ヤマグチの名で出演し、日本でも大規模なロケが行われたハリウッド映画『東京暗黒街・竹の家』は、ゲイシャ、ヤクザといったステレオタイプな描写から日本公開時には「国辱映画」とも呼ばれた。だが、日本経済が欧米を脅かすまでに成長した七〇年代後半にあって、そうしたイメージを自ら楽しむ余裕が日本人にも生まれつつあったのではないか。タモリの芸がウケて、ＹＭＯのコンセプトが成立した背景は、そういったところにも求められるはずだ。

〝占領下のタモリ〟トニー谷

かつて日本が敗戦後の連合軍による占領から独立しようかという時期に世に出て、日系アメリカ人二世風のキャラクターから「日本の植民地化の一現象」などと批評家から評された芸人がいる。トニー谷（一九一七〜八七）その人だ。赤塚不二夫のマンガ『おそ松くん』に出てくるフランスかぶれのキザな男・イヤミのモデルともいわれる。

「レディース・アンド・ジェントルマン・アンド・おとっつぁん、おっかさん！ グッドアフタヌーン、おこんにちは。グッドイブニング、おこんばんは」といった文句に代表される「トニイングリッシュ」と呼ばれた英語・日本語混じりの怪しげな語り口といい、またショーの司会を務めても「ほーんと、どこがいいざんしょね……あんな下痢チエミとか雪村ねずみなんて！」などと出演歌手（この場合、江利チエミと雪村いづみ）にも容赦なく悪態をついたことといい、そんなトニー谷をタモリと重ね合わせる人は多い。

ただ、その芸能人としての末路は大きく異なる。じつはタモリは、晩年のトニー谷と交流があり、《まったく孤立していた人で、あの人のことは誰も認めなかった》とその印象を語っている。トニー谷は一貫して音楽を旨とするボードビリアンを自任したが、コメディアン優位の日本の喜劇人のなかでは浮いてしまったというのだ（『これでいいのだ。』）。それだけでなく、少しも愛されるそぶりを見せないアクの強いキャラクターも、一時的にはウケこそすれ、人気が長続きしなかった要因となったのだろう。

筑紫哲也もまた、八四年のタモリとの対談でトニーを引き合いに出している。筑紫が注目したのは、「トニー谷が最後まで嫌悪感というかアレルギーが強いまんまでいってしまったのに対し、タモリは系譜としてはトニー谷と似ているにもかかわらず、みんなから好感を持たれてしまった。それはやはり時代の変化だろう」と、タモリがトニーとは違う道を歩み出したことだった。これに対しタモリはこう返している。

《オレ、一〇年早く出てきたら、だめだったんじゃないかと思うんですよ。だから、三〇からのデビューは遅いと言われるけど、オレとしてはちょうどよかったんじゃないかと思うんですね》（『若者たちの神々Ⅳ』）

筑紫の言うタモリを受け入れた「時代の変化」には、日本人の欧米に対するコンプレックスが薄れたことも含まれていたはずだ。名古屋やニューミュージックなどに対するタモリの一連の批判はある種、湿っぽい日本の精神風土への批判でもあったが、それが受け入れられたのも、人々がひとまず欧米並みの消費生活を享受するようになった時代ならではといえるのではないか。

やがてテレビではタモリのほかにも、毒舌を売りにしたコメディアンたちがスターダムに躍り出ることになった。その発端となったのは、八〇年代の幕開けとともに起こったマンザイブームである。

マンザイブームの到来

マンザイブームは一九八〇年一月に『花王名人劇場』（関西テレビ・フジテレビ系）の枠で第一弾が放送された「激突！漫才新幹線」と、そして同年四月に初回が放送された『ＴＨ

E MANZAI』（フジテレビ）によって火がついたとされる。「激突！漫才新幹線」には東京代表として星セント・ルイス、大阪代表として横山やすし・西川きよし、そして若手として大阪から東京に進出したばかりだったB&Bが出演した。『THE MANZAI』にはこの三組のほか、ツービートをはじめ当時頭角を現しつつあった若手漫才コンビがそろって登場している。同番組のプロデューサーはのちに『オレたちひょうきん族』や『笑っていいとも！』を手がけることになる横澤彪だ。

ビートたけしとビートきよしのコンビであるツービートは、当時一部で話題になり始めたころだった。たけしが猛烈なスピードで、「ばあさんがタンポン買って見栄を張り」「ブスの顔たかった銀バエ即死する」などと毒舌を吐き、それにきよしが「よしなさい」とツッコミを入れるツービートの漫才には、めざとい人たちが一斉に飛びついた。そのなかには、高平哲郎や高信太郎などタモリの周辺にいた人たちも少なくない。七八年には、高信太郎のプロデュースにより高田馬場の書店前のフリースペースで「マラソン漫才／ツービート・ギャグ・デスマッチ」という二時間ノンストップで持ちネタを披露する企画が組まれ、現在までファンのあいだで語り草となっている。

一方、高平は、構成作家として参加したTBSと大阪の毎日放送（MBS）の共同制作による番組『サンデーお笑い生中継』のレギュラーにツービートを抜擢した。七八年八月に始まったこの番組は東京・浅草の松竹演芸場と、大阪のうめだ花月およびMBSのスタジオからの三元中継で放送され、東西の司会をそれぞれタモリと横山やすしが務めている。

『サンデーお笑い生中継』では、プロデューサーの桂邦彦の意向で、毎回前座に島田紳助・松本竜介やザ・ぼんちといった急速に勢いを増しつつあった関西の若手が登場した。これに対し関東勢の若手はセント・ルイスとツービート以外に目立った存在はまだおらず、出演はベテランが中心となった。そこでは、その一昔前のトリオブームで主役となった東八郎のトリオ・スカイラインや内藤陳のトリオ・ザ・パンチ、あるいはトニー谷などが出演し、往年の芸を披露した。番組ではタモリも小松政夫や団しん也と宴会芸を演じるなど、新鮮なネタがなかったわけではないが、全体的にはどこか古色蒼然とした面持ちがあったと高平は振り返っている。タモリと横山やすしの司会も、まったくと言っていいほどかみ合わなかったという（『ぼくたちの七〇年代』）。

『サンデーお笑い生中継』は七九年三月に終了した。『THE MANZAI』でマンザイブームに火がつくのはその翌年のことだから、少し早すぎたともいえる。いや、出演者のうち若手の顔ぶれからすれば、この番組からブームが起こってもおかしくなかったはずだが、そうならなかったのは、やはり「古色蒼然とした面持ち」があったからではないか。

逆にいえば、『THE MANZAI』がブームを巻き起こせたのは、従来の演芸番組のスタイルを打ち破ったからこそだろう。

『THE MANZAI』は収録スタジオのセットからして、小さなステージの背景にタイトル文字の電飾が光り、当時流行りのディスコのようなライティングが施されていた。ステージを取り囲む観客席を埋めたのは、女性を含む若者たちだ。カメラワークも、従来の演芸番組のように正面から引きで撮るのではなく、背後や左右などのさまざまなアングルから撮影し、映像に変化をつけた。躍動感を出し、ドキュメンタリー性を強調するための工夫である。編集にあたっても、スピード感を重視して冗漫な間はすべてカットした。さらに、司会者を使う代わりに、映画の予告スポットのように、各出演者を大げさなキャッチコピーとともに紹介していくというスタイルをとり、これがことのほか視聴者にウケたという（佐藤義和『バラエティ番組がなくなる日』）。

こうしたセットや演出は、出演する漫才師たちをがぜんやる気にさせた。ディレクターを務めた佐藤義和は、《〝この番組はちょっと違う〟と誰もが思ったはずだ。そして出演者それぞれが、なんらかの可能性を察していたはずだ。その証拠にステージに上がると、どのコンビも、いつも以上のスピードで疾走した。機関銃のようにギャグを連発し、まさに息もつかせぬ迫力にあふれていた》と書いている（前掲書）。

はたして、『THE MANZAI』の初回視聴率は、この手の番組としては異例の一五・三％を記録、すぐに第二弾の制作が決まり、以後足かけ三年にわたり計一一回が放送された。初回には先述のとおりセント・ルイスややすし・きよしといったすでに実績のあったコンビも出ていたが、マンザイブームの主役を担ったのはやはりツービートであり、大阪から東京に進出したばかりだったB＆Bであり、また紳助・竜介やザ・ぼんちといった若手であった。

NHKでもレギュラー番組

マンザイブームの起こった八〇年、タモリは俳優の谷隼人とともに新人歌手オーディション番組『スター誕生！』(日本テレビ)の司会を、七一年の番組放送開始時からその役を務めてきた萩本欽一から引き継ぎ翌年まで務めた。また、そのお笑い版である同局の『お笑いスター誕生!!』(一九八〇〜八六年)にはデビューからまだ五年というキャリアながら審査員として出演している。

同番組において、既成の落語家や漫才師がうまく評価できないような新しいタイプの芸人が出てきたとき、タモリは適切な評価のできる貴重な存在であった(小林信彦『コラムは踊る』)。石橋貴明(一九六一〜)と木梨憲武(一九六二〜)によるコンビ・とんねるずが結成まもなくして『お笑いスター誕生!!』に出演した際、タモリから「おまえら、何だかよくわかんないけど面白い」と言われたという話はよく知られる。

これと前後してタモリは、七九年から始まったNHK総合の『ばらえてい　テレビファソラシド』（～一九八二年）にも、当初は単発で、やがてレギュラー出演するようになっていた。NHKに出ることにより、彼はそれまで以上に広い層に知られるようになる。

ただ、タモリがサングラスをかけて出演することに対しては当初、視聴者からクレームが絶えなかった。これについて同番組で共演した永六輔は、タモリにとってサングラスは不可欠なものだと弁護している。サングラスによって相手に視線を見せないことこそ、タモリの強みだというのだ。

《タモリからサングラスを取っちゃったら、つまり、タモリの視線がどこかにキマって、それが熱っぽい視線だったり、冷ややかに醒めたような視線だったりしたら、もしそれが僕らに見えたら、あの面白さというのは半減すると思いますね》（『広告批評』一九八一年六月号）

サングラス姿ということも含め、当初はNHKに出演することに違和感を抱かれたタモリだが、やがて「タモリが好きになりました」という投書も多数届くようになったという。

NHKと意外にも合った芸風

二〇一四年、タモリはNHKスペシャルの『巨大災害 MEGA DISASTER 地球大変動の衝撃』にナビゲーターとして出演するにあたっての会見で、「バラエティは何でもかんでもあるからバラエティ。お笑いだけがバラエティじゃない。こういう番組をやるのとイグアナ（のモノマネ）をやるのとは、まったく同じ気持ちです」と語った。これはタモリとNHKのドキュメンタリーという組み合わせを意外に思う世間の反応に対するコメントだったが、じつは彼はかなり前からNHKのこの手の番組に起用されてきた。

一九八〇年にはNHK特集の『石油・知られざる技術帝国』に出演した。このときタモリは、アメリカの元石油掘りの老人へのインタビューを九州弁で吹き替えたほか、番組中で上映された実録映画のナレーションを活動弁士風に演じてみせた。ほかのパートはきわめて真面目なドキュメンタリーだけに、タモリの起用はかなり思い切ったものだったろう。

その後もNHKスペシャル『驚異の小宇宙 人体』（一九八九年）でナビゲーター役を務めたほか、NHKでは動物番組『ウォッチング』（一九八五～八九年）、散策番組『ブラタモリ』（二〇〇八年～）といったレギュラー番組を担当している。『ウォッチング』への出演はそもそも、《私は、シャベル力《ちから》をもっているが、科学的な知識はない。科学者は知識はもっているがシャベル力が乏しい。子供たちに科学の知識を与えようとするなら、科学者の知恵と私の話術を組み合せればいいと思う》とタモリが言っていたのを、科学番組の担当者が聞いて決まったという（川口幹夫『主役・脇役・湧かせ役』）。これなど、先にあげた「インテリ化した芸能人」を自他ともに認めたことで実現した仕事といえよう。

ビートたけしへの戦友意識

『テレビファソラシド』では、まだブレイク前のツービートに漫才をさせ、それを番組レギュラーの漫才師・内海桂子・好江に批評してもらうという企画も組まれた。浅草の大先輩である二人の批評に、さすがのビートたけしも参っていたという。

タモリはたけしについて、ともに上の世代から否定されつつ、それをかいくぐりながらやってきた戦友という意識があるとたびたび語っている。ただし、たけしの場合、浅草という伝統的な笑いの世界でやってきただけに、タモリ以上に否定されることも多かった。

《俺はといえば、この人［引用者注――赤塚不二夫のこと］の下で伝統的なものとは関係ないところでやっていて、バカ野郎って言っても「オー、お前いいじゃない」って言われてただけですからね。そういう時期に、向こうは伝統的なことを跳ね返してきたわけですからね。俺なんかデビューしてからですからね、そういう中に入ったのは。それで入ってみると、なんか圧力みたいなものを感じましたから。タケちゃんとは何かそういうものを同時期に感じながらやってきたっていう意識がありますね》(『これでいいのだ。』)
　二〇一二年にたけしが『いいとも!』の「テレフォンショッキング」に二四年ぶりに出演した際、タモリは彼の楽屋を訪ね「引退するときは抜け駆けしないでね」と言ったそうだが、その真意はまさにこうしたところにあったのだ。
　その経歴も性格も芸のスタイルも、タモリとたけしとでは大きく違う。しかしだからこそ八〇年代以降、テレビの世界のトップに並び立つことができたのだともいえる。
　マンザイブームのさなかの八〇年一〇月には、ツービートのほかB&B、紳助・竜介、ザ・ぼんち、太平サブロー・シロー、西川のりお・上方よしおなどブームの立役者である漫才師たちを起用した平日昼間の帯番組『笑ってる場合ですよ!』の放送が開始。その放送はオープンまもない新宿のスタジオアルタから行われた。翌八一年には『笑ってる場合ですよ!』と顔ぶれはほぼ同じながらコンビをばらして出演させた『オレたちひょうきん族』がやはりフジテレビで始まる。この八一年にはまた、タモリも大きな転機を迎えようとしていた。

第６章　〝変節〟と〝不変〟
——フジテレビの絶頂と『笑っていいとも！』

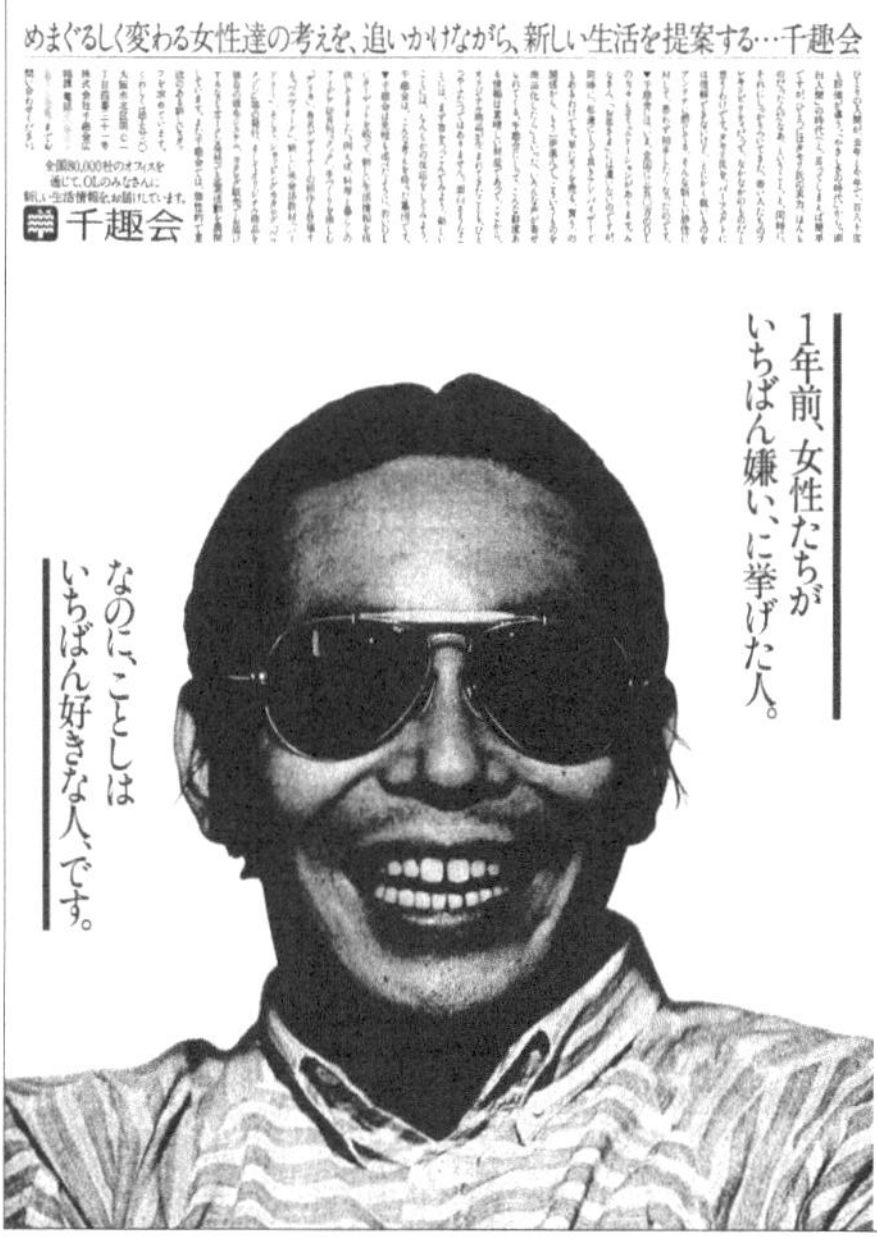

1981年９月26日付朝日新聞の全面広告

「狂気に近いほど」つくりこまれたバラエティ

前章でも触れたバラエティ番組『今夜は最高！』の放送が日本テレビで始まったのは、一九八一年四月四日のことだった。同番組のプログラム・マネージャーを務めた日テレの中村公一によれば、タモリ起用の決め手は、土曜の夜一一時という時間帯にあって、大人の鑑賞に堪えうるものを持っていることであったという。

この番組でタモリは、二週続けて登場する女性ゲストをパートナーにホスト役を務め、そこに週替わりの男性ゲストが加わってコントやトーク、歌や演奏を繰り広げた。そのつくりこみ度合は前出の中村いわく「狂気に近いほど」で、徹夜は当たり前、少し音が映像とズレただけでも朝の八時、九時までかけて修正するこだわりようであったという。そうしたスタッフの努力にこたえるように、タモリも深夜までトランペットの練習やダンスの振りなどリハーサルに余念がなかった（『週刊明星』一九八二年三月一八日号）。

『今夜は最高！』の第一回には女優の竹下景子とタモリをデビュー当時より知る写真家の浅井愼平と、名古屋出身の二人がゲスト出演した。番組中ではタモリと竹下がそれぞれレストランのウェイターと客に扮してエビフライをテーマにした連作コントも演じられた。そのうちの一つでは二人が名古屋弁でやりとりしている。ちょうどタモリが盛んに名古屋を笑いのネタにしていたころだった。

エビフライが名古屋名物のわけ

エビフライは名古屋名物の一つとしていまや全国的に知られている。しかしなぜエビフライが名物ということになったのか。同じく当地の名物料理である味噌煮込みやひつまぶし、あるいはういろうなどのように老舗の店があるわけでもなく、これについて地元出身者でもきちんと説明できる人は少ないように思う。

事実、地元紙・中日新聞の市民版(名古屋市内版)では九〇年代半ば、「名古屋人はエビフライが好きと言われているが本当か」「テレビなどで『名古屋のエビフライ』と言われる意味がわからない」との市民の声がとりあげられていた(一九九五年六月一五日付)。同紙ではこれを受けて二回にわたりエビフライと名古屋の関係を検証している。そこで行き着いたのがタモリだった。記事中では、市内のあるどんぶり店の店長の《以前、タレントのタモリが〝名古屋のエビフリャー〟とちゃかしていたので、どうせ名古屋はしゃちほことエビフライだと開き直った》とのコメントが紹介されている。

たしかに七〇年代後半から八〇年代初めにかけて、タモリは「名古屋人はエビフライが好き」などとしきりにネタにしていた。じつは中日新聞ではこのころ当人にインタビューし、エビフライの真相を聞き出している。そこで記者が《エビフライと名古屋人を結びつけたのには無理があるように感じるけど》と言っていることからも、当時エビフライはけっして名古屋名物として周知されていなかったことがうかがえよう。これに対するタモリの回答は次のようなものだった。

《名古屋人全体がエビフライが好きだなんて思ってないんですが、いろいろきめつけるとおもしろいんで。これがまた、不思議と当たるんですよ。甲子園の高校野球でベスト8に残ったチームの夕めしのメニューを調べてもらったら、だいたいトンカツステーキですね。敵に勝つと。ところが、名古屋電気だけは、エビフライときてたもんね。ありゃ、驚いちゃった、アハハハ》(『中日新聞』一九八一年一二月七日付)

名古屋電気高校(現・愛知工業大学名電高校)は八一年夏の甲子園で準々決勝、さらに準決勝にまで進出している(ちなみにこのときの同校のエースは現・福岡ソフトバンクホークス監督の工藤公康)。しかし前出の九五年の記事では当時の同校の野球部監督・中村豪に確認をとり、《実際はエビフライは食べていないと思う》との証言を得ている(『中日新聞』市民版一九九五年六月一六日付)。

それでも、それ以前からタモリのなかでは名古屋とエビフライについて何かしら記憶に残るところがあったことは間違いない。やはり九五年の中日新聞記事では、タモリのマネージャーを八〇年頃から務めていた前田猛が《タモリには名古屋出身の芸能関係者の友人が多く、彼らがたまたまエビが好きだった。まずここで名古屋の人はエビが好きなんだ、という漠然とした印象を抱いたようです》と証言している（前掲）。

タモリの周辺にいた名古屋人の一人、前出の浅井愼平からのインスパイアも大きかったようだ。デビューまもないタモリに寺山修司のモノマネを伝授した浅井は、名古屋についてもエビフライを含めさまざまな話を語って聞かせていたという。後年、浅井がある対談で明かしたところによれば、エビフライは名古屋人のもてなしの心の象徴だった。

《例えばレストランに入って、お客さんには美味しいものを食べさせてあげたいと高価なエビフライ――名古屋弁で発音すればエビフリャァですが――を「エビフリャァでも食べてちょー」と言って頼んでおいて、自分は平気でもっと安いものを頼むわけです（笑）。お客さんからすれば、そこまでしてもらわなくてもと思うのですが、そういった独特のもてなし感覚が［引用者注――名古屋人には］あるのです。ケチというより合理主義なのです》（『食の科学』二〇〇五年七月号）

ただし、これは「エビフライがちょっと上等な揚げ物というイメージがあった時代の話」らしいが。

ともあれ、浅井をはじめ周囲の名古屋出身者から聞いた話を、タモリは自分なりにアレンジして「名古屋人はエビフライが好き」というネタをつくりあげていったのだろう。一種の創作だが、これが当の名古屋人にも自虐的ながら受け入れられ、いつしかエビフライは名古屋名物として認識されるにいたった……というのが真相なのではないか。

名古屋とさだまさしへの休戦宣言

一連の名古屋ネタについてタモリは「日本のある典型があそこだというつもりでやっている」と語っている（『広告批評』一九八二年五月号）。タモリの語る名古屋人のエビフライへの執着は、日本人のブランド志向に潜む権威主義、事大主義の戯画化とも解釈された（『潮』一九八一年一二月号）。

その名古屋は当時一九八八年のオリンピック招致に乗り出していたが、八一年九月三〇日、ＩＯＣ総会での投票で韓国・ソウルに敗れた。それからわずか一時間後、ちょうどラジオの『オールナイトニッポン』の生放送に出演したタモリは、スタジオに大勢の記者が詰めかけるなか所感を述べ、「名古屋に決まっていれば、あと七年間、名古屋ネタでつなげると……ま、名古屋と私、両者にとって不幸な晩でしたね」と語った。これ以降、彼は名古屋をネタにすることをフェードアウトしていく。

もう一方の〝宿敵〟さだまさしに対しても、この年最後の『オールナイトニッポン』の放送（一二月三〇日）で批判を停止すると宣言している。これについて周囲では、同年に公開されたドキュメンタリー映画『長江』で監督を務めたさだが莫大な借金を抱え、本業の歌でも七九年の「関白宣言」当時の勢いをすでに失っていたからではないかとの憶測もささやかれた（『週刊現代』一九八二年二月六日号）。

しかしたとえ名古屋が五輪招致に成功し、さだまさしの勢いが衰えていなかったとしても、タモリはおそらく批判をやめていたに違いない。というのも、タモリはこの年を境に大きなイメージチェンジをはかっていたからだ。ここであらためて八一年におけるタモリの足跡をたどってみよう。

「嫌いなタレント」から「好きなタレント」へ

一九八一年は、まさにタモリの年となった。すでにレギュラー出演していたNHKの『テレビファソラシド』に加え、四月には前出の『今夜は最高！』、一〇月にはテレビ朝日の『夕刊タモリ　こちらデス』とタモリがメインの番組があいついで始まる。

『夕刊タモリ　こちらデス』は日曜夕方の番組で、タモリはニュースキャスターの役割を担った。プロデューサーの皇《すめらぎ》達也はその起用の理由を《ジャーナリスティックな中にタモリを放り込んで、うんといい遊びをして欲しかった。〝毒も真なり〟というものを作りたかった》と語っている（『週刊明星』一九八二年三月一八日号）。ちなみにタイトルの「こちらデス」は、その前の時間帯に放送されていたニュース番組『こちらデスク』（キャスターは筑紫哲也）をもじったものだ。『夕刊タモリ』の視聴率は五％程度であったが、それでも『こちらデスク』とさほど変わらなかったことから健闘ととらえられた。

『夕刊タモリ』への出演により、「タモリに本物を見た」という主婦層も増えたという（前掲）。これと前後して八〇年にニッポン放送で始まった『だんとつタモリ！おもしろ大放送』を呼び水として、タモリは主婦を含め女性人気を獲得しつつあった。すでに同局では『オールナイトニッポン』のパーソナリティを務めていたタモリだが、深夜という時間帯ゆえリスナーは若い世代が大半だった。それに対し『だんとつタモリ』は平日の夕方六時に放送され、タモリと主婦の電話でのやりとりを中心とした内容だった。

ここで注意しておきたいのは、デビュー当初のタモリの女性からの嫌われようは半端ではなかったという事実である。本人も「女の子のファンは三人しかいなかった」と言っていたほどだ。

《タモリという役者は髪真黒なのをぴたりと二つに分け、額から顔から全身ぬるぬるに光っていて私は見るや否やマジコンを手に取るや遅しとチャンネルを変えようと必死になる》と書いたのは作家の森茉莉（一九〇三～八七）である（『ベスト・オブ・ドッキリチャンネル』)。そうした生理的嫌悪は当時多くの女性が抱いていたはずだ。

それだけに、主婦相手の番組にタモリを起用したのはそうとうな冒険であった。番組初回、ニッポン放送では、心配する社員たちがスタジオに集まり、かたずを呑んで生放送の様子を見守ったという。

だがフタを開けてみれば主婦層からの反響は大きく、毎回放送中に電話が殺到した。その年齢層も一八歳の幼な妻から六〇歳の主婦まで幅広く、デートの申し込みもしょっちゅうだったという。同番組でのタモリのキャッチフレーズは「女子学生のアイドル、おばあちゃんのオナペット」というものだったが、まさにそのとおりになったのだ。

生放送中の電話はセックスに関するきわどい話になることがほとんどで、回を追うごとにエスカレートしていく。しかしタモリは「そこまで言わなくてもいいよ」などとなだめすかし、見事にさばいてみせた。その主婦あしらいに目をつけたのが、フジテレビのプロデューサー・横澤彪だった。横澤がお昼の『笑っていいとも!』にタモリを抜擢する下地はこのとき用意されたといえる。

『だんとつタモリ』の放送開始から一年後の八一年、タモリはNHKの「好きなタレント調査」で三〇位にランクインした。ベストテン入りこそその翌年に一〇位につけるまで持ち越されたとはいえ、このとき同位に入ったのが、知性派俳優として根強い人気を持つ石坂浩二だったことを思えば、タモリの人気上昇がうかがえよう。

同じ年には民放ラジオ三〇周年記念特別番組『スーパースター・ベスト10』で、ジェームズ・ディーンを抑えて一五位につけている。こうしたランキングでの健闘も女性からの支持によるところが大きい。「ベルメゾン」で知られる大手通販会社・千趣会の新聞広告（『朝日新聞』一九八一年九月二六日付）には、タモリの写真とともに「1年前、女性たちがいちばん嫌い、に挙げた人。なのに、ことしはいちばん好きな人、です。」というキャッチフレーズが躍った。

「国民のオモチャ」を自称

しかしどれだけブームになろうとも、タモリは冷静だった。ある雑誌でタモリは自分自身を他人のように突き放しながら、ブームについて語っている。
《側《はた》がノセたんですよ。〃側ノセ〃。タモリは何も土台がない。マスコミがもち上げるから良くないですよ。（中略）本人は調子にノッてるから［引用者注――ブームが］永遠に続くなんて思ってるでしょうが、そこに大きな落とし穴がある。このブームは実体がないものですから、はたしてブームなのかどうなのか……》（『週刊明星』一九八二年三月二五日号）
八二年二月に収録された糸井重里との対談でも、《いつも、自分からいってるんだけどね。オレは、国民のオモチャだって。遊ばれて、捨てられるって……》と言っていた（『話せばわかるか』）。

前章に書いたとおり、タモリの仕事量は七九年にピークに達したが、それはドラマの収録で週に四日拘束されるのが大きかった。それに対し八一年には、タモリ自身をメインとする仕事がスケジュールの大半を占めた。同年末におけるレギュラーはラジオ、テレビで各四本、出演CMも四本、このほか雑誌連載を三本抱え、さらに浅井愼平監督による主演映画『キッドナップ・ブルース』（公開は翌年）の撮影も進められていた。五月にはCBS・ソニーよりアルバム『ラジカル・ヒステリー・ツアー』をリリース、それまでの三作のレコードとは打って変わってタモリは真面目に歌をうたっている。この発売と前後して四月から八月にかけて全国をまわった同名のツアーでは、それまで客の前で披露したことのなかったトランペットも演奏した。

これだけ多忙をきわめながらタモリが消耗しなかったのは、本人が冷静で、自らを客観的に見られたということに加え、彼を支える事務所やテレビ局のスタッフによるところも小さくない。とりわけ所属事務所である田辺エージェンシーの社長・田辺昭知は、常に先の先を読んで作戦を組んだ。

たとえば、テレビ出演が増えるタモリに、田辺は「従来の持ちネタに安住しないで、ネタを持つことにシビアになれ」と要求したという（『週刊明星』一九八二年三月一八日号）。それを境に、テレビでのタモリは持ちネタよりも、トークや司会で本音をさらけ出すことで人気を集め、視聴率を伸ばしていった。『今夜は最高！』、さらに『笑っていいとも！』で発揮されることになる受け身の芸風も、田辺のアドバイスを踏まえたものだった。

《たとえば自分は四角の人間だとします。昔はオレは四角だと、四角の芸だけやって帰ってた。ところがまわりをよく見ると、三角のヤツも六角の奴も、おなじテレビの中にいる。すっと寄って行ってどこがオレの四角と辺が合うのか、どの角が接点があるのか、反発するのか。このあたり突つけば相手はどう出るか。そして、バチッと合うとワーッと受ける。田辺（昭知）社長の言葉がヒントになりましたね。》（『週刊明星』一九八二年三月二五日号）

八一年がタモリ・イヤーとなったのも多分に戦略的なものであった。田辺はその前年に「来年はやれる仕事は何でもやろう、内容を考えてやる年ではないと決めてかかった」という。「当然疲れもするだろうし、問題も出てくるだろう。だが、そこで整理されるはずだ」という考えがそこにはあった（『週刊明星』一九八二年三月一八日号）。その後の展開を考えれば、作戦は見事に成功したといえる。

CM出演でイメージチェンジ

この年、タモリは広告業界でも注目された。とくに国鉄（現・JR）の新幹線、朝日新聞、民放連のテレビCMは話題を呼ぶ。いずれも密室芸人のイメージが強かったころであれば起用されなかったであろう堅めの企業や団体だ。

このうち新幹線と民放連のCMを企画した大手広告会社・電通の小田桐昭は、タモリがまだデビューしたてのころからクライアントに彼の起用を提案しては没にされてきた。それがここへ来て国鉄にも電通の上層部にもあっさり承諾されたので拍子抜けしたという。

民放連のCM制作にあたっては、タモリがいかにイメージチェンジをはかろうとしたか、象徴的な話が残っている。このCMは、九月で日本における民間放送開始から三〇年になることから、その記念事業の一環として八月に放送された。その内容は、「今まで、これから、ずうっと長い友だち」というキャッチフレーズのもと、タモリが往年の民放の番組主題歌をメドレーで歌うというものだった。小田桐によれば、タモリはいまもっともテレビ的・ラジオ的なタレントということで文句なしに選ばれたという。

じつはこのときもう一種類、タモリではなく、親子二代のタレントを起用した「ラジオ・テレビ新世紀」という企画が用意されていた。しかしこれに対し、タモリの所属事務所から一種類だけに絞ってほしいと出演交渉中に申し入れがあったという。これというのも、すでに朝日新聞のＣＭに出演が決まっており、事務所側としては、《活字と電波、つまり、マスコミを制覇したタレントとしてタモリを印象づけたいというのが（中略）戦略のようだった》と小田桐は書いている（『月刊アドバタイジング』一九八一年一一月号）。

なおこれに先立つ国鉄のＣＭでも、当初のコンテでは、あまり宣伝がストレートすぎないようタモリの持ちネタの中洲産業大学の教授風の味つけを少ししてあったのに対し、逆にタモリのほうから「堅っ苦しく、律儀にやりましょう」と提案されたという（前掲）。朝日新聞と民放連のＣＭでは『今夜は最高！』でおなじみとなっていた黒のタキシードに身を包んだ。ＣＭにおいても事務所とタモリは一体となり、アクの強い芸風から洗練されたイメージへと転換が試みられたのである。

半年間の〝充電期間〟、そして『いいとも！』へ

ここまで見たように八一年の一年間は戦略的に仕事を増やしてきたタモリだが、八二年春にはいったんセーブされることになる。三月には『テレビファソラシド』が放送を終了、『夕刊タモリ』は三〇分から一五分に時間を縮小された。『今夜は最高！』も四月から五ヵ月間休みに入る。この休止も田辺の意向によるものだったという。手間暇かけてつくっていた番組だけに、このままいけばタモリは精神的にも肉体的にもまいってしまう。質

を落とさないで番組を長続きさせるためには半年休んで充電しようというのが、その理由だった。

半年間の〝充電期間〟を終え、『今夜は最高！』の放送が再開された翌月、ある週刊誌には、記者とデスクの会話という形で《以前に比べて、ハングリー精神が失われてきていることは確かです》《飽きられたということは言えると思うね》《タモリの辞書には、マンネリはないそうですが、それにしても今のままじゃ、ちょっとねえ》などと、タモリの将来を憂える声が掲載された（『週刊読売』一九八二年一〇月一〇日号）。長寿番組となる『笑っていいとも！』と『タモリ倶楽部』が始まったのは、まさにこの月であった。

視聴率四・五％からの出発

二〇一四年三月まで三一年半、通算で八〇五四回続いた『笑っていいとも！』だが、それほどまでに長く続くとは放送開始当初、関係者の誰も思っていなかった。同番組の初代プロデューサーの横澤彪からして《これほどの長寿番組になるとは思わなかった》と書いている。それというのも、タモリとは「三ヵ月だけならやる」との約束でスタートしたからだ（横澤彪『犬も歩けばプロデューサー』）。タモリからしてみれば、毎日朝から出勤するのはいやだし、どっちみち自分はつなぎだろうというつもりでいたらしい。『いいとも！』

は三ヵ月で打ち切りになるものと確信して、翌年正月にはハワイへ行こうと、飛行機もホテルも予約していたほどだった。

所属事務所社長の田辺昭知もこの出演依頼を受けたとき、「タモリでなくてもいいんじゃない」と懸念を示したという。当時のタモリには夜のイメージがあまりにも強かったからだ。フジテレビでも、タモリを昼の番組に起用してはたして視聴率が取れるのか、心配するディレクターがほとんどだったという。

誰もが疑問を抱くなかで『森田一義アワー　笑っていいとも！』は放送初日を迎えた。一九八二年一〇月四日正午、東京・新宿のスタジオアルタからの生放送でタモリは、髪型をトレードマークだった真ん中分けではなく七三に、衣装はアイビー調、サングラスもいつもより薄い色のものに替えて現れた。横澤彪いわく「森田一義」という新しいキャラクターをつくってやれば、昼向けの顔ができるとの狙いからだった。サブタイトルに「森田一義アワー」と掲げたのもそのためだ。

こうした新番組に合わせたイメージチェンジには、前出の『今夜は最高！』の中村公一の意向もあったという。横澤から「タモリを昼に使います」と伝えられた中村は、「夜の顔のタモリは出さないでくれ」と頼んだというのだ（髙平哲郎『今夜は最高な日々』）。

タモリ本人は、昼の顔にしようという周囲の演出にかなりの違和感があったらしい。それでも「どうせ三ヵ月で終わるんだから」と自分に言い聞かせていたという（佐藤義和『バラエティ番組がなくなる日』）。しかしディレクターの佐藤義和からしてみれば『いいとも！』を三ヵ月で終わらせるわけにはいかなかった。彼は『いいとも！』の前番組『笑ってる場合ですよ！』を後述するような諸事情により打ち切っていたからだ。『笑ってる場合ですよ！』にレギュラー出演していたタレントのほとんどは、佐藤とは『THE MANZAI』以来のつきあいで、同志ともいえる関係を築いていた。そんな彼らを切り捨ててまで『いいとも！』を始めただけに、必死になるのは当然であった。だが、初回の視聴率は関東地区で四・五％と振るわなかった。

ドキュメント番組としての『いいとも！』

プロデューサーの横澤は、『いいとも！』を以下のような意図からドキュメント番組と位置づけていたという。

《出演者同士の会話の盛り上がり、逆に会話の噛み合わなさ、ちぐはぐな意識のずれで笑わせる。完成された番組を放送するのでなく、いってみれば番組が制作されていくプロセスを、失敗も成功も包み隠さず実況ナマ中継する》（『犬も歩けばプロデューサー』）

だが、それはあとづけというところも多分にあるのではないか。そもそも『いいとも！』開始当初、スタッフたちが番組の柱として期待していたのは、「ふんいき劇場『タモリ＋1』」という、台本どおりにタモリと出演者がコントを演じるコーナーだったという。しかしこのコーナーは観客にはまるでウケなかった。

それに対し、まったくの添え物として用意されながらも、意外な展開を見せたのが「テレフォンショッキング」のコーナーだった。これはTBSラジオの『小島一慶の耳コミランチタイムぴいぷる』（一九七九～八二年）の一コーナー「テレフォン交遊録」をそのまま拝借したもので、もともとはゲストが登場して五分ほど話してもらう予定だった。それが番組が始まってひと月をすぎたあたりから、のちに名物となる「出演おめでとう」の花輪や祝電が届くようになる。人気アイドルや大スターがタモリとの会話で垣間見せる意外な素顔、また次の日に誰が出てくるかわからない意外性とタモリが醸し出すホンネ感もあいまって、視聴率が上昇を始めたのだ（『バラエティ番組がなくなる日』）。

初期の同コーナーの合言葉「友達の輪」も番組開始の翌月、一一月一七日にミュージシャンの坂本龍一がゲスト出演した際に偶然生まれたものだった。このとき坂本は日本航空の赤い鶴のマーク（鶴丸）について「あれは『世界に広げよう、友達の輪』という意味なんだね」と言いながら、自ら両腕を使って輪をつくってみせた。これに合わせてタモリも同じポーズをとったところ、観客席から「輪！」という声が一斉に上がる。思わぬ反応にタモリは乗って、今度は「じゃ、小さい輪でやってみるぞ。『世界に広げよう、友達の輪』」と観客に振ると、ふたたび「輪！」という声が返ってきた。ここから毎日、タモリと観客のあいだでは「輪！」というフレーズとポーズがお約束のようにやりとりされるようになる（『犬も歩けばプロデューサー』）。

このほか『いいとも！』では、生番組とあってハプニングもあいついだ。「テレフォンショッキング」に黒柳徹子や作家の有吉佐和子が登場したときには、同コーナーだけで番組が終わってしまったことはよく知られる。有吉についていえば、その出演時間は当初から決まっていたようだが（橋本治『恋愛論』）、視聴者にはやはりハプニングとして受けとめられた。あるいは、アイドル時代の松本伊代が出演した回では、翌日のゲストの歌手・泰葉に電話をつなげるつもりが間違って一般人宅にかけてしまい、その相手がタモリの本名と同じ「森田さん」であったことからひとしきり盛り上がるということもあった。

流行語となった番組名

番組名である「いいとも！」も番組内の合言葉として浸透していく。これはタモリと旧知の仲であるテナーサックス奏者の中村誠一の口癖がもとになっている。一説には、何を頼んでも中村が快く「いいとも！」と受けてくれるのをタモリが面白がり、自分でもコンサートツアーで使ってみたら大ウケだったため番組名に採用したのだという。この言葉が一般的にはほとんど使われていなかったことも、タモリは気に入ったらしい（『週刊ポスト』一九八三年六月一七日号）。前章でとりあげた『オレたちひょうきん族』の「ひょうきん」と同様、古びて使われなくなっていた言葉が新たな形でよみがえったパターンだ。

「いいとも！」の語は人々の日常会話のなかでも使われるようになる。番組開始から二ヵ月ほど経ったころ、タモリを交えて番組スタッフの飲み会があり、皆で新宿の街を歩いていると、酔っ払ったサラリーマンたちが新宿・歌舞伎町のあたりでたむろしているところに遭遇した。このとき、一人のサラリーマンが「課長、課長！　もう一軒行ってもいいかな！」と叫ぶ。課長は最初は渋っていたものの、部下たちがあまりに大きな声で「課長、もう一軒行ってもいいかな！」と連呼するので、ついに「いいともぉ！」といささかヤケクソ気味に叫んだ。その様子を目の当たりにしたタモリは一瞬足を止め、「うん！」という感じで横澤彪に視線を投げたという。タモリが「三ヵ月でやめる」と言うのをピタリとやめたのは、その夜以来のことだった（『犬も歩けばプロデューサー』）。

各局の一二〜一三時の枠で初めて視聴率第一位を取ったのは番組開始から五ヵ月後の八三年三月。このとき視聴率は二四・〇％をマークした。『いいとも！』を人気番組にしたのはやはりドキュメントの要素であり、横澤とスタッフはそのことに観客や視聴者の反応を見ながら気づいていったのではないだろうか。

『いいとも！』を生んだ社内改革

前章で触れたように、コメディアンとしては初めて自ら番組づくりに乗り出した萩本欽一は、人々がテレビに惹きつけられるのは「次の瞬間、何が起こるかわからないから」だという「テレビ＝ドキュメンタリー」を持論に次々と新たな試みを展開した。この傾向は八〇年代に入ってさらに強まり、テレビの笑いも大きく変わった。

七〇年代に五〇％もの視聴率を叩き出し「怪物番組」などと呼ばれた『8時だョ！全員集合』（TBS）も、その同時間帯にフジテレビで始まった『オレたちひょうきん族』との視聴率競争に敗れて八五年に終了する。これはテレビ界の主流が、台本をもとに何度もリハーサルを重ねてきちんとつくりこんだ笑いから、アドリブや楽屋ネタをふんだんに盛りこんだドキュメンタリーの笑いへと移行したことを象徴するできごとだった。

フジテレビは『ひょうきん族』や『いいとも！』といったバラエティ番組に牽引されて八〇年代から九〇年代にかけてテレビ界を席巻することになる。これらの番組が登場するきっかけになったのは、鹿内春雄（一九四五〜八八）が八〇年にフジテレビ副社長に就任したのを機に実施された組織と編成の大規模な改革である。ここでやや時代は前後するが、改革が行われるまでの経緯を見ておきたい。

組織改革の前提には次のような事情があった。その一〇年前の七〇年、フジテレビは制作局を廃止し、制作セクションを複数の会社に分社化していた。番組制作の外注化による経費削減がその狙いである。同様のことは、カラー放送の拡充や地方ネット局の開局支援への多大な資金投入から、経営の合理化を迫られた在京の民放テレビ各局で推進されていた。だが、TBSのように、成熟したディレクターがより自由な環境を求めて自発的に社外に出た局とは違い、フジでそれを強制することは無理があった。分社化で編成から切り離された制作セクションは請負業者化し、意思疎通が妨げられたことで活力は失われていく(中川一徳『メディアの支配者　下』)。

このことは視聴率低迷の一因となった。そこでこれを改善すべく、制作会社とその社員をいま一度フジ本体に取りこみ、制作局として再出発させた。当時のフジテレビ会長・鹿内信隆(春雄の父。一九一一〜九〇)は「制作会社採用の社員も身分が保障される。わかりましたね」と周囲に嚙んで含めるように言って聞かせたという(前掲書)。『いいとも!』ほか前出の番組を手がけた若手ディレクターの多くは制作会社出身だったが、このときフジテレビ社員となった。彼らは、日本のポツダム宣言受諾後の混乱に乗じて少尉に昇級された「ポツダム少尉」になぞらえて「ポツダム社員」とも呼ばれた。名づけたのは、彼らを率いてフジ快進撃の立役者となった横澤彪である。

ほかにも、五九年の開局以来の看板トーク番組『スター千一夜』が、編成を機動的に組むうえでネックとなっていたことから八一年に打ち切られるなど、編成においても大きな改革が断行された。

これら改革は奏功して、八一年からフジの視聴率は飛躍的に上向きだし、秋にはついにトップに躍り出る。「楽しくなければテレビじゃない」とのフレーズを同局が掲げたのは、まさにこの年のことだ。それまで「母と子のフジテレビ」を標榜していた同局にとって一大転機であった。『いいとも!』の始まった八二年、同局は「全日」「ゴールデン」「プライム」の三つの時間帯のすべてで年間平均視聴率トップという三冠王を初めて獲得する。以来、九三年まで一二年間にわたって年間三冠王を継続し、絶頂時代を築いた。

スタジオアルタをつくった男

新宿にスタジオアルタがオープンしたのは、フジテレビが改革に踏み切ろうとしていた八〇年春のことだった。ここでアルタ誕生までの経緯も見ておこう。これには、三越にあって若者をターゲットにさまざまな商法を展開し「流通界の革命児」とも称された岡田茂(一九一四~九五)という人物が深くかかわっていた。

三越入社以来、宣伝畑を歩き続けてきた岡田は六八年、銀座三越の店長となる。この年一〇月、銀座三越は新装開店し、二階のヤングファッションフロアや屋上の「森の劇場」を中心にヤング路線を打ち出した。

岡田は銀座三越の店長となるや、売場の責任者を集めて、「レコードを売るなら、バンドと歌手を連れて来い。ファッションをマネキンに着せて見せる時代じゃない。モデルに着せろ。食料品は、できたものを売るのではなく、つくりながら売れ。お客が楽しみながら買い物ができるように各売場で工夫をこらせ」などと指示を出す（針木康雄『三越商法とダイエー商法』）。それは当時の百貨店の常識をくつがえすものであった。若者のファッションがめまぐるしく変わるなか、老舗百貨店も従来どおり上等の客を相手にしているだけでは時代に取り残される。そんな危機感が、銀座三越での岡田の数々の実践につながった。

第四章でとりあげた『ぎんざＮＯＷ！』の生放送が行われていた銀座テレサも、三越がＴＢＳと提携して設置したものだ。同番組で司会を務めたせんだみつおによれば、老舗百貨店の三越と「民放の雄」と呼ばれていたＴＢＳはいずれも堅いイメージがあったのを、若者を取りこむことでリフレッシュしたいとの思いからテレサができたのだという（高田文夫監修『昭和のＴＶバラエティ』）。テレサの開設にしても、また七一年にマクドナルドの日本第一号店が銀座三越にオープンしたのも、岡田の敷いた路線の延長線上にあった。

銀座店のリニューアルを成功させた岡田は六九年に本店に復帰し、常務から専務を経て七二年には社長にまで昇りつめる。この間も彼はメディアとの連携に熱心だった。七〇年には、ニッポン放送出身の高崎一郎とともに日本初のテレビショッピングコーナーを含む番組『東京ホームジョッキー』を立ち上げる。この企画は後年、司会の高崎とともにテレビ東京に移り、『レディス4』（現『L4 YOU!』）と題して長寿番組となった。

そして、銀座テレサを生んだサテライトスタジオの発想は、そのまま新宿のスタジオアルタへとつながってゆく。JR新宿駅の東口を出てすぐのその場所には、もともと「二幸」という三越系の食品専門店があった。建物自体は大正末の一九二四年に三越新宿分店として竣工、三〇年に三越の移転とともに二幸が入る。以来、待ち合わせスポットとしてもおなじみの場所となった。

二幸は七八年に取り壊され、替わって三越・フジテレビ・ニッポン放送の出資により八〇年四月、スタジオアルタがオープンする。「スタジオアルタはおれが計画した」とは、ほかならぬ岡田の言である。

ファッションビルと放送スタジオに加え、世界で初めて壁面に大型街頭ビジョンを備えたこのビルは「情報発信基地」と位置づけられた。オープンと同時にアルタからフジテレビの平日昼の公開生番組『日本全国ひる休み』が放送される。これは長続きせず、半年後の一〇月からは替わって『笑ってる場合ですよ！』が始まった。前章の終わりで述べたように当時のマンザイブームの人気者たちがレギュラー出演した同番組は大いに当たり、連日番組観覧のため若者たちがアルタに詰めかけた。なお同じ月には、東京12チャンネル（現・テレビ東京）の日曜昼の番組『タモリの突撃ナマ放送』が始まっている。番組は九ヵ月ほどしか続かなかったとはいえ、タモリが『いいとも！』以前にアルタからの生放送で司会を務めていたという事実は特筆に値しよう。

オープンから二年後、アルタは初めて黒字を出し、岡田は《これ〔引用者注――スタジオアルタ〕は世界に一つしかない。これはおれは威張っていえると思う。あんなバカなもんつくるやついませんよ。ビルが全部ビデオサインになってんだから》と豪語してみせた（大下英治『ドキュメント三越』）。

七〇年代、岡田茂は流通業界の風雲児として西武百貨店の堤清二（一九二七～二〇一三）やダイエーの中内㓛《いさお》（一九二二～二〇〇五）と並び称されたりもした。だが、岡田が堤や中内と決定的に違ったのは、戦略思考に欠けていたことだ。情報を発信するための設備は整えても、それを使って三越としてどんなイメージ戦略を打ち出すのかまでは一切考えていなかった。アルタの場合でも、時代に先がけて新たな事業の展開や市場の創出の可能性があったはずなのに、岡田は採算性のことをとやかく言い、出向した三越社員たちを萎縮させるばかりだった。結果、彼らは消極的・保身的となり、単なる貸しスタジオ屋になってしまったと、時事通信社の記者だった梅本浩志は指摘する（『三越物語』）。

八二年八月、日本橋三越で開催されていた「古代ペルシア秘宝展」の展示品の大半が贋物だと判明したが、これなど、岡田が自分の扱うものの内実をよく理解していなかったとの何よりの証拠だろう。その前後には、納入業者に高級品や自社イベントのチケットを強制的に買わせていたのを公正取引委員会から摘発されたり、さらには親しい関係にあった女性の経営する会社への公私混同的な優遇が取り沙汰されたりと、岡田をめぐってスキャンダルが噴出する。八二年九月二二日、三越の取締役会は全会一致で岡田の社長解任を決議、その瞬間、岡田は「なぜだ」と叫んだ。タモリを相手に日本国民が「いいとも！」と言い始める、約二週間前のできごとであった。

なぜメインはタモリだったのか？

先述したような消極的・保身的なスタジオアルタの経営体質は、人気番組だった『笑ってる場合ですよ！』打ち切りの遠因にもなった。それは八一年一月一五日、祝日（成人の日）とあって子供たちも番組観覧のため大勢アルタに詰めかけたときのこと。行列の先頭にいた人がテレビ機材につまずき、人々が将棋倒しとなって中高生がけがをするという事故が起きてしまう。番組側はこれを受けて謝罪などに奔走していたにもかかわらず、スタジオアルタ側は早々に「この事故は当社には関係がない」と社長名で書類をよこした。こうした無責任な態度に同番組のプロデューサーだった横澤彪は激怒し、番組を引き上げることまで考えたという（横澤彪・塚越孝『テレビの笑いを変えた男　横澤彪かく語りき』）。

これとあわせて横澤のなかで懸念材料となったのは、出演するタレントたちの変化だった。番組開始当初はまだ人気が出始めで貧乏にあえいでいた彼らだが、急速に金回りがよくなり、楽屋で話すことといえばカネと女のことばかり。番組に出ることにもやがて何の感動も抱かなくなり、ルーティンワークとしてこなすようになっていた。こうしたありさまに横澤らスタッフは、『笑ってる場合ですよ！』に先はないと判断、「いまのうちにやめたほうがいい」と八二年一〇月一日で番組を終わらせることを決める。高視聴率をあいかわらずキープしており、まわりから猛反対を受けながらの決断だった。これと前後してタモリの全国ツアー「ラジカル・ヒステリー・ツアー」の東京での公演を見に行った横澤は、それまで聞いていた噂に反して、タモリがアドリブも利き、柔軟に物事に対応できるタレントであることに気づく。そのこともあって、タモリをメインにした新番組の構想がしだいにふくらんでいった。

既述のとおり、当人をはじめ昼の番組へのタモリの起用には疑問視する声も多かった。

それに対して横澤はこれからのテレビにはインテリジェンスの香る情報番組が必要だとかねがね感じており、そこでタモリの知性に賭けてみようと決意を固める。
《テレビの視聴者は、高学歴社会のためにレベルが高い。そうした状況で、演者に知的なものがないとテレビは見捨てられる、お客のレベルにどれだけ追いつけるか、お客のインタレストにどう応《ママ》えていくかというとき、やはり知的なファクターが大事になるだろうと考えた。少なくても、そういうふうに笑いを変えていかないかぎり、先へは進めないと思った》(『犬も歩けばプロデューサー』)

こうした横澤の考えを反映して、『笑っていいとも!』ではレギュラー出演者として、フォークシンガーの山本コウタロー、作家の田中康夫、テレビプロデューサーのデーブ・スペクター、ゲージツ家の篠原勝之など文化人と呼ばれる人たちも多数起用された。

また、日曜午前にその週の放送のダイジェストなどを放送する『笑っていいとも!増刊号』に〝編集長〟として出演した嵐山光三郎(一九四二〜)は、かつて平凡社で雑誌『太陽』の編集長を務めるかたわら、エッセイや評論をものし、さらには唐十郎主宰の劇団「状況劇場」のテント芝居に客演したり、カップ焼きそばのテレビCMに出演し「自分でバンバンしなさい」というフレーズが流行語になったりとサラリーマン時代から多才ぶりを発揮していた。文化人と芸能人の両面を持ち合わせた嵐山は、まさしくタモリと同じ時代背景から出てきた人物といえる。

横澤カラーと「軽チャー路線」

テレビ番組を「増刊号」と雑誌に見立てたことといい、その編集長役に現実に雑誌の編集長の経験を持つ人物を起用したことといい、そこには横澤の活字文化への憧れや信頼も感じられる。嵐山だけでなく、番組開始時からの放送作家のひとり高平哲郎ももともとは雑誌編集者だった。

横澤の手がける番組にはどれも文化的なテイストが盛りこまれており、とくにそれが色濃く出ていたのが『いいとも!』だったと書くのは、八五年春からしばらく同番組でアシスタントディレクター（AD）を務めた吉田正樹（現・吉田正樹事務所代表取締役、ワタナベエンターテインメント会長）だ。『いいとも!』の前には『ひょうきん族』のADとして働いていた吉田だが、制作会社出身のたたき上げのディレクターたちが取り仕切っていた『ひょうきん族』の現場よりも、より文化的テイストの濃い『いいとも!』のほうが精神的にずっと楽だったという。

《番組のコアとなったのは、プロデューサーの横澤さん、司会のタモリさん、そして同番組の作家のひとりだった高平哲郎さん。初期の『いいとも!』は、三人の個性が作った番組と言ってもいいでしょう。彼らの持つ笑いの感覚や人柄の良さ、知的な振る舞いなどが、『ひょうきん族』時代の鬱屈していた僕の心を解放してくれたのかもしれません。横澤さんは、高平さんやタモリさんのような文化人が集まる場に、よく僕を連れて行ってくれました》(吉田正樹『人生で大切なことは全部フジテレビで学んだ』)

そうした横澤カラーともいうべきものはその後、八四年にフジテレビが掲げた「軽《カル》チャーっぽい。」のキャッチフレーズや「軽チャー路線」とも呼ばれた同局の経営方針と合致するものであった。というより、横澤カラーを局側が採り入れたといったほうが正しいのかもしれないが。

なお『笑ってる場合ですよ!』では、スタジオ観覧希望者は当日アルタに並べばよかったが、『いいとも!』ではこれが、応募はがきから抽選で決めるシステムとなった。その年齢も制限され、一八歳未満および高校生による応募は無効とされた。これは、『笑ってる場合ですよ!』での例の事故の経験から導き出されたものだ。『いいとも!』の持つ文化的なテイストを保持するためにもそれは必要な措置であったのだろう。

「らしくないもの」がウケた八〇年代

八〇年代の大きな変化の一つとして、文化全般において「らしくないもの」、いわばミスマッチ感覚がウケるようになったということがあげられる。たとえば、六〇年代からテレビタレントについて論じていた知識人はせいぜい吉本隆明ぐらいだろうが、八〇年代には大学の先生などが芸能人について論じることは珍しいことではなくなった。

あるいは、テレビ朝日で八五年に始まった『ニュースステーション』という新たなニュース番組において、元TBSのアナウンサーながら報道よりもクイズ番組や歌番組の司会者というイメージの強かった久米宏がメインキャスターに立てられたのもこの時代ならではといえる。そしてもちろん、それまで夜のイメージの強かったタモリを昼の番組に据えて成功したのもこれにあてはまる。

そもそもタモリは、デビュー前後にはテレビで受け入れられるはずがないと仲間内でも思われていたのが、あれよあれよというまにいくつものレギュラー番組を獲得していった。こうした経緯を踏まえると、タモリは従来のイメージを裏切ることでスターダムにのしあがったともいえる。

もっとも、タモリ自身は自分は何も変わっていないと、繰り返し発言している。《オレ自身、何も変わっていないのだけれど、すごく変わったようにいわれてね、こっちも戸惑っているんだよ》とは、『いいとも！』放送開始前夜の発言だ（糸井重里『話せばわかるか』）。さらに『いいとも！』が始まって二年後、八四年の筑紫哲也との対談では、世間一般で自分の好感度が上がったことについて「征服したぞという感じですか」と問われ、次のように答えている。

《それはないです。はっきり言うと、オレの時代が来るんだと思ったことは、まずないんですよね。なんかやれば攻撃が来るし、いろんなことを言われるわけでしょう。それがだんだん少なくなって、一応好感度のほうになってきましたよね。それは、やったという気分よりも、むしろちょっと待てよ、社会のほうからオレはやられているんじゃないかという気分のほうが強いです。オレが、社会というかテレビを見ている人たちを克服したんじゃなくて、向こうがオレを克服したんじゃないかという感じがありますね》（筑紫哲也ほか『若者たちの神々Ⅳ』）

タモリは人気に浮かれることなく、むしろ自分が社会に受け入れられたことを冷静に分析していたのである。

なお、この対談の初出は、八四年から翌年にかけて朝日新聞社の週刊誌『朝日ジャーナル』にて当時同誌の編集長だった筑紫がホスト役を務めた「若者たちの神々」という連載である。同連載には、タレントではタモリだけでなくビートたけしも登場し、そのほかニューアカデミズムの旗手ともてはやされていた学者の浅田彰や中沢新一、広告ブームの立役者であるコピーライターの糸井重里やＣＭディレクターの川崎徹、小劇場ブームをリードした劇作家・演出家の野田秀樹や鴻上尚史《こうかみしょうじ》、「昭和軽薄体」と呼ばれた軽妙な文体で人気だった椎名誠、作家ではさらに村上龍、村上春樹、田中康夫、ミュージシャンでは坂本龍一、桑田佳祐、松任谷由実など、このころ若者たちの思考や行動に影響を与え、支持を集めていた人物が続々ととりあげられた。

「若者たちの神々」では坂本龍一のこの発言も印象深い。

《糸井（重里）さんも、ビートたけしも、ぼくにしてもそうなんだけどさ、べつにこんなことやっていなくてもいいっていう感じでいまやっているわけですよね。とりあえず、なんだよね。見ていると、みんなそうね。たけしなんか見てるとさ、世が世ならっていう感じじゃない。べつに芸人になる人じゃないもんね》（『若者たちの神々Ⅰ』）

坂本は東京藝術大学の大学院修了という学歴ながら、在学中よりスタジオミュージシャンとして活動を始め、当時のロック・ポップス界では異色の存在であった。ビートたけしにも時代が彼を笑いの世界に進ませたというところが多分にある。そのことはこれまで見てきたとおりである。

タモリにしてもそうだが、それまでであればマイナーなまま終わったはずの人物や文化が、八〇年代に入って続々とメジャーになっていった。それはたしかに大きな変化ではあったが、はたして真の意味での変革であったのか？「若者たちの神々」の一人だった作家の橋本治（一九四八〜）は二〇世紀末にそんな疑問を投げかけた。

世代交代なき時代の象徴

橋本治は、フジテレビが初めて「軽チャー」のフレーズを掲げたキャンペーンでイメージキャラクターとして起用されている。ちなみに橋本はこのキャンペーンの一環として『いいとも！』のテレフォンショッキングにも出演したが、それは前出の有吉佐和子の紹介を受けてのものだった。

その橋本がのちに二〇世紀の百年分のコラムを手がけたとき、もっとも書きにくい時期として、まさにこの八〇年代中頃をあげた。《膨大な量の風俗的ディテールが登場して、そこに新しいものが一つもない》というのがその理由だ。「重厚長大から軽薄短小へ」という文化の質の変化を代表する「昭和軽薄体」の文章も、テレビの世界に「お笑いの時代」「素人の時代」を招いたマンザイブームや『笑っていいとも！』も、新しいものは七〇年代末から八〇年代初頭までにすべて出尽くしていた。変革はすでに終わり、単なるモデル・チェンジの繰り返ししかない、それが八〇年代の中頃であったと橋本は書く（橋本治『二十世紀』）。

橋本はまた、年功序列を基本とする戦後の日本社会においては世代交代が起こらなかったとも指摘している。右にあげたような文化の変化も、先行世代には「なんだかわからないもの」としか受けとめられず、世代交代には結びつかなかったというのだ。
《起こらない世代交替は、新しい時代の要素を黙々とストックさせるだけになった。それが、一九七〇年代末になって溢れ出すのである。それは「既成の文化」というダムを決壊させず、逸脱のまま下流へと走った。一九七〇年代末の新しい文化は「既成」を素通りして、であればこそそれは、世代の交替も文化的な変革も実現させなかった。その奇妙な逸脱の流れは、〝上位文化〟を形成する人達に理解されず、大量消費を必要とする企業に取り込まれる。日本社会で必要なのは、消費する大衆の消費欲を刺激することだけだったのだ》（前掲書。傍点原文ママ）
橋本の言説は、『笑っていいとも！』が三〇年以上にもわたって放送が続けられたこととも けっして無関係ではないと思う。考えてみれば、八〇年代にテレビの世界のトップに立ったタモリもたけしも明石家さんまも現在にいたるまでずっとメイン番組を持ち続けている。八〇年の時点でテレビ界に君臨していた萩本欽一や大橋巨泉といった人たちが、その一〇年後には第一線から退いていたことを思えば、この三〇年間の変化のなさには驚かざるをえない。
『いいとも！』に関していえば、スタッフや共演者の交代は何度となく行われながら、司会者であるタモリがその座を譲ることはついになかった。抜本的な変革のないまま、モデルチェンジだけがひたすらに繰り返される時代――その象徴こそ『いいとも！』であったということもできるのではないか。

番組名物となったトークコーナー

一九八四年一二月、番組開始から二年が経っていた『笑っていいとも！』でタモリと明石家さんまによるフリートークのコーナー「日本一の最低男」が始まる。このコーナーはもともと、ゲストの遅刻で空いた時間を二人がトークでつないだところ大ウケしたことからレギュラー化されたものだった。

さんまはこのコーナーが始まる八ヵ月前、八四年四月から『いいとも！』のレギュラーになっていた。『いいとも！』放送初期のディレクターだった佐藤義和によれば、さんまから「どうしても出たい」との申し出を受けてのことだったという。

さんまはその前番組『笑ってる場合ですよ！』のレギュラー出演者の一人だった。じつは『いいとも！』では当初、『笑ってる場合ですよ！』の出演者は一切出さないことを原則としていたのだが、佐藤はさんまとタモリの相性は非常によいと期待して起用したという（『バラエティ番組がなくなる日』）。二人の相性のよさは、トークコーナーで見事に証明されたというわけである。

タモリとさんまのトークは、台本も打ち合わせもない、まったくのアドリブだった。いわば雑談をテレビに持ちこんだのだが、タモリが《平気なようでけっこう神経遣う》と打ち明け、さんまも《汗かいたこともありましたよ。お互い話題が見つからなくて》と語っているように(『ザテレビジョン』一九九〇年七月一三日号)、アドリブゆえの苦労もあったようだ。しかし視聴者は、二人のやりとりが自然なので、その苦労にほとんど気づかなかったのではないか。「日本一の最低男」の人気はたちまち高まり、その後、タイトルを変えながらも、さんまが番組レギュラーを九五年に降りるまで続く長寿コーナーとなった。

番組名物となったタモリとさんまのトークは雑誌にも再録されるほどだった。『週刊明星』一九八七年八月二〇日号に再録されたなかには、たとえばこんなやりとりが見られる。

タモリ (さんまの短い髪を見て)頭切った?
さんま 頭は切ってまへんがな。頭蓋骨硬いから、ズボーンと切りにくいでしょうが。
タモリ おもしろい男だな。
さんま ツメを切ったというのも間違いなんですよ。正確には「ツメの先を切るんです」。

「君、ししっ鼻やな」というのもおかしい。獅子の鼻をつけたヤツはおらへんですよ。

タモリ　そんなこと言ったら、日常生活はできていかんじゃないの。

タモリの話の振り方が、後年モノマネされることになるタモリのセリフそのものなのがおかしい。このやりとりからもうかがえるように、『いいとも！』のトークコーナーにおいてタモリは話を振ったあと、自分の近況などをしゃべるさんまに、ときおりツッコミや茶々を入れるというのが基本的なパターンだった。まさにその受け身の芸風をいかんなく発揮したのである。

さんまもまた、同時期の『オレたちひょうきん族』におけるビートたけしとのコントとあわせて、めきめきと頭角を現していく。彼がタモリ・たけしと並び「お笑いビッグ3」と称されるようになったのは八〇年代後半のことだ。

『いいとも！』のトークコーナーからは、「アホちゃいまんねん、パーでんねん」という流行語も生まれた。これは、さんまが、こんな言葉が大阪の一部の小学校で流行っていると、自分なりのアレンジを加えながら演じたことから世間に広まったのである。このあとさんまは『ひょうきん族』でも「パーデンネン」という怪人に扮し、タケちゃんマン役のたけしとコントを繰り広げた。なお、この言葉はもともと、上方落語家の月亭八光《はちみつ》（月亭八方の息子）が小学校時代、近所に住んでいたさんまに五千円で譲ったものだと、八光本人が後年告白している。

笑いの道に進むべくして進んださんま

『いいとも！』のタモリを振り返るうえで、やはりさんまの存在は欠かせない。世代でいえば、一九四五年生まれのタモリに対し、さんまは一九五五年生まれとちょうど一〇歳違う。

タモリは、山下洋輔や赤塚不二夫など同時代のサブカルチャー界隈の人脈を背景に世に出た。このあたりは六〇年代末に大学をドロップアウトしたのち、新宿のジャズ喫茶のボーイなどをしながらカウンターカルチャーに触れたビートたけしとも似ている。たけしがこのあと、すでに盛り場としては衰えつつあった浅草で芸人修業を始めたのには、当時流行っていたアングラ演劇など前衛的な文化に対する反発もあったはずだ。

さんまには、タモリやたけしのようなサブカルチャー的なバックボーンは見当たらない。二人が笑いの道に進んだのは、その時代ならではというか偶然によるところも小さくないが、一方、さんまにはクラスの人気者がそのままま っすぐ笑いの世界に入ったという感がある。小学校のころから遠足や友達の誕生会ともなればモノマネや小噺を延々と披露して笑いをとり、高校時代には地元のホールで落語の独演会を開いて、数百人入る会場を満員にしたという（『週刊文春』二〇〇九年一月一・八日号）。教師からも「吉本（興業）に行け」と本気でプロ入りを勧められるほどだった。高校卒業を前に、吉本所属の落語家・笑福亭松之助に弟子入りしたのは、ごく自然の流れであったといえる。

その笑いの性質も、じつはタモリ・たけしとさんまとでは結構違ったりする。たけしの「赤信号、みんなで渡れば怖くない」、タモリの「ネクラ・ネアカ」といったギャグや造語は、そこに何らかの批評性を読み取ったり、時代状況とのかかわりから論じられがちだ。しかしさんまのギャグがそういうふうにとりあげられることは少ない。それは、さんまのギャグの多くがワンフレーズだけ切り取ってもあまり意味のないものだからではないか。考えてみれば、さんまの流行らせた「アホちゃいまんねん」にしても、「なんですかー」「ダメ、ダメ」「しょうゆうこと！」などにしても、人との話のやりとりのなかで初めてギャグとして成立するものだ。しかもこれらギャグは、よっぽどタイミングをうまく見計らって使わないと、相手をしらけさせかねない。

さんまが笑いをとるうえで一番大事にしているのは、その場の空気である。そのことは本人がたびたび語ってきた。たとえばあるインタビューでは、『いいとも！』で毎週フリートークで笑いがとれるのは、生放送にもともと強いからではないかという趣旨の質問を受け、次のように答えている。
《いやー、生に強いとか、そんなもんじゃない、失敗することもあるし、面白くないときもあるんですよ。（中略）これはこれでいいと思ったって、毎週毎週同じ空気じゃないですからね。それは、ホントに、毎週毎週違う空気が流れてるんです。そこに、どう、合わせていけるかの問題ですからね。だから、これやろ、これやろ、と決めてやったんでは、違っちゃうことがあるんですよ。その前にいる客席の空気をいかにつかめるかが勝負ですから》（『広告批評』一九八六年三月号）
同時期のインタビューではまた、こんなことも語っていた。
《空気で客は認めよるから、その空気さえ大事にすれば、昔やったネタだとか、そんな古いとか関係ないですよ。ただ空気で持っていって、その空気の中から伝えれば、やっぱおもろいネタは絶対笑いますよね。あの爆笑した時に、やっぱり笑いちゅうのはネタとかそんなんよりも、とりあえず空気なんだな、というのは感じますよ、今ね》（『宝島』一九八五年七月号）
先にあげたギャグも、それ自体がすごく面白いというわけではなく、ある空気のなかで言うからこそ笑えるものだろう。ギャグではないが、さんまが世に広めたとされる「バツイチ」や「エッチする」といった言葉も、その場の空気を悪くしないためのソフトな言い換えの語だともいえる。

タモリとたけしのあいだで

八〇年代後半以降、多くの冠番組を抱え司会を務めることも増えたさんまだが、相手が子役であろうと大物俳優であろうと、番組内で空気を読まなかったり、タイミングを外したりすることに対しては容赦がない。笑いのとれなかった相手には、二度と話を振らなくなることもざらだ。若手芸人へのダメ出しも厳しく、地方局の番組のビデオまで取り寄せてチェックしているという。また、帰宅してからも自分の番組の録画を繰り返し見ていることは、よく知られるところだ。

ネタを演《や》っても基本的にオチをつけないし、テレビに出ている自分を見ることが何より嫌いだというタモリと、さんまは笑いに対する志向もキャラクターも異なる。さんまはまた、タモリやたけしがテレビでときおり見せる文化人的なふるまいとも無縁だ。学者たちと一緒に番組をやっても、お笑いタレントという一線を越えることはない。

『いいとも!』や『ひょうきん族』のプロデューサーとして、タモリ・たけし・さんまの三人を見てきた横澤彪は、タモリとたけしのあいだにさんまを置くことで両者の違いを分析している。それによれば、たけしとさんまは芸人として育ってきた軌跡が同じなので、一方がウケるとなるともう一方は対抗意識が出てくるし、逆にわかりあえる部分もあるという。それがタモリとさんまとではルールがまったく違う。横澤いわく、だからタモリは「おれはさんまちゃんにはかなわない。いまあんたが一番」と言えてしまう、そういう意味では、彼はいわゆる芸人ではなく、すぐれたタレントさんというふうに考えたほうがいいというのだ（『若者たちの大神　筑紫哲也対論集』）。

タモリとたけしが八〇年代に日本のテレビの笑いを大きく変えたことは間違いない。だが、二人がテレビの世界での自分のポジションを見出し、その地位を確立できたのは、さんまという存在があってこそではなかったか。

『いいとも！』でタモリは変わったのか？

『笑っていいとも！』に出演する以前と以後では、タモリの芸風や立ち位置が変わったとは、これまでにもさんざん指摘されてきた。よく言われるのは、ギャグからその持ち味であったはずの毒がなくなったというものだ。じつはそのような批判は、『いいとも！』開始前夜、八一年前後にタモリがブレイクしたころからぼつぼつ表れ始めていた。

作家の小林信彦は八二年刊の著書『日本の喜劇人』で、《ＮＨＫの『テレビファソラシド』や大新聞のCMに出た辺りから、タモリは大衆に愛されようとし、急に、あくを失った》と書いた（傍点原文ママ）。

同時期にはまた、コラムニストの亀和田武が雑誌のコラムで、大衆の「知的スレッカラシと情緒面における冷感症的傾向」が加速度的に進行するなかで、毒舌とも知的とも言われたタモリのギャグはボルテージが急落したと喝破している。なお亀和田のコラムは、『ミュージック・マガジン』一九八二年一月号（つまり発売は前年一二月）に発表されたもので、その末尾の《来年の「紅白」の司会者は黒柳徹子とタモリのコンビだ》との予言は、一年のあいだを置いて的中することになる（八三年の『NHK紅白歌合戦』でタモリは総合司会、黒柳は紅組司会を務めた）。

『いいとも！』が始まると、タモリへの失望の声はさらに目立つようになった。イラストレーターの山藤章二が八三年、『小説新潮』の連載でタモリのイラストに添えた次の文章はその典型だろう。

《近頃のタモリは何だ!!　すっかり全国民的芸能人、茶の間のスーパースターになり下がってしまったではないか!!（中略）間違いのもとは「笑っていいとも！」だ。毎日、昼間、ナマ、出ずっぱり…こんなことしてたら影も毒もうすくなって当然だろう。スタジオには、誰を見てもカワユーイ、何をきいてもギャハハハのアホガキが陣取ってる。目の前にこんなのがいればどうしてもそのレベルに合わせてしまう。昔のタモリはもっと知的にヒネクレていた。世間の大多数《マジョリティ》を敵にしていた。そこがよかったのだ!!》（『オール曲者』、傍点原文ママ）

山藤は同時期の『小説現代』での対談シリーズでも、ことあるごとにタモリを俎上に載せている。これに対する対談相手の反応もさまざまで、たとえば放送作家としてタモリを近くで見ていた景山民夫（一九四七〜九八）はこんなふうに分析してみせた。

《「笑っていいとも！」が始まって一年半ぐらいは、タモリ自身もともとのタモリの部分にかなりしがみついていたんですけども、怖いもんで、毎日、週に五日間、あのオバさんとミーハーのバカな女の子の前に出てると、つまり自分が接してる人間に合わせてるんですね。（中略）とくに、あれは公開ですからねェ。そちらのレベルに合わせていく芸にどんどんなってってって……。だから、はっきりいってしまえばつまり流す芸になっちゃったと》（『「笑い」の解体』）

『いいとも！』と『タモリ倶楽部』の関係

くだんの対談が行われた当時、景山は『タモリ倶楽部』の台本を書いていた。『タモリ倶楽部』は『いいとも！』と同じく八二年一〇月、テレビ朝日で放送が始まった。

『タモリ倶楽部』はもともと、タモリの所属する田辺エージェンシー社長の田辺昭知の「いまのテレビはピシーッと隙間のない番組ばかり。だからこの番組は隙間だらけにしてくれ」との注文から生まれたという(『週刊文春』二〇〇九年四月二日号)。

番組制作会社ハウフルス社長の菅原正豊は、このとき田辺からレストラン・キャンティに呼び出され、「タモリで深夜を変えたい。深夜をメジャーにして、制作費もゴールデン並みにしたい」と二時間ぐらい語られたと、のちに証言している(片田直久『タモリ伝』)。もっとも、具体的な内容については「おまえが考えろ」と菅原に一切が任された。結局、制作費はゴールデン並みとまではいかなかったが、深夜帯をメジャーにするという田辺の夢は、『タモリ倶楽部』の奮闘もあってある程度は実現したといえる。

「毎度おなじみ流浪の番組」という毎回の冒頭のあいさつどおり、『タモリ倶楽部』ではタモリがちょっと肩の力を抜いて、自由奔放にやっている印象が強い。だが、番組開始当初の彼は、ミニコーナー「SOUB TRAIN」でファンキー・タモリを名乗りアフロのカツラをかぶってハイテンションでダンスレッスンに興じたり、女優の中村れい子と共演した連続ミニドラマ「愛のさざなみ」で大真面目に芝居してみせたりと、意外と力を入れていたようだ(洋泉社MOOK『タモリ読本』)。

事実、番組開始時より参加していた景山も、最初の二年間ぐらいは、タモリはゲストとのトークの部分も含めほぼ八割以上台本どおりにやってくれていたと、前出の山藤との対談で明かしている。それが八五年頃から五割ぐらいになったという。景山によれば、そこにもまた『いいとも！』でのタモリの芸風の変化が影響していた。

《そういう形のタモリになってくると、これは完璧にこっちが書き込んだものを演じてもらうのはむずかしいだろうという気に、僕は最近なってきちゃってるんです。ですから、台詞《せりふ》ではなくて個条書きっていうケースに、ここ一年ぐらいはしてます。で、個条書きで十書いたうちの三つぐらい、彼が自分の言葉でいってくれればいい。あとは自分で増やしてくれればいいと》（『「笑い」の解体』）

景山はまた、『いいとも！』では共演者をツッコんだり追い詰めたりする立場にあるタモリを、『タモリ倶楽部』では逆に司会者でありながらツッコまれる立場にしたいと、山藤との対談で語っていた。彼としては番組タイトルの変更まで考えていたようだが、結局は若干の内容変更だけで終わってしまったらしい。

それでも『タモリ倶楽部』は、先に書いたように、深夜という時間帯の価値を浮上させるのに貢献を果たした。初期から企画がたびたびほかの番組に真似されたことはその何よりの証しだろう。たとえば「廃盤アワー」という廃盤になった昔の歌謡曲のレコードを面白おかしく紹介したミニコーナーが評判を集めると、やがてそこでとりあげられた歌手本人をゲストに呼ぶ歌番組が出てきた。

「隙間だらけの番組をつくりたい」と考えた田辺社長は、それを実現するべく自らスポンサーを探してくるなど、すべてお膳立てしたという。タモリが昼の帯番組を始めるタイミングで田辺が深夜番組を企画したのには、タモリのマイナーなスタンスを維持したいという思いもあったはずだ。はたして『いいとも！』でタモリは日本のお昼の顔となる一方で、『タモリ倶楽部』は彼が自由にふるまえる場所となっていった。

いまや『タモリ倶楽部』は、マイナーなものをとりあげ、その面白さがどれだけ世間に通じるかを確かめる一種の実験場的な役割も担っている。ただし、長らくタモリの現場マネージャーを務めた前田猛は「タモリがマニアックになりすぎないように」と注意を怠らなかったという（『タモリ伝』）。タモリの趣味に寄せた企画が増えていったのは、前田が二〇〇二年に亡くなってからのことだ。

じつはそれ以前、タモリは『タモリ倶楽部』で二〜三回企画を出したものの、いずれも視聴率的には失敗したという。その企画の一つは「東京の山登り」というもので、テレビ朝日の社長が喜んだだけだったとか（『週刊女性』一九九八年一二月一五日号）。しかし考えてみれば、いまの『タモリ倶楽部』ではむしろ「東京の山登り」的な企画こそ主流だ。二〇〇四年にはタモリの趣味に関する企画が一二回にのぼった。それというのも、結果的に視聴率がとれたからというのが実情らしい（『タモリ読本』）。同番組の変化には、視聴者がやっとタモリのマニアぶりについていけるようになったという面も多分にあるのではないか。

新プロデューサーをバーに呼び出した真意

『笑っていいとも！』の初代プロデューサーだった横澤彪は、一九八七年九月に、『いいとも！』ほか『オレたちひょうきん族』などすべての番組から降りることになった。このときフジテレビ側は、横澤があまりに多くの番組でプロデューサーを務めていることで、彼の身に何かあった場合を考慮して社命を下したとされる。

『いいとも！』で横澤の後任に就いたのは、番組開始当初のディレクターだった佐藤義和である。佐藤は八四年にいったん『いいとも！』を離れ、同じくスタジオアルタからの生番組『ライオンのいただきます』（現在の『ライオンのごきげんよう』の前身番組）を立ち上げ、軌道に乗せていた。

佐藤はプロデューサー就任にあたり、『いいとも！』をあと五年続けるにはどうしたらいいかを考え、ディレクターを全員、出演者も大幅に入れ替えた。この改革を断行した直後、佐藤はタモリから青山のバーに呼び出される。何事かと思いきや、タモリは何も話そうとしない。けっきょく真夜中まで一緒にいたものの、まともに話さないままその日は別れた。タモリからの呼び出しは翌日もあったものの、前夜と同じく彼は何も言わない。

そんな夜が一ヵ月続いたある晩、バーを出るときに、タモリは送っていくよと佐藤をタクシーに同乗させた。そして車が家の前に着き、佐藤が降りようとすると、タモリはこんな一言を発したという。「佐藤ちゃん、今度の改革、成功だったね」と。

《彼は、私がプロデューサーとして信用できるかを1か月間、観察していたのだろう。私を観察しながら、番組の成り行きを観察し、やっと「君を信用するよ」というOKのサインを出してくれたのである。独特の念の入りようであるが、私は、とてもうれしかった》（『バラエティ番組がなくなる日』）

このときの改革に際しては、「テレフォンショッキング」のコーナーのアシスタントとして、フジテレビの若手アナウンサーが起用された。この慣習は番組が終わるまで続いた。さらに八九年四月にはダウンタウンとウッチャンナンチャンがレギュラーとなり、お笑いの新たな世代の台頭を印象づけることになる。

こうして新たなタレントや企画を随時取りこんでいくことで、『いいとも！』は佐藤が目標に掲げた「あと五年」すら超えて継続されていったのである。この間、八九年一月に元号は昭和から平成に変わり、のちにバブルと呼ばれた大型景気は絶頂に達した。『いいとも！』が九〇年の正月に二日連続でハワイから生中継を行ったのも、まさにこの時代ならではだろう。

ビッグ3の〝危機〟

以上のような経緯を見ると、『いいとも！』の人気は常に安定していたように思える。しかし不安材料もそのときどきで生じていた。『いいとも！』の改革が行われた八七年一〇月には、日本テレビで同じ正午の生番組としてみのもんた司会の『午後は〇〇おもいッきりテレビ』の放送が始まり、やがて視聴率トップの座を争うようになる。

また、佐藤が目標に掲げた五年、番組開始から数えれば一〇年をすぎたあたりから、『いいとも！』やタモリに対しマンネリなどと批判する声が目立つようになる。作家で演芸にも造詣の深い吉川潮《うしお》の次の一文は、当時のタモリ批判の典型といえる。

《淡々と番組を進行させる姿はまるで小役人のようだ。（中略）彼にはもともと出世をあきらめたアナーキーなサラリーマンみたいなところがあった。それが、ひょんなことから出世してしまった。偉くなるにつれてアナーキーさが消え、サラリーマン根性だけが残ったとしか思えない》（『現代』一九九六年七月号）

同様の批判は、放送作家でタレントの高田文夫からも飛び出した。

《もうサラリーマンだもん。お笑いの区役所みたいなもんだよ。お役所仕事みたいなもんだろ、タモさんて。（中略）要するに、とりあえず腰掛けで入った世界が、たまたまお笑いであって、自分もそのスタイルを崩さないじゃない。それはある程度素晴らしいことなんだけれど。俺は芸人じゃないといって、淡々とやっているから。（中略）でも俺ら、お笑いが好きな者にとってはたまらないですよ。イヤですよ、そういうのは、ホントに》（『デニム』一九九三年八月号）

高田文夫の記事は、私も高校時代にリアルタイムで読んで非常に共感した記憶がある。当時の一〇代から見ると、サラリーマンのように毎日同じ時間にテレビに出て、観客と「～ですか？」「そうですね」などとお約束のやりとりをしているタモリがかっこ悪く思えたのだ。このころ放送されていたラジオの深夜番組『電気グルーヴのオールナイトニッポン』でも、タモリは嘲笑の対象だった。

思えば、九〇年代前半のこの時期には、八〇年のマンザイブーム以来、久しぶりにテレビ界の笑いの勢力図が更新される予感があった。

とんねるずはすでに八〇年代後半には多くの冠番組を持ち、人気を不動のものとしていた。タモリがホストを務めた『今夜は最高！』は、その裏番組でとんねるず司会の『ねるとん紅鯨団』（関西テレビ・フジテレビ系、一九八七～九四年）が高視聴率を記録したことから、スポンサー側が「タモリひとりだけでは心もとない」と発言、それがきっかけで八九年に終了したともいわれている。

さらに、ダウンタウンやウッチャンナンチャン、またヒロミを中心とするB21スペシャルが「お笑い第三世代」ともてはやされ始めたのもこのころだ。前出のフジテレビのプロデューサーの佐藤義和は、『いいとも!』に続いて深夜番組『夢で逢えたら』(一九八八〜九一年)を手がけ、ダウンタウンとウッチャンナンチャンに加えて清水ミチコと野沢直子を起用している。女性タレントではまた山田邦子がこの時期、『邦ちゃんのやまだかつてないテレビ』(フジテレビ、一九八九〜九二年)など多くのレギュラー番組を持ち、好感度調査では連年トップを独占していた。

他方、マンザイブームで台頭した島田紳助、あるいは同時期に頭角を現した所ジョージやラサール石井といったタレントたちも報道番組やクイズ番組などへの出演を通じて知性派タレントへとイメージを変えていく。二度目の東京進出で成功した笑福亭鶴瓶や、また関西ローカルの深夜番組『鶴瓶・上岡 パペポTV』(読売テレビ・日本テレビ系、一九八七〜九八年)での鶴瓶とのトークが話題を呼び、やがて全国的にも人気を集めるようになった上岡龍太郎の存在もこの時期のお笑いの動向を語るうえで欠かせない。

そんな新たな動向があるなかで、タモリ・たけし・さんまのビッグ3はそれぞれ凋落の危機に直面していたようにも見えた。明石家さんまは離婚とバブル崩壊により莫大な借金を抱えている。このとき「自殺するか仕事するか」の二者択一を迫られ、後者を選んだとは後年の本人の弁だ。さんまはテレビに出ずっぱりでしゃべり続けた結果、借金は完済したものの、その代償として実年齢をはるかに上回るほど声帯が老化してしまったという。

しかし自らの危機すら笑いに変えてしまうのが、さんまのさんまたるゆえんだろう。九二年に女優の大竹しのぶと離婚した際には、額に油性ペンで×印を描いて記者会見にのぞんだ。さらに会見の翌々日（九月二日）には『いいとも！』のタモリとのトークコーナーでも離婚をネタに笑いを誘った。ただし、批評家の米沢慧《けい》は、このときのさんまのトークについて「タモリのツッコミがなければ、単なる芸人の離婚ネタにとどまったか、お笑いネタにはできなかったに違いない」と書いている（『「ビートたけし」芸・事件・大衆』）。

たしかにこのときの二人の会話の書き起こしを読むと、タモリのツッコミや茶々の入れ方は絶妙だ。たとえば話の途中、さんまのシャツに×印のデザインが入っているのに気づいたタモリは「あれっ、これはバツイチ？」と唐突に訊く。するとさんまは「これはバツイチではない。あんた腫れ物に触るのが好きだな」と返す。だがタモリは懲りずに、今度はシャツにプリントされた文字を指し「これ、Cっていうのは離婚のコン？」と畳みかける。いかにも無理矢理なツッコミだが、これに「違う。シーちゃんのC」と、さらりと別れた妻のニックネームを出してボケてみせたあたり、さすがさんまである。

ビートたけしもほぼ同時期、九四年にバイク事故で瀕死の重傷を負うという危機に陥った。だが手術のあと、まだ顔面に麻痺の残るなか記者会見を行い、「顔面麻痺が治らなかったら、顔面マヒナスターズを結成しようと思います」とギャグを放つ余裕を見せる。復帰後は、テレビ出演の一方で映画製作にふたたび力を注ぎ、九七年には『HANA-BI』がベネチア国際映画祭で金獅子賞を受賞する。また絵画の個展を開いたり、テレビのレギュラーで芸術番組や科学番組を企画・出演したりと、アーティストや文化人としての側面をますます強めていった。

バブル崩壊後は「戦後最良の時代」?

こうして見ると、ビッグ3のなかでもこの時期のタモリにはほとんど変化がなく、テレビでのポジションに揺るぎはなかったともいえる。『いいとも!』の改革が行われた八七年にはテレビ朝日『ミュージックステーション』の司会を始めていた。また、『タモリの音楽は世界だ』(テレビ東京、一九九〇〜九六年)では音楽好きの一面をあらためて押し出し、さらに『ジャングルTV〜タモリの法則〜』(TBS、一九九四〜二〇〇二年)では当時売り出し中だったお笑いコンビ・ナインティナインと組み、若手の後見人といったイメージが形成されてゆく。料理が得意という一面も、この番組の「ジャングルクッキング」というコーナーをきっかけに世間に知られるようになった。

最近本人が語ったところによれば、バブル崩壊後のこの時期は意外にもタモリにとって戦後七〇年のなかでも一番よかった時代だという。

《非常に飲み屋、バーが楽しい時代だったんです。本当に面白い話題が、その人のそれぞれの持ち場、持ち味で、個性が生かされてグルグルグルグル回ってるのが至福の時なんですけど、それを初めて味わったのがやっぱりバブル崩壊以後なんですよ。それまでのちょっと硬くて重いものが高級だというような志向が、バブル（崩壊）によって吹き飛ばされた感じがあって軽くなるんですよね、そのあとね》（『NHKスペシャル「戦後70年 ニッポンの肖像」プロローグ 私たちはどう生きてきたか』二〇一五年一月一日放送）

日本の文化全般を支配していた「硬くて重いものが高級だという志向」をタモリはずっと批判し続けてきた。その虚飾がバブルの崩壊という一般的には歓迎しがたい事態によって吹き飛ばされたと語っているのが興味深い。

タレントとしてのタモリは、批判を受けながらもこの時期を何事もなくやりすごしたといえる。ただ、『いいとも！』は長寿番組となるにしたがい、どうしてもマンネリという印象がつきまとうようになったのは事実だ。

ちょうどこのころ、東西冷戦の終結など国際情勢の大きな変動から日本に対し市場開放や国際貢献を求める〝外圧〟も強まり、あらゆる方面で抜本的な改革をめざす動きが活発になっていた。九三年には総選挙で躍進した非自民勢力が結集して細川護熙《もりひろ》（日本新党）を首相とする連立政権が発足、自民党は五五年の結党以来初めて野に下った。細川連立政権は将来的な二大政党制の確立を視野に入れ、翌年には小選挙区・比例代表並立制を柱とする政治改革関連法を成立させる。しかし自民党は、連立内の不和から政権を抜けた社会党と新党さきがけと手を結ぶことで一年も経ずして政権に復帰した。

非自民連立政権の中心となったのも結局、小沢一郎をはじめ元はといえば自民党所属の政治家たちだった。改革を叫びながらも古いイメージがどうにもぬぐえない人物らが政治を主導するなか、『いいとも！』でもまた、司会者を替えないまでもマンネリをいかに払拭するかが必須の課題となっていたものと思われる。明石家さんまがレギュラーから降板した九五年は、番組にとって一つの転機であった。

第７章　「リスペクト・フォー・タモリ」ブーム
——テレビは終わらない

『いいとも！』最終回の日のアルタ前（共同通信社）

日本のお昼の〝風景〟に変化が表れる

三一年半続いた『笑っていいとも！』だが、事件などにより放送が急遽休止されたことは意外に少ない。一九八九年一月の昭和天皇崩御の翌週に通常放送に替わって総集編が流されたのがおそらく初めてのケースで、以後も九一年一月の湾岸戦争の開戦時、二〇〇一年九月のアメリカ同時多発テロ事件、一一年三月の東日本大震災のときなど数えるほどしかない（もっとも、休止せずとも途中でニュース速報が入って番組が一時中断することはたびたびあった）。

その数少ない臨時の放送休止が、一九九五年には三回あった。まず一月一七日の阪神・淡路大震災の際には発生当日（火曜日だった）から二〇日まで四日間放送がとりやめられている。さらに地下鉄サリン事件の起きた三月二〇日と、同事件の首謀者としてオウム真理教の教祖・麻原彰晃が逮捕された五月一六日も休止となった。

ちょうど戦後五〇年の節目に起こった震災やオウム事件は、半世紀をかけて築かれてきた日本のあらゆるシステムの脆さを露呈させた。同時に、サリン事件後に駅などの公共空間からゴミ箱が撤去されるなど、日常的な風景に変化が見られるようになる。

じつは、すでに日本の昼の〝日常風景〟となっていた『いいとも！』にも、司会のタモリが五〇歳を迎えたまさにこの年、あとから見れば決定的ともいえる変化が表れ始めていた。八〇年代から『いいとも！』を〝定点観測〟してきたコラムニストの堀井憲一郎は、番組前期から続いてきたオープニングの型がこの年になって崩れたと指摘する（別冊サイゾー『いいとも！論』）。

九五年以前は番組のオープニングから「テレフォンショッキング」のコーナーまでは基本的にタモリがひとりでこなし、レギュラー出演者は（いいとも青年隊やテレフォンアナウンサーなどをのぞけば）誰も顔を出さなかった。「テレフォンショッキング」の始まる時間も早かった。それが九五年一〇月から、オープニングに五分ほどのミニコーナーが始まる。当初こそ番組冒頭における「テレフォンショッキング」の地位はまだ保たれていたものの、二年半後の九八年春からはオープニングコーナーに本格的に時間が割かれるようになり、その構成は番組末期まで続いた。オープニングをタモリが独占しなくなったことは、「森田一義アワー」を冠した『いいとも！』のアイデンティティを揺るがす事態ともとれる。

オープニングに変化が表れるのと前後して、九五年九月には八四年から一〇年以上レギュラー出演していた明石家さんまが番組を降板している。その原因は、出演者がゲームで競うコーナーで、あくまで笑いを取りにいこうとするさんまに対し、あるディレクターが「もう少し真面目にやってほしい」とダメ出しをしたことだとされる。もっとも、その二年前、九三年に吉本興業の後輩であるダウンタウンがひと足先に番組をやめたとき、さんまは松本人志に電話して、「おい、どうやったらやめれんねん?」と訊いたというから、ある時期からやめたいとは思い始めていたのだろう。

「笑わせる」笑いから「笑われる」笑いへの変化

『いいとも!』におけるゲームコーナーは、九〇年に「爆笑!オールスター・タモリンピック」というタイトルで始まった。いったんは中断されたものの、九五年になって「曜日対抗いいとも!選手権」として復活する。こうしたゲームコーナーの登場を、『いいとも!』の分岐点であったととらえる向きもある。

『いいとも!』に一時期参加していた放送作家の高橋秀樹は、本来ああいうゲームには、さんまやタモリを参加させてはいけないと批判している。タモリの場合、「絶対に一生懸命やらないし、一生懸命やることを恥ずかしいと思うのがタモさんだから」というのがその理由だ(『いいとも!論』)。

高橋によれば、スタッフの交代も大きかったらしい。佐藤義和、あるいは高橋を番組に誘った荻野繁など八〇年代から『いいとも!』を知るプロデューサーたちは、タレントと話し合い彼らの好きにさせることでその面白さを最大限に引き出そうとしていた。しかし佐藤や荻野たちが番組を去ったあと、タレントに何かをやらせようという発想をする人たちが番組制作の現場に増え始めた。ゲームコーナーはそれを象徴するもので、ここから、『いいとも！』は笑わせるのではなく、タレントが一生懸命やって失敗するのを「笑われる」ような笑いへとシフトしていったと、高橋は説明する（前掲）。

九五年以降の『いいとも！』ではまた、レギュラー出演者に、田原俊彦・野村沙知代・橋田壽賀子・和泉節子・鈴木その子など、ニュースバリューやキャラクターの特異性を重視してキャスティングされたと思しき人が目立つようになった。ここにも番組が「笑わせる」から「笑われる」笑いへとシフトしていったことがうかがえよう。

SMAPの登場

明石家さんまと前後して、『いいとも！』からは片岡鶴太郎や所ジョージといった初期からのレギュラー、あるいは八〇年代後半からの改革期を支えた前出のダウンタウンやウッチャンナンチャンも卒業している。それと入れ替わるように、九四年四月に中居正広と香取慎吾が、さらに九五年一〇月には草彅《くさなぎ》剛が新たにレギュラーに加わった。三人とも男性アイドルグループSMAPのメンバーだ。

右の三人のほか木村拓哉・稲垣吾郎・森且行により八八年に結成されたSMAP（森は

九六年に脱退）は、九一年にCDデビューしたもののなかなか人気が出なかった。彼らの本芸である歌や踊りを披露できるテレビの歌番組が軒並み終了していたことが災いしたのだ。テレビのゴールデンタイムでは歌番組に代わってとんねるず、ウッチャンナンチャン、ダウンタウンといった若手お笑いタレントの冠番組が成功していたころだった。そこでSMAPの所属するジャニーズ事務所の社長・ジャニー喜多川は彼らをバラエティ路線で売り出すことを決意する。

こうして『愛ラブSMAP！』（テレビ東京、九一〜九六年）、『夢がMORIMORI』（フジテレビ、九二〜九五年）、『キスした？SMAP』（朝日放送・テレビ朝日系、九三〜九六年）とSMAPのレギュラー出演するバラエティ番組があいついで始まった。このうち『夢がMORIMORI』は『いいとも！』のプロデューサーとディレクターだった佐藤義和と荒井昭博が手がけたもので、喜多川は二人に「SMAPを平成のクレージーキャッツ、平成のドリフターズにしてください」と言って預けたと伝えられる。

SMAPはこのほか、荒井がプロデューサーとなった平日深夜の帯番組『SMAPのがんばりましょう』（九五年）で笑いの素養を身につけていった。そして九六年、荒井は現在まで続く『SMAP×SMAP』を世に送り出す。SMAPをメインに歌ありコントありトークありのこの本格的なバラエティ番組で、彼らは人気を確実のものとした。

『いいとも！』へのメンバーの登場はちょうどこの間のことだった。『いいとも！』のスタッフによって笑いの世界に進んだ彼らが、本丸である『いいとも！』に起用されたのはごく自然な流れだろう。『いいとも！』において中居・草彅・香取は各コーナーで進行役を務めるなど、その存在はしだいに欠かせないものとなっていく。同時に三人とタモリとのあいだには人間的に深い信頼関係が築かれた。そのことは一四年三月の『いいとも！』のグランドフィナーレで彼らが涙ながらにあいさつを述べたことからも十分うかがえよう。

鶴瓶とタモリ

ＳＭＡＰとともに後期『いいとも！』で強い存在感を示したのが笑福亭鶴瓶である。『いいとも！』の終了が発表された二〇一三年一〇月二二日（火曜日）の放送にも、木曜レギュラーだった鶴瓶が急遽登場、そこで「『いいとも！』終わるってホンマ？」と質問して、タモリから「来年の三月で終わる」との言葉を引き出した。鶴瓶がのちに語ったところによれば、じつはこれは事前にタモリから電話で頼まれていたことだという。しかも放送当日にはレギュラーとして中居正広が出ていた。タモリはレギュラーのなかでもとくに信頼する二人を立ち会わせる形で番組終了を発表したのだった（『ＳＷＩＴＣＨ』二〇一五年五月号）。

鶴瓶が『いいとも！』のレギュラーとなったのは一九八七年。以来、番組終了まで出続けることになるのだが、この間、一度だけやめようとしたことがあったという。それは明石家さんまらレギュラーの降板があいついだころというから、九〇年代半ばのこと。これを機に自分もまたべつのところでバージョンアップするつもりで、鶴瓶は局側に根回ししていた。しかしタモリに話をしたところ「それは絶対だめだよ」と止められた。その理由は「この番組は絶対にあなたのためになる。絶対ジャブが効いてくるよ」とあくまで鶴瓶のことを考えてのことだった。

鶴瓶にとって『いいとも！』に出始めたのは、大阪から何度目かの東京進出をはたしたころだ。タモリのなかでは鶴瓶の場合、『いいとも！』をやめるよりも出続けたほうが得るところは多い、との思いがあったのだろう。

鶴瓶がタモリに降板を止められたのは、NHK総合の町歩き番組『鶴瓶の家族に乾杯』（一九九五年〜）が特番として始まったころだ（毎週レギュラー化は二〇〇五年から）。東京進出前から番組で素人を相手にすることの多かった鶴瓶だが、公開生番組である『いいとも！』に毎週出演することでさらに鍛えられたところはあったに違いない。全国に顔をより知られるようになったことは、『家族に乾杯』のような番組ではメリットとなったはずだ。

『家族に乾杯』において鶴瓶は行く先々でカメラを引き連れて一般家庭に入りこんでいく。やり方しだいでは〝強引〟となりかねないところを、鶴瓶はじつに自然に相手に溶けこんで心を開かせてしまう。その姿はまさに彼が映画『ディア・ドクター』（西川美和監督、二〇〇九年）で演じた田舎の偽医者そのものだ。

七〇年代に萩本欽一は「テレビ＝ドキュメンタリー」の持論にもとづき、自身の番組で素人と積極的に絡んで予想外の展開に持っていこうとした。ときには地方に赴き、行く先々で人々の反応を隠しカメラで収めるということもあった。鶴瓶は萩本の開発したものともテレビ的な手法を発展させ、かつ幅広い層の支持を得たのである。

その一方で彼は落語家という顔も持つ。テレビがドキュメンタリー＝ノンフィクションとするなら、落語は言うまでもなくフィクションに属する分野だ。鶴瓶はそのあいだを融通無碍《むげ》に行き来してみせる。

《鶴瓶はまず落語を大切にしている。「鶴瓶噺」はノンジャンルの笑いと落語の中間に位置したものですよね。この三つの要素を持った噺家は珍しい。（中略）大抵の場合、自分の笑いとはひとつでしかないわけですから。

だから彼は落語を軸に持ちながらも、トークやバラエティに出る時に、落語のイディオムをまず持ち込まない。そこが僕にとってはとてもやり易いんです》（『ＳＷＩＴＣＨ』二〇

○九年七月号)。
これはタモリによる鶴瓶評である。演芸の世界から出てきながら、自分と同じくノンジャンルの笑いにも対応することができる。タモリは自分にはないものを持っていると感じていたからこそ、『いいとも!』にも欠かせない存在として鶴瓶を引き留めたのだろう。

『いいとも!』司会者の一日

一九九七年六月の約一週間、タモリは写真週刊誌『FOCUS』の密着取材を受けた。このときの記事(同月二五日号に掲載)には、彼が番組収録中のスタジオからテレホンカードで友人に電話をかける様子が書かれている。

この年、日本における携帯電話の世帯保有率は四六・〇%と、前年の二四・九%から大幅に拡大していた。その二年前にサービスの始まったPHS(簡易型携帯電話)の世帯保有率も一五・三%と前年の七・八%から倍近く伸びており、急速な普及ぶりがうかがえる(総務省「通信利用動向調査」)。そのなかにあってタモリはまだ携帯電話を持っていなかったのだ。先の記事によれば《携帯電話を持たないですむというのは、幸せな境遇にある》というのがその理由だった。記事では、タモリが「携帯電話を持たない会」なる会をミュージシャンの井上陽水や作家の海老沢泰久とともに結成していることも明かされている。

最近でこそタモリがインタビューや対談に応じることはごくまれだが、九〇年代後半ぐらいまではたびたび雑誌に登場しては『いいとも！』について語ったりしていた。先の『ＦＯＣＵＳ』の密着記事も、『いいとも！』放送当時のタモリのスケジュールがうかがえて興味深い。それによれば、タモリは毎朝九時前には起床し、一〇時に都内の自宅を車で出発、新宿のスタジオアルタへと向かっていた。

アルタでは『いいとも！』の生放送が終わると三〇分ほど、日曜放送の『いいとも！増刊号』のための収録を行う。ほかの仕事はそのあと午後か夜、あるいは週末に入っていた。金曜夜には『ミュージックステーション』の生放送があり、土曜は『ジャングルＴＶ〜タモリの法則〜』と『タモリ倶楽部』をそれぞれ一週おきに二回分収録する。『いいとも！』ではそれ以前は夏休みを取っていた時期もあったが、休む前にほかの番組の収録が集中してしんどいからと、このころには休みは一切取らなくなっていた。しかし多忙な日々ながらブレイク当時の寝る間もないような忙しさではなく、仕事のあいまにゴルフ練習場や歯医者に行く余裕もあったようだ。

『週刊女性』一九九八年一二月一五日号の『いいとも！』の特集記事では、スタジオアルタに入ってからの段取りについてタモリ自身から語られている。アルタには毎日一〇時半くらいに入るのだが、それから本番まで何をしているのかと訊かれたタモリは《何もしてません》ときっぱり。リハーサルもADがやっているのを見ているだけで自分は何もしない。リハが終わるとディレクターが「ここがこういうふうに変わりました」などと言うのを聞いているが、じつは《聞いてるふうで、聞いてないんです、いつも》。『いいとも！』では毎日きちんと台本がつくられていた。しかしそれもタモリは読まない。彼に言わせると本番では「毎回毎回、成り行きまかせで」やっていたという。一方、同じく生放送の『ミュージックステーション』ではいちおう台本を開くが、それはリハーサルに入ってから。《読んでもしょうがないし、台本通りにいかないから》直前まで読まないのだと本人は説明している（『FOCUS』前掲号）。

秘訣は「反省しない」「やる気も出さない」

この時期のインタビューではまた、必ずといっていいほど『いいとも！』の長寿の秘訣について訊かれている。それに対するタモリの回答はいつもほぼ同じだった。《反省をしない。計画を立てない。終わったものは仕方ないで気にしない。力まない。強いて長寿の秘訣をいえばこれだね》（『週刊読売』一九九五年一月二二日号）《やる気がないことでしょう（笑）。いちいちやる気を出して、反省していたら二年でバテちゃいますよ。あなた任せでやる気なく、人が用意したものをやって、自ら何も発言しない。なぜなら責任をとらなくて済むから。後に引きずらない。やったことはすぐ忘れる。以上が長寿の秘訣。まあ、これが俺の性格でもある（笑）》（『ＳＯＰＨＩＡ』一九九三年四月号）

《僕はいつもこう答えてるんですよ。秘訣はやる気を出さないことですって。（中略）いや、スタッフにはやる気が必要ですよ。でも、タレントはなくて大丈夫。いや、やる気はない方がいい。（中略）流されなきゃできないですよ。毎日今日の反省とかして、あそこが悪かったたから明日はこうしよう、なんてやってたらこんなに何年も続かないでしょう》（『ターザン』一九九八年一〇月二八日号）

右に引用した『ターザン』のインタビューではさらに、やる気を出さないのは番組を長続きさせるためのポリシーかと問われるもこれを否定、自分は「おまえがやったからこうなったんじゃないか」と言われて責任を取るのがいやだから、ずっと他人に流されるままにやってきたにすぎないと強調している。

それからしばらくして二〇〇〇年前後になると、『いいとも！』でタモリが仕切ることが減っていく。そのことをある週刊誌のインタビューで指摘されたところ、タモリは「我が意を得たりとばかりにニヤリ」として次のように答えた。

《共演者は皆、できる人ばかりですからね。仕切りでも何でもやってもらわないと。俺の

1コーナーのボケは2回まで。どんな組織でも、社長が営業から広報までやるようじゃダメでしょ。全部自分でやらないで、下にやらせて楽をする。これが組織をデカくする近道。誰か俺をモデルに会社経営法でも書かないかなと思うくらいです。（中略）理想の経営者に俺の名前を挙げない社会だから、日本経済はダメになるんですよ（笑い）》

そう語りながら、そのあとで彼は《でも俺みたいにやってたら、サラリーマンじゃあ、すぐにクビだろうなァ》と自嘲めかして口にした（『週刊ポスト』二〇〇一年八月三一日号）。

もっとも、タモリの名は理想の経営者にはあがらなかったとはいえ、理想の上司のランキングにはたびたび登場している。産業能率大学が毎年発表している「新入社員に聞いた理想の上司」においてタモリは、所ジョージ・明石家さんま・ビートたけしのように常連とまではいかないまでも、一九九八年と二〇〇九年にそれぞれ一〇位、二〇一二年にはたけしを押さえて九位に、そして『いいとも！』終了の翌年、二〇一五年には八位に入った（いずれも男性上司ランキング）。

理想の上司としてその名があがるようになったのは、九〇年代以降、テレビ番組においてほかの出演者を立てるタモリ像が定着したことが大きいのだろう。作家の山本文緒のコラムでの次の一文からは、このころのタモリの番組内での役どころがよく伝わってくる。

《タモリさんは、若手のお笑いタレントを使うのも上手ですよね。『ジャングルTVタモリの法則』では、番組の中で料理を作ったりダンスをしたり、出演者全員が遊んでいるような雰囲気の中で、ナインティナインをはじめとする出演者の面白さを巧みに引き出している。タモリさんがテレビの世界で安定しているのは、そんなふうに自分が手綱を握りながらも一歩引いたスタンスを保ち続けているからではないでしょうか》（『an・an』一九九六年一〇月一八日号）

そんなふうに安定したポジションをキープする一方で、「タモリってどこか変」ということがかつてのタモリを知らない若い世代を中心にして徐々に認知されていったのもこの時期だった。九七年には電車の運転シミュレーションゲーム『電車でGO！』がブームとなり、タモリもそれにハマったことを公言、ここから鉄道好きという一面がクローズアップされることになる。

テレビの自分こそ「本当の自分」

九八年の雑誌のインタビューでタモリは、テレビに出ている自分こそむしろ本当の自分で、普段の生活でのほうが演技をしているかもしれないと語っている。タモリに言わせれば、日常生活では人に挨拶したり義理を果たさなくてはいけなかったり、あるいはこの人の顔を潰しちゃいけないとか、こんなことは言ってはいけないとか、とかく不自由だ。それとくらべたらテレビのほうが自由だというのである。

《テレビなんていうものは、言っちゃいけないのは放送禁止用語くらいのもので。それさえ守っていりゃあ、何でも言えるわけですよ。むかついたら、〃お前、むかつくな〃って言っても、それは笑いになるわけだしね。まあ許される役割でもあるから。だから本番中に平気で注意するんですよ。〃お前駄目だ、今の。なんだそれは〃って。そんなことは普通は誰もやらない。終わってから楽屋で注意するものなんだけど》(『ターザン』一九九八年一〇月二八日号)

言いたいことはテレビで全部言い、ダメ出しすら番組のなかで済ませてしまう。それまでの芸人たちのように師弟関係を持たず、いきなりテレビに出演して芸能界デビューを果たしたタモリならではのスタイルともいえる。

二〇〇三年に現代アートのコンペ「キリンアートアワード２００３」で審査員特別優秀賞を受賞したＫ．Ｋ．というアーティストによる映像作品『ワラッテイイトモ、』は、そんな「テレビのなかの人」としてのタモリの奇妙さ、不気味さを題材にした異色作だった。

この作品は『笑っていいとも！』を中心に既成の映像を大量に引用していたがために、いったんは最優秀賞に決まりかけたものの、コンペを主催するキリンビールの意向もあってべつの賞扱いとなったといういわくつきの作品である。受賞作品展でも大幅な修正を加えて展示されたが、その後、ひそかに上映会が開かれたりダビングされたビデオが流通したりという形で人々の目に触れることになった。現在ではＹｏｕＴｕｂｅでも視聴可能だ。

『ワラッテイイトモ、』は、テレビだけが自分と現実とをつなぐ唯一の媒介物だった青年（作者と思われる）が、そんな状況から脱出するさまを記録したドキュメンタリーという一面を持つ。そこでは青年がテレビのなかのタモリと会話するといった場面もある。これは『いいとも！』の映像と音声をつなぎあわせて編集したものだ。

作品の終盤、青年は引きこもっていた部屋からようやく外に出て、電車で新宿のスタジオアルタへと向かう。その途中、車窓の風景に『いいとも！』が始まるまでのテレビの音声が重ね合わされ、現実とテレビの世界が交錯する。そしてついにアルタ前にたどり着いた青年は、屋外カメラを通して『いいとも！』のオープニング画面に映りこむことに成功。彼がタモリと同じ「テレビのなかの人」となった瞬間だった。

考えようによっては、テレビ漬けの生活から抜け出そうとしながらも結局はテレビの世界に取りこまれざるをえない無間地獄的な現代人の悲哀を描いたともとれる。ラストで青年がテレビそのものを破壊しなければならなかったのはそのためとも解釈できる。

映像作家の感じた『いいとも！』の〝毒〟

『ワラッテイイトモ、』は先述のような事情からしばらくはどこか都市伝説めいた感じで情報だけが飛び交い、二〇一三年一〇月に初めて一般向けに上映会が開かれた。筆者もこれに参加し、その会場で作者のK．K．とも会っている。その後、あるサブカルチャー誌で同作の受賞をめぐる一連の騒動をレポートすることになり、あらためて彼に取材することになった（『クイック・ジャパン』vol．52）。

なぜ『いいとも！』をモチーフとしたのか？　じつはK．K．は当初『いいとも！』以外にも複数のテレビ番組を素材に、それらをごちゃまぜに編集していたという。それが作業を進めていくうちに、どんどん『いいとも！』の比率が大きくなっていった。その過程で、これはちょっと普通の番組じゃないとヤバさを感じ始めたという。「何と言うか、テレビというメディアがもってる退廃的な部分を集積してるような、瞬時に相手の思考を停止させるような信号を含んでる感じ」を受けたというのだ。

九一〜九三年に『いいとも！』に構成作家として参加したマンガ家のタナカカツキは、自分の提案した企画についてディレクターから「お昼にしては刺激が強すぎる」と言われたことがあるという。ディレクターに言わせると「『いいとも！』は昼食を食べながら見る番組なので、あまり企画が面白いと視聴者の箸が止まってしまう。だから途中から見ても何をやってるのかわかるような単純明快なものがいい」というのだ（『いいとも！論』）。ようするに、『いいとも！』はじっくり見るようにつくられてはいなかった。K．K．が『いいとも！』に感じた「瞬時に相手の思考を停止させるような信号」とは、そんな番組づくりに由来するものといえよう。それはとくに部屋に始終こもっているような人間にとっては毒として作用するに違いない。

K．K．はさらに『いいとも！』の司会者であるタモリにも「日本の昼をコントロールする社会的なシステムが、最終的にはタモリという一人の血の通った人間に行き着くわけですよね。それが気持ち悪い」と感じ、関心を抱くようになったという。それはタモリその人の気持ち悪さというよりは、『いいとも！』という番組が司会者にもコントロールできないような大きな存在となっていたことへの違和感によるものだろう。

「リスペクト・フォー・タモリ」ブーム

『ワラッテイイトモ、』制作にあたり、K．K．はタモリに関する過去の雑誌記事も片っ端から漁った。『ワラッテイイトモ、』のうち「火曜―黒田藩」と題するパートには、そこで収集されたデータがふんだんに盛りこまれ、タモリの生い立ちから『いいとも！』を始めるまでの軌跡が、日本の戦後史と重ね合わせたりしながら描かれている。じつは私がタモリという人物にあらためて興味を抱いたのは、本作のこのくだりを見たことも大きい。
思えば、デビュー当時のタモリを知らない、『いいとも！』を見て育ったような世代のあいだでタモリがブームになり始めたのはこのころだった。コラムニストのナンシー関は、このブームを〝「リスペクト・フォー・タモリ」ブーム〟と呼んだ。
《今の「タモリを良しとする」は、かつてモンティ・パイソンの番組に出ていたりした頃から「今夜は最高」あたりまでの「やっぱりさ、タモリっておもしろいよな」というものとはつながっていない。その後、「本気になりさえすれば」という（中略）お笑いマニアタモリ派の影も徐々に薄れ、まるで風景のようになってしまったタモリに至るのである。みんなが見ているけれども、誰も見つめてはいないというある意味「テレビタレント」の一つの到達点に至ったと言ってもいいかもしれない。もうタモリは何も期待されていないのである。期待されなくてもいいという所にいたのである》（『噂の眞相』二〇〇二年三月号）
前章でとりあげた高田文夫や吉川潮のタモリ批判は、芸人としてのタモリへの期待をまだどこかに残していた。しかしナンシーいわく、ここにいたって「タモリは期待されなくてもいいところに達した」。そして最近のタモリへのリスペクトとは、まさにこの「期待されていない状態」に対するものではないかと彼女は書く。後輩のタレントの立場からすれば、派閥を持たないタモリは褒めても具体的な恩恵はないけれど、逆にリスクもない。この「褒めても大丈夫」という線引きこそリスペクトブームの本質だというのだ。

もっとも、最近になってライターのてれびのスキマ(戸部田誠)が指摘しているように、九〇年代初頭にタモリが「つまらないものの象徴」のように揶揄されていたことを思えば、ナンシーの言うように彼を褒めることにリスクがなかったわけではけっしてない。

だが、九〇年代半ばに台頭したナインティナインやSMAPといったタレントたちによるリスペクトとパロディ化を通して、タモリはキャラに仕立て上げられ、結果的に彼を〝延命〟させたのではないか。それはタモリにかぎらず、明石家さんまとビートたけしも同様であり、よって一九九〇年代後半～二〇〇〇年代前半の「リスペクト・フォー・タモリ」ブームとは厳密にいえば「リスペクト・フォー・ビッグ3」ブームではなかったかと、てれびのスキマは書いている(『テレビブロス』二〇一四年一一月八日号)。

沈黙と伝説化

テレビに出ているときのほうが本当の自分だと語ったタモリは、その考えを徹底するかのように、二〇〇〇年代に入ったあたりからテレビとラジオ以外のメディアにはほとんど登場しなくなる。〇二年に雑誌『クイック・ジャパン』vol.41でタモリ特集が組まれたときも、タモリ本人へのインタビューはなく、彼とゆかりの深い山下洋輔のコメントや過去の足跡をたどった年表、さらに著名人たちがタモリへの想いをつづった文章などで構成されていた。

タモリと旧知の仲である作家の筒井康隆は、『いいとも！』最終回を前に、古代ギリシャの叙事詩人とその代表作になぞらえて、タモリは語り部たるホメロスではなく、『オデュッセイア』の主人公・ユリシーズのように誰かが語り伝えていく存在なのだと思うと語った（『文藝別冊　タモリ』）。

デビュー当時より山下洋輔をはじめ仲間たちによって伝説的に語られてきたタモリだが、二〇〇〇年前後からのリスペクトブームのなかで、彼について語る・語りたがる者はさらに広い層へと拡大していった。そのための環境もインターネット上を中心に整えられていく。たとえばウィキペディアやＹｏｕＴｕｂｅといったツールは、タモリの伝説化・神話化に少なからぬ影響を与えているはずだ。

ウィキペディアの日本版は〇一年に開始され、〇三年以降、急速に一般に認知されていく。その過程でテレビ番組やタレントに関する項目が増加、内容も日に日に充実していった。タモリや『笑っていいとも！』についても、いまやその項目には膨大な情報が記載されている。『いいとも！』にいたっては、レギュラー出演者やコーナー一覧などがまたべつの項目として立てられているほどだ。デビュー当時のタモリや初期の『いいとも！』を知らない世代にとって、これらの項目が情報を得る手立てとなっていることは間違いない。

ただ、事典という形式をとっていることは厄介な問題もはらんでいる。とくにコメディアンの項目の場合、本人が誇張して面白おかしく語っていた話が、ウィキペディアに書かれたとたん「事実」ということになってしまう。出典の明記にはうるさいけれども、その出典となる資料がちゃんとしたものか怪しいものも結構ある。孫引きも多い。それゆえウィキペディアによって尾ひれがついて伝わっている話もかなりある。

この問題について、ウィキペディアのビートたけしの項目における《東京国際空港の荷役作業ではジャズ喫茶の常連客だった中上健次が先輩におり共にガルーダ・インドネシア航空の荷役として働いていた》（二〇一五年七月五日閲覧）との記述を例に考えてみたい。そこでは出典として、二〇一二年一〇月一日放送の『笑っていいとも！』の「テレフォンショッキング」にたけしが出演した回があげられていた。

じつはその放送後に私はあらためて調べてみたのだが、たけしと中上がかつて羽田空港で働いていたことは事実ではあるものの、「ともに働いていた」かどうかとなるときわめて疑わしい。それは両者の初めての対談で、たけしが書いた小説「新宿ブラインドコンサート」（『あのひと』所収）での空港勤務の描写についてこんなやりとりがあることからもあきらかだろう。

中上　たけしさんの小説に羽田空港の地上サービスやってるＡＧＳが出てくるけどさ、やけにくわしいんだよね。「ナイト」とか「スモールナイト」とか。ひょっとしたら働いていたことあるんかな。

たけし　働いていましたよ。おれ、有名だったんですよ、ベルトコンベヤーのボタン押しで。

中上　そうか。ぼくは、ＩＡＵ、全日空系のね。ＡＧＳのほうが日航系でペイが高かったんだよ。

（中上健次『オン・ザ・ボーダー』。傍点引用者）

このように複数の当事者の証言や関連資料を確認することで、また違った事実や詳細がだんだんわかってくる。しかしウィキペディアでは一つの事実についてそこまで追究されていることは少ないだろう。ウィキペディアを参照する際には、そうしたことを念頭に置くことが必要であることはあらためて言うまでもない。

一方の、ＹｏｕＴｕｂｅは〇五年にサービスを開始した。日本では当初、過去のテレビ番組の映像を投稿・視聴するツールとして認知され普及していった面がある（もちろんその大半は著作権法に抵触するものであったが）。そこでは密室芸人時代のタモリや『いいとも！』初期の映像も何本も投稿されていた。たとえば、アルタでの生放送中に不審者が侵入したという事件は私も伝聞で知ってはいたが、その本物の映像はＹｏｕＴｕｂｅで初めて見て衝撃を受けたものだ。このとき不審者を前にしたタモリは思いのほか落ち着き払って対応していた。

初期のタモリを知らない世代にとってＹｏｕＴｕｂｅの過去動画、またウィキペディアの関連項目には、「タモリって本当はすごい」というイメージを与え、その神話を裏づけ補強する効果がきっとあったはずだ。ただそこでは、例の『いいとも！』での侵入事件のようにセンセーショナルな部分ばかりがピックアップされるきらいがあり、その分過剰に伝説化されてしまったという感は否めない。そもそも『いいとも！』はほとんどの回で無難にやっていたからこそ長続きしたはずなのに、行きすぎた伝説化によってその事実が忘れ去られたりはしないか、やや気になるところではある。

『いいとも！』が終わった日

『笑っていいとも！』をめぐっては、二〇〇〇年前後から番組終了やタモリの降板の噂が何度となくあがっては消えていった。〇五年には、『いいとも！』の生放送中、一人の観覧者が「『いいとも!』が年内に終了するって本当ですか?」と質問し、スタジオから退場させられるというハプニングも起こっている。一三年七月からは『いいとも!』の一部コーナーにタモリが出てこなくなり、終了説・降板説がますますささやかれるようになる。

しかし現実問題として、すでに何十年も日本の昼に定着した番組を終わらせるにはかなりの困難がともなったはずだ。サザンオールスターズが〇八年に無期限の活動休止を宣言したとき、所属事務所のアミューズの株価は下降した。それればかりか、サザンほどの規模のバンドになると、大規模スポンサーサード企業への事前の根回しなど膨大な手続きを要したことだろう。それほどまでにサザンという存在が社会に与える影響は大きく、もはや単にメンバーの意志だけで活動休止することはできないのだ(速水健朗ほか『バンド臨終図巻』)。これと同じことが『いいとも!』にも生じていたのではないか。

それでも結果的に『いいとも!』はタモリ本人の意志によって終了した。笑福亭鶴瓶は「番組の終了はマスコミから伝わるのではなく、番組のなかで自然に伝えたい」というのがタモリの想いだったとして、その真情を次のように忖度《そんたく》している。

《番組担当者も何回も変わっていって、三十二年間のすべてに関わってきたのはタモリさんだけ。誰のものでもなく完全にタモリさんのものなんですよ。だからタモリさんがタモリさんの意志で終わらせる。そのくらいの気持ちやったと思う。もちろんテレビ局の体制の中にいるわけやから、一人の意志で終わらせるのはとても難しい。でも言い方は悪いけれど、「お前ら［引用者注――マスコミ］に言われたくない。俺が終わらせる」ということを生放送の中でやるんやという気持ちを持ってたんじゃないかな》（『SWITCH』二〇一五年五月号）

ひょっとすると、芸能界に入る前もあとも他人に求められるがままに仕事をしてきたタモリが人生で自ら決断を下したのは、三〇歳で笑いの道に進むべく再上京を決めたときと、『いいとも！』の終了を決めたこのときぐらいなのではないか。このあたり、戦前・戦後を通じて立憲君主としてふるまうことを自らに課し、政治への介入をあくまで避けた昭和天皇が、二・二六事件と終戦の二度だけは「聖断」を下したという史実と思わず重ね合わせてしまう。

それはともかく、二〇一三年一〇月に『笑っていいとも！』の終了が発表されてから、番組にはにわかに注目が集まった。久米宏や萩本欽一などそれまで『いいとも！』に未出演だった大物や、あるいは小沢健二のように表舞台に出てくること自体が近年少なかったゲストの出演もあいつぎ、最終回まで毎日が前夜祭の様相を呈した。

一四年三月三一日、最終回が放送された当日の夜には特別番組としてグランドフィナーレが同じくスタジオアルタから放送されている。そこでは『いいとも！』のレギュラー出演経験者が一堂に会した。ダウンタウンの松本人志は、自分たちと不仲が噂されていたとんねるずや爆笑問題と同じ場に居合わせていることを「ネットが荒れる」とネタにして笑いをとった。

当のネット上では、そうしたお祭り騒ぎに「テレビの葬式のようだ」という書きこみも散見された。このころには、若い世代を中心に人々のテレビ離れが盛んに取り沙汰されていた。

もっともタモリ自身はこうした最近の風潮に、「やっぱりこの先もテレビが中心にあるんじゃないかと思っている」と反論し、さらにこんなことを語っている。

《テレビが面白くないと言ってる人は、興味の範囲が狭いんでしょうね。範囲が広ければ、それに対応できる番組は無数にあると思うんです》（『ＳＷＩＴＣＨ』前掲号）

この発言には、四〇年にわたりテレビの世界で活躍してきたタモリの自負が垣間見える。そもそも彼は、ＮＨＫや北京放送のアナウンサーなど本来面白味のないものこそを積極的にネタにとりあげ、それを忠実に再現することで面白さを生み出すという芸で世に出た。タモリに言わせれば、面白さとは結局、テレビにせよ何にせよ受け取る側の問題なのだろう。

終章　タモリとニッポンの〝老後〟

タモリのモノマネのレパートリーにもなったイグアナ（撮影：佐藤真美）

「長生きも芸のうち」

日本で六五歳以上の人口が統計史上初めて七％を超え、国連の定義する高齢化社会が始まったのは一九七〇年前後だとされる。

ちょうどこの年、俳優の左卜全《ひだりぼくぜん》（一八九四〜一九七一）が子役のコーラスグループ・ひまわりキティーズとともに「老人と子供のポルカ」を歌い、ヒットとなった。左はとぼけた味わいの演技で知られた老け役専門の俳優だ。思えば、メディアで老人が単なる敬老の対象ではなく、どこか面白いとか変だとか、あるいはかわいいものとしてとりあげられ、人々に消費され出したのは、この歌がヒットしたあたりからではないだろうか。このレコードでの左の素っ頓狂な歌いっぷりはいま聴いても強烈な印象を受ける。

七〇年代には、長生きしたおかげであらためてその存在がクローズアップされた老人も現れた。詩人の金子光晴（一八九五〜一九七五）はその代表格で、「エロじじい」を自称したその自由な性愛・女性遍歴、また親の遺産を使い果たしたのち海外を放浪し戦時中には反戦詩を書き続けたという反骨と奔放な生き方は、ヒッピームーブメントやベトナム反戦運動の隆盛もあいまって当時の若者たちから熱狂的に支持された。

八〇年代以降のテレビのバラエティ番組では、ぎこちない言動で、ときには予想外のことを起こす老人たちが笑いの対象となる。たとえば女優の浦辺粂子《くめこ》（一九〇二〜八九）、画家の岡本太郎（一九一一〜九六）、歌手の淡谷のり子（一九〇七〜九九）などはタモリを含めタレントからよくモノマネもされた。なかには杉兵助（一九一五〜九六）のように戦前よりコメディアンとして活動しながら、年をとってから弟子のコント赤信号のブレイクもありようやくテレビで人気者となった人物もいる。

ここまであげたのは老齢期までにすでにそれぞれの分野で業績を残していた人たちだが、九〇年代には、きんさん・ぎんさん（成田きん　一八九二〜二〇〇〇／蟹江ぎん　一八九二〜二〇〇一）のようにそれまで一介の市井の人にすぎなかったのが、「一〇〇歳の双子」というニュースバリューがついたとたん一躍国民的アイドルとなるというケースも現れた。「長生きも芸のうち」とはよく言ったものである。

「おじいちゃん」願望の表れ

テレビのバラエティにおける老人は、空気を読まなかったり暴走したりすることが認められた治外法権ともいえる存在だ。九八年、当時まだ五〇代前半だったタモリを指して、《自分の番組の中で「おじいちゃん」になりたがっている》と誰よりも早く喝破したのはコラムニストのナンシー関だった。

ナンシーは、もともとタモリが《「父・兄・教師」などの信頼が発生する関係性ではなく、あくまでも得体の知れない通りすがりの、もしくは近所に住んでるけど素性のわからない「他人」的司会者を標榜したがっていた》ことを指摘している（事実、タモリ本人が過去にそのような発言をしていた）。そこへきて彼が「おじいちゃん」願望を強くアピールするようになったのはなぜか？　ナンシーはこれについて次のように考察した。

《「父」や「兄」に比べると「祖父」というのは無責任感を漂わせる続き柄である。「祖母」の持つ郷愁みたいなものも薄いし。そのあたりをふまえると、タモリは最近の「おじいちゃん」的司会者という境遇を、やぶさかではないとしているはずである。関係性を持たない「他人・通行人」的立場より、「おじいちゃん」的というのは、より規制がないのかもしれない》（『週刊朝日』一九九八年一月三〇日号）

これまで見てきたように、タモリが『笑っていいとも！』での仕切りをほかの出演者に任せることが増え、一方では鉄道など趣味への傾倒が見られるようになったのがちょうどこのころ、九〇年代後半のことだった。こうした変化も「おじいちゃん」願望の表れと考えれば、しごく納得がゆく。

五〇代前半にして早くも「おじいちゃん」を志向し始めたタモリは、しだいに若い世代を中心にリスペクトを集めるようになる。その過程から私はある人物を思い起こす。評論家・エッセイストの植草甚一だ。終章ではまず、植草を補助線にして老年期に差しかかったタモリを見てみることにしたい。

六〇歳をすぎてから若い世代の人気者に

一九〇八年生まれの植草甚一は、終戦直後に東宝を退職すると本格的に映画評論を始め、さらにジャズや海外ミステリーなど幅広い分野で評論活動を展開した。六〇歳をすぎた六〇年代後半以降、雑誌などに書いた雑多な文章をまとめた著書をあいついで出版し、若い世代から支持されるようになる。七三年に創刊されたサブカルチャー雑誌『ワンダーランド』(のちの『宝島』)では責任編集者としてその名が掲げられた。翌七四年にはニューヨークに三ヵ月半滞在し、これが彼にとって生まれて初めての海外旅行となる。こうして最先端の海外文化の紹介役を担い続け、老いてますます人気を集めた植草だが、七九年に七一歳で死去した。

中年期までの植草甚一はかなりアクの強い人だったらしい。作家の小林信彦は雑誌編集者時代の五九年、初対面の植草にいきなり怒鳴られたことがあったという。

それは小林がある映画会社の宣伝部へ評論家の双葉十三郎の原稿を取りに行ったときのこと。そこにちょうど植草も居合わせた。先に速達で原稿を送っていた植草は別れ際、小林に「映画のページはうまくいきましたか」と丁寧に訊いたかと思うと、急に「私が原稿を速達で出したら、着いたという返事ぐらいよこすのが礼儀でしょう！」と怒鳴って、立ち去ってしまう。小林が返事を伝えられなかったのは、植草に原稿を依頼したとき一切電話をかけるなと念を押されていたからだった。思わぬ事態にあっけにとられる彼に、植草をよく知る双葉は「あの調子で、片っ端から編集者とケンカしちゃうんですよ」と声をかけてくれたという（小林信彦『60年代日記』）。

それ以来しばらく植草を避けていた小林だが、翌六〇年、日本では不評だったヒッチコック監督の映画『サイコ』を絶賛したのをきっかけに、植草のほうから好感を抱き近づいてきてくれるようになった。当時五〇代前半だった植草は肥満してあぶらぎっており、晩年の「西洋魔法使いオジイサン風の枯れた風貌」とはまったく違ったという（小林信彦『笑学百科』）。

植草に若いファンが急増したのは六六年、若者向けの雑誌で風変わりなオシャレなおじさんとしてあいついで紹介されたのがきっかけらしい（『植草甚一読本』）。その翌年には初めての本格的な単行本『ジャズの前衛と黒人たち』を晶文社から刊行している。このころ晶文社の嘱託として植草の書生みたいなことをしていたのが二〇歳そこそこの高平哲郎だった。のちにタモリのデビューに立ち会った高平は、植草の没後、その膨大なレコードコレクションをタモリに買い取ってもらうことになる。

故人のレコード四〇〇〇枚のゆくえ

植草は街へ出かけるたびに本やレコードをまとめ買いしており、その数は死ぬまで増え続け、生活スペースを侵食するほどだった。本人の自己申告によれば、七三年の時点で蔵書は約四万冊に達していた。この年、彼は東京・経堂の借家から駅前のマンションに夫人とともに引っ越したが、2DKの一室はすぐに本で満杯になり、すぐにべつの一室を借りざるをえなくなる。それでも収まりきらないので、一部は彼が多くの自著を出版していた晶文社の倉庫に運ばれたという（津野海太郎『したくないことはしない　植草甚一の青春』）。

植草の死後、この大量の蔵書をどうするかが編集者や友人たちの懸案となった。高平哲郎によれば、遺品の整理によって残された夫人に一円でも多く渡るよう皆で腐心したという。それというのも夫妻には子供がおらず、しかも生命保険に入っていなかったからだ。

けっきょく蔵書は、晶文社の編集者の津野海太郎が上司の小野二郎（英文学者）と植草の友人だった篠田一士《はじめ》（英文学者・文芸評論家）と相談してすべて売ることに決めた。著名人の蔵書はまとめて図書館などに寄贈されることもあるが、植草の場合はそのほとんどが雑本であり、一括してまとめて管理しても無意味だとの判断で市場に出すことになったのだ。このとき古本屋を手配してくれたのは作家の片岡義男だった。

このほか、植草が印刷物を切り抜いてつくったコラージュ類など遺品の多くは、イベント会社主催による「植草甚一展」でファンに売り出された。そこでは故人の使いかけのちびた鉛筆までもが販売されたという（高平哲郎『植草さんについて知っていることを話そう』）。

それでも四〇〇〇枚近くあったレコードだけは散逸させたくないと高平哲郎は思った。そこで浮かんだのがタモリにまとめて買い取ってもらうというアイデアだ。タモリはこのときすでにテレビに引っ張りだこで、高平の周囲では一番の金持ちになっていた。

植草甚一との〝距離感〟

タモリは早稲田大学に入学した年（一九六五年）に一度だけ、モダンジャズ研究会の顧問として学園祭での討論会に招かれた植草を目にしたことがあったという。ただし下働きばかりさせられていた一年生が討論会に参加させてもらえるわけもなく、言葉を交わすどころか本当にチラッと見かけただけだったらしい。このときの森田一義青年は、まさか自分が植草のレコードコレクションを引き取ることになるとは夢にも思わなかっただろう。

約四〇〇〇枚のレコードはタモリ宅の六畳の部屋をすっかり占拠してしまったという。レコードは一枚単位ではなくまとめていくらということで買い取ったのだが、その金額まではあきらかにされていない。ただ、整理のために特別な棚を注文するなどして費用もかさみ、ざっと数百万円の出費があったものと推測された（『週刊プレイボーイ』一九八〇年七月一日号）。

コレクションのなかには、曲がいいとかではなく、物珍しさだけで買ったんじゃないかというものもたくさん含まれていたらしい。最初から最後まで人がしゃべるだけのレコードがあったかと思えば、変わったジャケットのレコードも目立った。たとえば三〇センチのLPレコード二〜三枚組入りのジャケット（というよりはボックスか）には、パイプ用のタバコの葉を入れる缶を大きくしたデザインのものがあったという。ジャズだけでなくロックも相当数あり、現代音楽や民族音楽のレコードも含まれていた（『ジャズ批評』第五二号）。

レコードを買い取った当時、《コレクションというものは集めた人間のものですからね、あくまで。（中略）いくらオレのものになったとしても、これはあくまでも植草さんのコレクションであることに変わりはないわけだよ》とタモリは語った（『週刊プレイボーイ』前掲号）。

もっとも、そう言いながらも、植草のコレクションはタモリ自ら集めたレコードと一緒にアーティスト別に分類して保管していることをのちに明かしている（『太陽』一九九五年六月号）。植草のコレクションにはほとんどのジャケットに自筆のサインが入っていたというから、混ぜてもわかるという判断もあったのだろう。が、これがもし植草を信奉しているような人であれば、自分のレコードとははっきり分けて保管していたのではないかという気もする。

タモリにとって植草甚一という人は、神棚にあげて崇め奉るような存在ではおそらくないのだろう。若い頃より植草に心酔していた同年代の高平哲郎とくらべても、タモリには植草をどこか一歩引いて見ている感がある。あるインタビューでは、植草のコレクションのなかには傷だらけのレコードも目立つことから、《すごく乱暴に聴いてる。（中略）こういうこと言っちゃなんだけど、ほんとにジャズが好きだったかどうかっていうのもね（笑）、ちょっと疑わしいかもしれないよ。確かに興味はあったらしい。ジャズ周辺の風俗的なものが好きだとか。そのついでに、ちょっと聴いていたのかもしれない》とまで言っている（『植草さんについて知っていることを話そう』）。青年時代をジャズ一辺倒ですごしたタモリには、植草のジャズに対する姿勢に疑問を抱かざるをえないところがあったようだ。

理想とすべき「洒落たジイサン」

べつのところではタモリは、植草のことを評論家だとは思っていなかったとも語っている。評論家というよりひとりの人間として、その物の見方などが面白かったからこそ惹かれたというのだ。

《あんなに「洒落たジイサン」なんて、昔も今もいませんよ。父親くらいの世代とだって断絶してるのに、もっと上の世代のジイサンと共通の話題があるということが、驚きでしたね》（『太陽』前掲号）

植草は着るものからしておしゃれな人だった。老年期にいたっては、サイケデリック風のTシャツにジーンズ、派手な帽子、じゃらじゃらしたアクセサリーを身につけて街を歩いた。二一世紀のいまならともかく、七〇年代初めの日本にそんな格好をしている六〇代はそうそういなかっただろう。

植草のファッションの変化は、中年期にはブクブクに太っていたのが、病気もあってやせたことも大きかったようだ。体が軽くなるとともに、文体も意識的に変えていった。それが、とくに目的もなく自分の興味の趣くがままに書き進められる独特の文体となる。まるでフラフラと散歩をしているかのようなその奔放な文体によって、植草は街で見つけた本・雑誌やレコードについて、そこから得た雑学を交えてつづり、当時の若者たちの心をつかむことになる。

思えば、「洒落たジイサン」としての植草甚一は、タモリにとって自分もいずれそうなりたいと思わせる理想の老人像の一つなのではないか。たしかに、先述したようにタモリのなかで植草は崇め奉る存在ではなさそうだ。しかし、変なものを見つけてきては面白がるそのセンスには強い共感を抱いているように思われる。

そう考えてみると、自分の好きなもののことしか書かない植草の文章は、近年のタモリの趣味色が強くなった『タモリ倶楽部』とどこか重なる。雑学の大家だった植草に対し、タモリもまた、二〇〇〇年代には『トリビアの泉』というテレビ番組にレギュラー出演していたこともあって雑学好きというイメージが定着した。あるいは、植草が雑誌や新聞に書いた膨大な雑文を編集者に預けてまとめられた多くの著書は、タモリのテレビや雑誌での発言をピックアップしてつくられた最近の一連のタモリ本にも通じるものがあるのではないか。

それ以上に、植草とタモリには散歩好きという共通点がある。植草の著書のタイトル『ぼくは散歩と雑学がすき』になぞらえれば、まさに「タモリも散歩と雑学がすき」なのだ。ただ、同じ散歩好きでも両者の志向するところはじつは結構違っていたりするのだが。

本当に散歩好きだったのか

植草甚一はよく歩く人だった。雑誌『ワンダーランド』の責任編集者を務めていたときには、青山一丁目の事務所までほぼ週一回の割合で顔を出していたという。カナダ大使館のすぐ脇にあった事務所までは、渋谷や六本木などから店をのぞきながら数時間かけて歩いた。そして事務所に着くと、ここに来るまで道すがら見つけたもののことなどを編集者相手に上機嫌で話し、しゃべり終えるとまたどこかへ歩き出すのだった。

ときには編集者の津野海太郎が仕事を中断して、植草の散歩のお供をした。津野によれば、《植草さんはいつもどおり、ゆっくりした足どりで一軒一軒のショーウィンドウを丹念にのぞきこみ、気になる店があると中にはいって店員に話しかけ、話しこみ》、この散歩も優に三時間はかかったという（津野海太郎『歩くひとりもの』）。

しかし植草は本当に散歩が好きだったのか？　そう疑問を呈したのは評論家の川本三郎である。川本に言わせれば、植草は散歩そのものが好きだったわけではなく、《あくまでも買い物が好きだったのであり、その結果として散歩があっただけである》というのだ（『太陽』前掲号）。ただし、その点は植草本人も自覚的で、《散歩というと青空や緑樹が目のまえに浮かんで上品な感じがするが、ぼくの散歩には自然の風景はどっちでもいいし、そのかわりに何か買う物が目に付かなければならない》と書いていたりする（「大正式散歩と昭和式散歩」）。それゆえ植草の行く場所は銀座・渋谷・新宿といった盛り場にほぼ限られた。東京の下町の日本橋小網町に生まれながら、浅草や上野、あるいは隅田川周辺について書くこともほとんどなかったと、川本は指摘する。

買うものも多岐にわたっているようでいて、古本・レコード・雑貨・文房具が大半を占め、あとはせいぜい時折ブティックをのぞいてスカーフやハンカチを買ったり、カメラ屋に入ったりする程度だった。骨董屋や画廊をのぞいたり、喫茶店以外の飲食店に入ったりすることはめったになかった。そもそも植草は酒を飲まず、食にもさほどこだわりはなかったようだ。

川本はまた、広範囲に好奇心を持っていたように見える植草甚一が、東京に関しては意外と好奇心を働かせていないと書いている。路上観察をすることはないし、知らない街の路地を歩くということも、かつて早稲田大学の建築科に在学しながら（のち中退）建築について言及したり、あるいは地誌にこだわったりすることもなかった。やはり東京の街をよく歩いた明治〜昭和期の作家・永井荷風（一八七九〜一九五九）に関する著書も多い川本には、植草のこのあたりが一番不満のようだ。

《永井荷風の場合は、その作品が東京論を書くときに絶好なテキストになるのに、植草甚一の場合は、まったく資料的価値がない。せっかく明治、大正、昭和、そして戦後と、東京のさまざまな変化を見てきているのに、その変遷の歴史を客観的に記述することはない。

〝せっかく戦前の人形町を知っているのに、どうして掘割のことを書いてくれなかったのか〟〝どうしてもっと恋文横丁のことを書いておいてくれなかったのか〟……植草甚一のエッセーを読んでいると無念の思いをすることが多い》(『太陽』前掲号)

しかし植草が六〇歳をすぎてから注目を浴びたのが、その買い物好きのおかげであったことは間違いない。津野海太郎も次のように書いている。

《植草さんのような買物人間につよい光があたるには、そこに、あるていど成熟した買物社会が存在していなければならない。いいかえれば、敗戦から二十年、廃墟から再出発した日本が急激な経済成長によって消費社会化している必要があった。そして案の定、ようやく誕生したばかりの消費社会で植草さんは息を吹きかえした》(『したくないことはしない』)

このとき植草を熱烈に支持したのは、高度成長下で青年期を迎え、ものを買う楽しみを覚え始めた戦後生まれの世代だった。消費社会は七〇年代以降さらに成熟し、それにともない何を買うかだけでなく、どこでどうやって買ったのか、ものを手に入れるプロセスにもこだわりを見せる若者たちも現れるようになる。たとえば、八〇年に発表されたあるベストセラー小説には、主人公の女子大生の独白としてこんな文章が出てくる。

《千代紙を買うのだって、千代田線に乗って千駄木のいせ辰まで行くという、この行動が大切な気がする。(中略)江戸千代紙には、文京区や台東区のイメージがついてくる。渋谷で千代紙売っていても、多分、私は買わないだろう。渋谷で買ってしまったのでは、千代紙というより、ボール紙でも買ったという雰囲気しかでてこない気がする》（田中康夫『なんとなく、クリスタル』）

買いに行くという行動自体に意味を見出すこの女子大生＝田中康夫は、植草甚一の正統たる継承者といえるかもしれない。ただし、その行動範囲は植草よりはるかに広いけれども。

地図のなかで散歩をするタモリ

タモリもまた散歩好きだが、植草甚一と違うのは、街を歩くにも買い物をすることはあまりなく、その好奇心がもっぱら地誌的な事柄に向けられていることだ。その点では、植草よりも前の世代の永井荷風などと志向的に通じるところが多い。

とはいえ、荷風も植草も東京出身であり、大正の関東大震災、昭和の戦争のなかで自分たちの生まれ育った原風景を失うという経験を持っている。街の変化にほとんど言及しなかった植草ではあるが、晩年には自らの育った下町への郷愁をたびたび文章のなかにのぞかせた。たとえば晩年に何度か行った京都の路地に、自分が子供のころに駆け回った蛎殻《かきがら》町や人形町の面影を見出している。また七四年以来、四回旅行したアメリカのニューヨークは、古いものと新しいものとがバランスよく共存しているところが大いに気に入っていた。ニューヨークでは、現在の街の細部からいつでも昔の街の記憶をよみがえらせることができる。できれば東京もこのようであってほしかったのにと、植草はそう痛切に感じていたに違いないと、津野海太郎は書く。だが、植草がその思いを文章のなかであらわにすることはなかった。その理由を津野はこう推測している。

《植草さんの散歩はイメージの散歩だから、いつも歩きながら、いまある街のあちこちに失われたむかしの街の記憶をかさねあわせ、それができないような漂白された街はつまらないと感じていた。でも、そんな古いことを書いても、もうだれもわかってくれない。そこで過去を思いだすことをじぶんに禁じた。新しいもの好きの意地もある。いまあるがまの東京の街を楽しもうとつとめ、じじつ、それなりに楽しんでもいたのである》(『したくないことはしない』)

志向は違うとはいえ、タモリの散歩も植草と同じく「いまある街のあちこちに失われた昔の街の記憶を重ね合わせる」「イメージの散歩」である点は共通しよう。ただ、その際にタモリ自身の思い出が語られることは、学生時代をすごした早稲田を歩くときなどをのぞけばほとんどない。そもそも戦後生まれのタモリには関東大震災や戦争の体験はもちろんないし、東京出身ではなく福岡の生まれなのだからそれも当然だろう。

これが東京出身者であれば、たとえ戦後生まれであっても、昔の街の風景への愛着がどうしても入りこんでくるはずである。戦後もまた東京は六四年のオリンピック開催前後に大改造を経験しているからだ。第五章でも名前をあげた七〇年代初めのロックバンド・はっぴいえんどには『風街ろまん』（一九七一年）というアルバムがあるが、このレコードには高度経済成長前の都電（路面電車）の走っていたころの東京の街への強い郷愁が込められていた。はっぴいえんどのメンバーのなかでも、オリンピックで変わった東京にとりわけ喪失感を抱いていたのは、のちの作詞家・松本隆だ。青山にあった彼の生家は、オリンピック前の都市計画により立ち退かされ、その跡には道路が通り街の風景はまったく姿を変えてしまったという。松本は四九年生まれだから、タモリより四歳下ということになる。

いまの街を散歩しても、買い物するわけでも思い出に浸るわけでもなく、地図あるいは地形や史跡などを手がかりにただひたすらに想像をふくらませるタモリの散歩は、究極のイメージの散歩といえる。そこではタモリはあくまで観察者の立場に徹している。日本人的なしがらみを嫌ったタモリは、どんな土地に対しても郷愁を抱くことを自制しているところがあるのかもしれない。

前出の川本三郎は《植草甚一は活字のなかでこそ散歩をしていた人ではないのか》と書

いている。《活字を読み、それを材料にして、活字でエッセーを書く。その行為そのものが、植草甚一にとっては、散歩であり、町歩きだったのではないか。だから、実際の町歩きは、買い物だけで充分だったのである。活字のなかの町歩き。活字のなかの散歩や寄り道――それこそが大事だった》というのだ（『太陽』前掲号）。これにならっていえば、タモリは「地図のなかでこそ散歩をしている人」ではないだろうか。

『笑っていいとも！』に毎日出演していた約三〇年間、タモリは東京をめったに離れられなかった。そんな彼にとって、番組出演のあいまに楽屋で地図を眺めながらあれこれ想像したり、外に出ても地図を頼りに何気ない風景から壮大な歴史を読み取ったりすることは、旅行気分を味わえるひとときだったに違いない。地図に描かれたことを実際に現地に行って確かめる、その行為こそがタモリにとっての散歩であり、町歩きなのだろう。そのことは『いいとも！』が終わり比較的自由な身となったいまも変わりはあるまい。

バブル期以来、東京ではあちこちで大規模な都市開発が繰り返され、いまだとどまるところを知らない。そこへ来てタモリがテレビのなかで町歩きをしながら語るうんちくはいちいち新鮮だった。現実の都市がどれだけ変わろうとも、タモリは地図を介して街の過去と現在を見事につなげてしまう。二〇〇〇年代以降、タモリが若い世代から支持を集めるようになったのは、そんなところにも理由がありそうだ。

船舶無線通信士に憧れた少年

『笑っていいとも！』終了後初のタモリのレギュラー番組として二〇一四年一〇月に始まった『ヨルタモリ』（フジテレビ）では、番組中のセットやエンディング画面に謎の記号が羅列されていた。やがてそれが、船と船あるいは船と陸上のあいだの信号に使われる国際信号旗だと気づいた視聴者も現れ、ネット上で話題を呼ぶようになる。

船が好きなタモリは、一九九五年には一級小型船舶操縦士免許を『いいとも！』出演を休んでまで受験して取得、自分のヨットを静岡県沼津市に保有し、さらに二〇〇九年から「タモリカップ」というヨットレースを沼津ほか各地で開催している。

二〇〇〇年前後から鉄道や坂道など自分の趣味をテレビで前面に押し出すようになったタモリだが、船に関してとりあげることは案外少ない気がする。『タモリ倶楽部』では海上自衛隊の護衛艦を見に行くという回があったから、あえてとりあげないというよりは、単に予算などの問題なのかもしれない。ただ、タモリがテレビで自ら船を操縦してみせたことはおそらくないはずなので、どこかで仕事ときっちり一線を引いているところはありそうだ。いわば、鉄道や坂道などが彼にとって〝公的〟な趣味とするなら、船はあくまで〝私的〟な趣味に属するのではないか。『ヨルタモリ』の国際信号旗のようにこっそりネタに仕込んでおいて、わかる人だけわかればいいという態度をとっているあたりそれっぽい。

少年時代のタモリは電車の車掌に憧れていたという。それが高校に入ってからは、がぜん船舶無線通信士になりたいと思うようになった。これというのも、海が好きであるとともにアマチュア無線やオーディオなど機械いじりが好きなので、その二つを同時に満足させられる職業といえばこれしかないと思ったらしい（『広告批評』一九八一年六月号）。結局その夢は理数系が苦手だったので断念せざるをえなかったが、船好きだったおかげで、芸能界に入ってからある大物芸能人に接する機会を思いがけず得ることになる。その大物とは、森繁久彌である。

森繁久彌になりたい？

タモリと森繁久彌とは意外な組み合わせにも思えるが、タモリの才能を見出したジャズ・ピアニストの山下洋輔は近年、《タモリは森繁久彌さんに憧れているそうです》と明かしている（『週刊文春』二〇〇九年一月一・八日号）。たしかにタモリの過去の発言をみれば、その伏線はかなり前から用意されていたことがわかる。

イラストレーターの山藤章二との一九八五年の対談で、タモリは森繁とテレビドラマで共演したときのあるエピソードを語っている。ドラマ出演は少ないタモリだが、調べてみるとデビュー四年目の七八年に『三男三女婿一匹』（第二シリーズ）というTBSのドラマで森繁（当時六五歳）と共演しているようだから、おそらくそのときの話だろう。

ドラマの台本の読み合わせの際、森繁の横に座ったタモリは、テーブルの上にヨットの本が置いてあることに気づき、手に取った。森繁も芸能界きっての船好きとして知られ、九一年には愛艇のモーターヨットで日本一周四五〇〇キロの航海に挑戦している。きっとその本も森繁が持参したか、稽古のあいまにでも彼に読んでもらうようスタッフが用意したものだったのだろう。そう考えるとデビューしたてのタモリが一応断りを入れてからとはいえ、本を手に取ったのは、当時六〇代半ばを迎えていた大先輩に対しなかなか勇気ある行動ともいえる。しかし森繁はそれに怒るでもなく「おまえ、船が好きか」と話しかけた。ここから「森繁節」と呼ばれる独特の語りが始まる。タモリが対談中で再現したところによれば、それはこんな感じだったとか。

《（眉間にしわを寄せて森繁の口調で）「お前、船が好きか」「ハッ、もう小さい時からクルーザーを持つのが夢でした。で、だんだんとその方向に近づきたいと思ってます」「フフーン。ま、いいことだよ、それはね。お前みたいなバカなことやってねェ。この前も見てたぞ」って、結構知ってんですね（笑）。（中略）「バカなことやって、それはいい。仕事だから、なにやってもいい。でも、趣味だけは高尚なものを持て。ヨットは最高の趣味だぞ、お前。男にとっては、なァ。だからそうやって目標を持ってヨットを買うんだぞ。やんなさい」っていうから、僕は「ははァ」って、まわりの人もシーンとして聞いている。「お前、ヨットはいいぞ。夕陽が向こうに沈むねェ。ヨットをスーッと出して行くんだよ……。沖に出て、この辺でいいかと思った時に、静かに錨《いかり》をおろす……」あ、やっぱりすごいなって思って「はァ」って。「そうした時に……、わからんだろうけどね、もう、女は貞操観念ありませんよォ」（爆笑）》（山藤章二『「笑い」の解体』）

周囲も緊張しながら聞いていたというのに、このオチ。タモリは、森繁が自分の権威を笠に着るのではなく、逆に権威を利用し落としてみせたことに感心したという。

森繁の人心掌握術に学ぶ

このほかにもタモリは折に触れて森繁のすごさを語っている。阿佐田哲也の名でも知られ、笑芸にも造詣の深かった作家の色川武大は、タモリから《森繁さんはすごいですよ。あの人はほかの役者とちがう。実にしのぎがうまいです》と言われ、それから夜を徹して語り合ったことがあるという（色川武大「ロッパ・森繁・タモリ」）。「しのぎがうまい」とはもっと具体的に言うと、「自分にとっていちばん危険な奴を手なずけてしまうこと」らしい。

《役者ってたいがい、自分の座を揺るがすようなライバルが出てくると、遠ざけるか蹴落とそうとするでしょう。座長芝居ってそれでつまらなくなるんだ》（前掲）

このタモリの言葉を受けて色川は、藤山寛美（一九二九～九〇）やエノケン（榎本健一。一九〇四～七〇）といった喜劇のスターたちがことごとく自分の手足となっていた役者を切ってしまい、結果的にそれが仇となったことを思い出す。さらにビートたけしや萩本欽一にも彼らと同じく、「才能は切れるが、いいところを一人占めしようとする」きらいがあると指摘している。

だが森繁はその上をいった。タモリいわく《山茶花《さざん》究《かきゅう》と三木のり平、自分のまわりでもっとも怖い才能の持主を、逆に引き寄せちゃう。山茶花究なんて、手なずけたら最高の役者ですよ》というのだ。色川はこれに補足して以下のように説明する。

《手なずけるといっても、単純に頭をなでるだけでは駄目だろう。一緒に芝居に出て、絶えず山茶花やのり平の演じ所を作ってやる。つまり手柄を立てさせるのだ。そうして、森繁自身が彼等の手柄を利用して、さりげなく自分の受け場にする。最終的には森繁がいちばん映えるようになっているのである》（前掲）

ここに書かれていることは驚くほどタモリにも当てはまる。タモリにとって「自分のまわりでもっとも怖い才能」とは、さしずめ『いいとも！』のレギュラーだった明石家さんまや笑福亭鶴瓶といったところだろう。タモリは彼らと競って前面に出ようとはけっしてしない。一歩引いて、適度にいじったりしながら相手の見せ場をつくり、笑いを取らせる。『いいとも！』後期にいたっては、番組の進行さえもほかのレギュラー出演者に任せ、自分を自由な立場に置いて最終的にウケを取っていた感がある。

森繁久彌はもともとコメディアンとして出発し、戦後は映画『夫婦善哉《めおとぜんざい》』（豊田四郎監督、一九五五年）に出演したあたりを境に性格俳優へと鮮やかに転身した。そのことはその後の喜劇人たちを大いに勘違いさせることにもなる。自分を売り出すにいたった珍芸・扮装・奇抜な動きなどを全部やめてしまい、哀愁あふれる役を大張り切りで演じ出し、気がつけば人気を失ってしまう――そんな森繁もどきのコメディアンたちに現れた一連の〝病状〟を、小林信彦は「森繁病」と呼んだ。

もっとも当の森繁は、いわゆるコメディアンになる気は一切なく、世に出るためあえて喜劇的演技を舞台で披露していたふしがある。その演技も、小林いわく「ある人間がふっと弱点や低い部分を見せる」ところがウケたのであって、動きによって笑いをとったわけではない。それを多くのコメディアンたちは勘違いして、単にコメディアンから演技派に転身したという部分だけをなぞって失敗するか、あるいは渥美清などのようにうまく突破して独自の世界を築いていった（小林信彦『日本の喜劇人』）。

考えてみれば、タモリが森繁と会った七〇年代には、すでにそうした「森繁病」の失敗例がごろごろ存在して、森繁自身についても「偉そうに人生を語るじいさん」といったイメージが世間に定着していたはずである。そのなかにあってタモリは、森繁とたまたま接する機会を得たことで、彼の本質を知りその後の自分の活動に生かすことができたのかもしれない。タモリは、森繁に影響を受けながら「森繁病」にかからなかったコメディアンという意味で希有な存在といえる。

「場の芸人」として

森繁とタモリはこのほかにも共通点が多い。森繁は一九五五年の映画『スラバヤ殿下』で、南洋の国の王子に事情あって化けた日本人を演じたが、このときデタラメな「スラバヤ語」を流暢に話してみせた。これなどタモリのインチキ外国語の元祖といえるかもしれない。モノマネも得意だった森繁は、田中角栄などまだ誰も真似していなかったころから仲間内でやっていたという。学歴からして森繁もタモリも早稲田大学中退だ。

森繁とタモリの経歴上の共通点にはまた、学歴以上に大きな要素として、旧満洲に何らかの原点を持つということがあげられる。満洲とタモリの関係についてはすでに序章で見たが、ここで森繁を補助線にいま一度振り返ってみたい。

森繁は喜劇役者・古川ロッパの一座での修業時代を経て一九三九年、満洲に渡った。当時の満洲国の新京中央放送局（新京は現在の長春）にアナウンサーとして赴任するためで、その後終戦を挟んで四六年に日本に引き揚げてくる。満洲行きは、才気走りすぎていたがために風当たりの強かった日本から離れるためであったという。

満洲で森繁は、終戦直前に参戦したソ連軍に捕らえられるなど辛酸を嘗《な》めた。そればかりか、俳優として再度脚光を浴びるのは帰国した三年後のムーラン・ルージュ（新宿を拠点とした軽演劇の劇団）入りまで待たねばならず、彼にとって満洲時代は不遇時代と位置づけられる。それでも宴席などでは、余興に歌をうたったり小噺を披露したりと芸達者ぶりを発揮したという。

戦争末期の四五年五月に満洲へ慰問にやって来た落語家の古今亭志ん生（五代目。一八九〇～一九七三）と三遊亭圓生（六代目。一九〇〇～七九）の世話役を務めたときもそうだった。志ん生はこのときしばらく森繁のことを旅行の添乗員か何かと勘違いしていたようだが、やがて連日のように彼の芸を見るうち《あんたは、こんなところでマゴマゴしてる人間じゃァないよ、東京へ来て、寄席へでも出たら、きっと売り出すよ。あたしが太鼓判押したっていい》と褒めそやしたという（古今亭志ん生『びんぼう自慢』）。

終戦の一ヵ月前、七月中頃には放送局の幹部たちの私的な宴席で、志ん生と圓生に司会の森繁も加わり艶笑噺をかわるがわる披露して大いに盛り上がったという話も伝わる。森繁だけでなく志ん生も圓生も黄金時代を迎えるのは戦後のことだが、《黄金時代というものは、ピンポイントが白熱化してはじまるもののようだ》と満洲での宴席をのちの彼らの活躍の原点と見なしたのは評論家の平岡正明である（『志ん生的、文楽的』）。

平岡といえば、密室芸で売り出した初期タモリについて《タモリは場の芸人である。場とは、主体と客体の変容するエネルギーの容器である》と書いていたのを思い出す（『タモリだよ！』）。これを踏まえれば、森繁こそタモリに三〇年先行した「場の芸人」ではなかったか。テレビドラマ『ふぞろいの林檎たち』などで知られる元TBSプロデューサーの大山勝美の以下の発言は、タモリの名前も出しながら、森繁久彌がまさに満洲という「場」で芸を築き上げたことを指摘している。

《森繁さんは戦前、古い情緒的な伝統芸を引き継いだ人が主流だった時代に、満州という湿り気のない「脱日本」的な場所で、のびのびと多才ぶりを発揮していたんですね。本職はアナウンサーなのに芸が達者だから、日本からVIPの政治家や役人が首都・新京（現在の長春）にやってきて酒を飲む席に、おもしろい奴だから森繁を呼べってことになる。（中略）モノマネは上手いし、声色はできるし、歌もうまい、ちょっとしたコントもやるっていって、有名だったんです。ある種のタモリみたいな存在だった。

乾いた笑いを中心とした芸を満州で築き上げて、それに引き揚げのとき修羅場を見て、人間って滑稽で哀れなものだと実感する。それで日本へ帰ってくる》（植村鞆音・大山勝美・澤田隆治『テレビは何を伝えてきたか』）

帰国後の森繁はすでに三〇代と遅咲きながら、先述のとおりムーラン・ルージュの舞台で話題を呼ぶ。大山勝美いわく《スピードがあって、べたべたしていない。それと変わり身が早いこと。これらが、戦後の日本の空気に合ってくるんですよね》（前掲書）。

本書の序章ではタモリが、祖父母や両親など親族から戦前に自分たちのすごした満洲とくらべて日本がいかにつまらないか、さんざん聞かされて育ったという話をとりあげた。このことがタモリのなかに、後年の芸風へとつながる都市的なものへの志向と田舎への冷めた見方を植えつけたのではないかというのが私の推理である。この説は、森繁の湿り気のない芸風が満洲で培われたものだったという事実によってさらに補強されるだろう。

ムーラン・ルージュに入って半年後の四九年末にNHKから声をかけられた森繁は、翌五〇年よりラジオ番組『愉快な仲間』のレギュラーとなり、広い人気を獲得するようになる。ラジオでも映画でも決まった台本どおりにやるのではなく、自分の感じた面白さをパッと出していくという生き生きとした演技は、テレビ的な表現を先取りするものであったと前出の大山は述べている。

高度経済成長とタモリ

森繁とタモリは、ここまで見てきたように本質的には類似点は多いとはいえ、しかしその受容のされ方はかなり違ったと言わざるをえない。五〇年代に舞台や映画やラジオで森繁がブレイクしたのは、彼の芸がすでに完成されていたからだろう。

これに対し七〇年代半ばにデビューしたタモリはほとんど正体不明の存在としてテレビに突如現れた。その芸はマイナーで毒も多かったにもかかわらず、しだいに一般にも受け入れられてお茶の間の顔になっていく。こうした森繁とタモリの受容の違いは、高度経済成長による日本社会の変化に起因するのではないか。

六〇年代の急速な経済成長は、所得や資産の分配を平等化するという作用をもたらした。農業と工業労働者間での所得格差は縮小し、農家世帯と都市勤労者世帯の消費格差も確実に減少した。ここから自分たちの暮らしが「中《ちゅう》の中《ちゅう》」だと感じる世帯が増え、いわゆる中流意識が国民全体に広がっていく（猪木武徳『経済成長の果実』）。

この間、日本の主要産業は農林漁業から工業、さらにはサービス業や情報産業へと大転換をとげる。農村からは多くの人口が東京をはじめ大都市圏へ流入し、一九七〇年の首都圏の人口は二三・〇％と日本の全人口の四割近く、大阪圏・名古屋圏の人口も合わせれば四六・九％と半分近くを占めるまでにいたった。この〝民族大移動〟の中心的な担い手となったのは若者、とりわけ学校を卒業して働き始める「新規学卒者」だった。第二章で書いたように、タモリと同じく一九四五年前後に生まれた世代には、中学卒業と同時に地方から大都市圏に就職する者もまだまだ多かった。

農村から都市への移住者の増大にともない、伝統的な家制度は崩れ、核家族化も進行した。核家族化は、若者夫婦の世帯と高齢者世帯という具合に世帯数を増加させたため、テレビなど耐久消費財への需要を増加させるという効果をもたらしたとされる（吉川洋『高度成長　日本を変えた６０００日』）。

耐久消費財は都市から農村へと普及していく。テレビの普及によって都市と農村での情報格差も縮まっていった。他方、高度経済成長期を通じて高等教育の平等化と大衆化も進んだ。タモリが早稲田大学に入学する前年、六四年には日本の大学進学率が一五％を初めて超えた。その率は六九年以降は毎年上昇していくことになる。

高度経済成長が日本社会にもたらしたあらゆる面での均質化・平均化は、タモリという異色のタレントが大衆に受け入れられる背景となっていることは間違いない。しがらみの多い日本の精神的風土を揶揄するタモリの芸風は、地縁や血縁に縛られた農村を忌避して都会に出てきた人々にも受け入れやすかっただろう。また文化人の思考模写などの初期の持ちネタは、高学歴化が進んでいなければ一般的には理解されないまま終わっていたはずだ。

戦前には学歴や職業、住む地域の違いによって人々の教養ばかりか好む娯楽にも明確な差が見られた。ごく少数の知識人層の高踏的文化「岩波文化」に対し、画一的な義務教育を終えただけの大衆の通俗文化は「講談社文化」と称され、その断絶は著しかった（江口圭一『大系日本の歴史14　二つの大戦』）。

演芸や軽演劇にしても、浅草は庶民層、丸の内は当時のエリートだったサラリーマン層と観客が異なり、浅草でウケたものが必ずしも丸の内で受け入れられるとはかぎらなかった。昭和初期にブームとなった少女歌劇も、宝塚歌劇のファンは山の手のお嬢さん、松竹少女歌劇は下町の娘たちが多いといわれた。野球にしても、甲子園の中等学校野球（現在の高校野球）の人気は四国・九州から阪神地帯に出稼ぎに来た人たちに支えられ、その関心はやがて中等野球出身選手を中心にした職業野球チーム・阪神タイガースに向けられることになった。一方、同じ阪神間でも山側に住むサラリーマン・富裕層は野球にはなから興味がなかった（虫明亜呂無『時さえ忘れて』）。

高度経済成長期を経てこうした差はほとんど消えた。大学生は必ずしもエリートではなくなり、六〇年代末の全共闘運動の前後にはマンガに熱中する大学生が賛否両論を呼んだ。阪神タイガースが同じ阪神間を本拠とする阪急ブレーブス（現オリックス・バファローズ）より人気を集めたのは、住民の階層の違いというよりは巨人との試合が全国にテレビ中継されることが多かったからだ。タモリとビートたけしのファンの違いにいたっては、単に好みの問題でしかない。知識人が笑いやテレビ番組を論じることも珍しいことではなくなった。

高度成長によって社会の均質化・平均化が著しく進むなか、それに対するカウンターとしてアングラ演劇やモダンジャズなどが一部の人々の人気を集める。しかしそれも消費社会の成熟にともない資本に取り込まれ、ＣＭやテレビ、ラジオ番組などを通じて消費されていく。どちらかといえばカウンターカルチャー、サブカルチャー寄りの芸人だったタモリが、ラジオの深夜放送を振り出しに徐々にテレビのレギュラーも増え、「国民のオモチャ」を自称するまでにブレイクを果たした理由には、そうした時代背景も見逃せない。ちょうど萩本欽一らの活躍によりテレビにおいて笑いの占める割合が拡大していた時期だったことも、タモリには追い風となった。

満洲の話を聞かされながら育った幼少期以来、一貫して都市を志向してきたタモリは、大学中退後に帰郷していた時期を挟みつつ、学生時代のジャズ喫茶やサラリーマン時代のボウリング場などそのときどきで都市的な場所ですごし、やがて再度上京して新宿のスナックでその才能を開花させる。タレントとなってからは、新宿のスタジオアルタからの生番組『笑っていいとも!』の司会を長らく務めるうち、都市の顔そのものにもなった。二〇一四年三月の『いいとも!』終了時にタモリが新宿区から同区のイメージアップに貢献したとして感謝状を贈られたのは象徴的なできごとだった。

〝老後〟に必要なもの

八〇年代末の冷戦終結は経済をはじめあらゆる局面でグローバル化を急進させた。また九〇年代初めのバブル崩壊以降、長い不況下にあって地方経済が従来のように国からの交付金や公共事業では支えきれなくなっていく。そうした流れのなかで日本人は否が応でも「村社会」の意識のままではやっていけないと気づくことになる。

かつて高度経済成長期前後に地縁や血縁を避けて都市に出てきた若者たちも、いまや老年期を迎え、身寄りのない高齢者のなかには孤独死などの問題も生じつつある。農村的なしがらみを捨てて都会に出てきた人たちが、たとえ独り身でも社会から見離されずに老後をすごすにはどうしたらいいのか、誰もが気になるところだろう。

本書でたびたび参照してきた二〇一五年元日放送の『NHKスペシャル』の放送の終わりに、タモリは資本主義の未来について「経済学者でも何でもないんですけど、どでかいことをぶちかましてよろしいですか?」と前置きしつつ語っていた。それはだいたい「資本主義が行き詰まっている。かといって共産主義なんてもうだめだっていうのもわかった。そうすると、資本主義に何か手を加えてよりいいものにしなくてはいけない。しかしそれも勤勉さと従順さ、秩序、それを持ってる日本人ならひょっとしたらできるんじゃないか」という趣旨の話だったが、率直に言って、どうにも歯切れの悪さを感じてしまった。何より「勤勉さと従順さ」というあたりがタモリらしくない。

むしろタモリは、かつてのように「勤勉さと従順さ」に縛られた農村的な濃い人間関係を批判するべきではなかったか。そして未来とは、自分自身がこれまで身を置いてきた、より自由度の高いゆるやかな関係のなかにしかないのだと、中洲産業大学の助教授風の韜《とう》晦《かい》をもって力説してほしかった。まあ正月の番組だから一つ景気のいい話をという彼のサービス精神から出たのであろう発言に、そこまでむきになるのも野暮ではあるけれど。

思想史に名を刻むとしたら?

七〇年代後半以降、ポストモダニズムの名のもとに、固定された歴史観からあらゆる文化を自在に引き離して編集し、再生するというような運動が世界中で起こった。そのなかで旧来のジャンルの閉塞性を破り、思わぬつながりで文化を再編するという動きも各方面で見られるようになる（岡﨑乾二郎「非歴史化しつつある美術館は新しい歴史の扉を開くのか？」）。

タモリが世に出るにも、そうした文化的な潮流を抜きにはありえなかっただろう。彼も参加した「全日本冷し中華愛好会」で、会員たちが冷し中華の起源をめぐり歴史用語などを駆使して本気とも冗談ともつかぬ論争を繰り広げたのは、まさにポストモダニズム的な遊戯であったといえる。

だが、冷戦終結後、民族や宗教をめぐる対立・紛争が世界各地であいついで起こるなかで、過去の文化の蓄積をパッチワークのように再編し、歴史の呪縛から逃れようとしたポストモダニズムは勢いを失っていく。人々は否が応でも歴史に向かい合わざるをえなくなり、文化においても古典作品を創造的に読み解き、新たな文脈を発見していこうという気運が高まった。二〇〇〇年代以降の日本美術ブーム（〇九年の東京国立博物館での「国宝 阿修羅展」など数十万人を動員する展覧会もあいつぐ）やドストエフスキーの小説などの新訳ブーム、そして『ブラタモリ』のような番組が人気を集めるようになったのもこの流れにあるといえる。

『いいとも！』終了から約一年後、二〇一五年四月にレギュラー放送が再開された『ブラタモリ』では、それまでタモリがスケジュールの都合から行けなかった首都圏以外の各地でもロケをするようになった。NHKとしてはそこに日本の歴史や風土を読み解きながら先人の知恵に学ぼうという意図もあるのだろう。しかしメインを務めるタモリのスタンスはどこにあるのか？

日清戦争の起こった一八九四年、地理学者の志賀重昂《しげたか》は『日本風景論』で日本の風土の特徴の一つとして「水蒸気の多いこと」をあげ、それによって生み出される風景（たとえば富士山の頂が白雲の上に現れ、太平洋上から昇る太陽の光によってその雲がさまざまな色に移り変わる光景など）は欧米諸国では見られないものと賞賛した。

それからほぼ四〇年後、日中戦争前夜の一九三五年、哲学者の和辻哲郎は『風土』において、日本人は湿潤なモンスーン気候帯の受容的・忍従的なる特性を基調としつつ、その季節の激しい変化ゆえ激情と淡白なあきらめが混じり合っている点に精神的な特殊さがあると説いた。

そのさらに四〇年後の一九七五年にデビューしたタモリは、日本の湿っぽく、ことさらに暗くて重たいものが持ち上げられる精神風土を笑いに包みながら批判した。だが、あれからまた四〇年が経ったいま、タモリは日本をかつてのように批判するでも、かといっていたずらに賛美するわけでもない。彼は行く先々で目にする地形や遺構などをただ淡々と観察し、自分が面白いと思えるものを見つけ出しているだけだ。そこで話が日本や日本人といった次元に敷衍《ふえん》されることはほとんどない。おそらく彼は、たとえほかの国へ行っても、やはり行く先々で独自の視点で驚くようなもの、面白いものを見つけてくるに違いない。

タモリにとって観察眼は、面白味のないものを面白くするための武器ともいえる。《タモリの出現はギャグの事件であったというばかりでなく、思想的事件だった》とは、平岡正明の『タモリだよ!』の一文だが、タモリが戦後ニッポンの思想史上にその名を刻むとするなら、やはりその観察眼であり、過剰な意味づけを拒むその姿勢によってであろう。

(文中敬称略)

おわりに

本書はウェブサイト「ケイクス」にて二〇一四年三月三一日（つまり『笑っていいとも！』の最終回当日）から翌一五年四月一日まで一年間連載した「タモリの地図——森田一義と歩く戦後史」を、新たな取材や資料などを踏まえて大幅に加筆修正したものである。

同連載の発端は、前年の一三年八月にウェブサイト「エキサイトレビュー」に「タモリはどう語られてきたか」と題する記事を三回にわたり掲載したことにさかのぼる。その執筆動機はといえば、当時『タモリ論』（新潮新書）がベストセラーとなっていた作家の樋口毅宏氏が、あるインタビュー（「ケイクス」一三年七月一九日）で「ビートたけしとくらべてタモリについての本は少なくて語りようがない」といった意味の発言をしているのを読んで、いや、たしかに本は少ないかもしれないが、タモリについてはいままで多くの人が語ってきたではないかと思ったことだった。

デビュー以来のタモリをめぐる言説を振り返ったこの記事はそこそこ評判をとり、ある出版社の編集者から書籍化の打診もいただいた。その検討中の一三年一〇月にはちょうど『笑っていいとも！』の終了が発表され、翌春の最終回放送のタイミングで刊行できないかと編集者とはおおいに盛り上がったのだが、諸事情により実現はならなかった。その後べつの出版社に企画を持ちこんだものの、ここでも話がうまくまとまらなかった。「ケイクス」での連載は三度目の正直で、一四年二月に先方の編集者たちと会食した際、たまたま企画について話をしたところ、幸運にもその場で決まったものである。

幸運といえば、『いいとも！』最終回にあわせてタモリに関する書籍やムックがあいついで出版されたことも私に幸いした。結果的に、企画が出遅れたおかげで、関係者の新たな証言などを存分に参照し、検証を重ねながら連載を進めることができたからだ。とくに『文藝別冊　タモリ』『タモリ読本』といったムック、戸部田誠『タモリ学』およびその版元ウェブサイト掲載の「大タモリ年表」、片田直久『タモリ伝』にはお世話になった。各著者・編者の方々には心より謝意を表するしだいである。

ただ、タモリが七〇年代前半に一時福岡に帰郷していた時期と、また山下洋輔トリオとの出会いから再上京してデビューするまでの経緯については、文献をいくつかあたってもなお謎が残った。そこでこのたびの書籍化にあたっては当時の彼をよく知る福岡市議会議員の高山博光氏、ジャズ・ピアニストの山下洋輔氏にお話をうかがった。ご多忙のところをわざわざ当方の取材のため時間をつくっていただき、貴重な証言をくださった両氏に厚く御礼申し上げます。書籍化に際してはまた、連載時の記事からタモリ個人に関する細かなエピソードをやや省き、その背景にあるものをもう少し前面に出すよう心がけた。

本書を企画し、こうして一冊にまとまるまでじつに足かけ三年。その間、先述のとおり声をかけてくださったり相談に乗ってもらったりした編集者も、お名前はあげられないが何人かいる。その方たちに加え、本企画のそもそもの原点である「エキサイトレビュー」の編集者のアライユキコさん、連載の場を与えてくださった「ケイクス」の加藤貞顕さんと担当編集者の大熊信さん、そして本書の担当編集者で、書籍化にあたり取材への同行、データ収集など仔細にわたりサポートしてくれた講談社現代新書の丸山勝也さんに、重ねて御礼申し上げます。

それにしても気になるのは、本書の主人公・タモリこと森田一義氏の反応である。終章でとりあげた植草甚一への評価を思えば、この本の著者に対してもおそらく「おまえはようするにおれじゃなくて、おれの周辺の文化に興味があるだけだろ」との感想を抱かれるのではないか。それは覚悟のうえで、本書を捧げたい。

二〇一五年七月二一日

近藤正高

参考文献（新聞・雑誌は本文中に出典をあげたので一部特集記事等を除き省略する／順不同）

片田直久『タモリ伝　森田一義も知らない「何者にもなりたくなかった男」タモリの実像』（コア新書、二〇一四年）
武市好古『ぴーぷる最前線　タモリ』（福武書店、一九八三年）
筑紫哲也ほか『若者たちの神々』Ⅰ〜Ⅳ（新潮文庫、一九八七〜八八年）
戸部田誠（てれびのスキマ）『タモリ学　タモリにとって「タモリ」とは何か？』（イースト・プレス、二〇一四年）
戸部田誠（てれびのスキマ）「大タモリ年表」（Ｗｅｂメディア「マトグロッソ」二〇一四年 http://matogrosso.jp/tamorigaku/tamorigaku-05.html）
ＰＬＡＹＢＯＹ日本版編集部編『プレイボーイ・インタビュー　セレクテッド』（集英社、一九九〇年／タモリインタビュー初出、『ＰＬＡＹＢＯＹ日本版』一九八一年八月号）
『文藝別冊　タモリ』（河出書房新社、二〇一四年）
洋泉社ＭＯＯＫ『タモリ読本』（洋泉社、二〇一四年）
「特集　タモリとはなんぞや」（『広告批評』一九八一年六月号）
「やっぱりタモリが大好き！」（『ケトル』Ｖｏｌ．16、二〇一三年）
「特集　ジャズタモリ」（『ＳＷＩＴＣＨ』二〇一五年五月号）
「ジャパンナレッジ」（http://japanknowledge.com/）
『昭和　二万日の全記録』全一九巻（講談社、一九八九〜九一年）
『近代日本総合年表　第四版』（岩波書店、二〇〇一年）
浅田彰・島田雅彦『天使が通る』（新潮文庫、一九九二年）
小佐田定雄編『青春の上方落語』（ＮＨＫ出版新書、二〇一三年）
北野武編『コマネチ！――ビートたけし全記録――』（新潮文庫、一九九九年）
タモリ・糸井重里「タモリ先生の午後２００６。去年と今年と、昭和と平成。」（「ほぼ日刊イトイ新聞」二〇〇六年 http://www.1101.com/tamori/2006.html）
本橋信宏『素敵な教祖たち　サブカルチャー列伝・業界カリスマ17人の真実』（コスモの本、一九九六年）
安部公房「書斎にたずねて」（『安部公房全集』第二四巻、新潮社、一九九九年）
安部ねり『安部公房伝』（新潮社、二〇一一年）
加藤聖文『満鉄全史　「国策会社」の全貌』（講談社選書メチエ、二〇〇六年）
苅部直『安部公房の都市』（講談社、二〇一二年）
草柳大蔵『実録・満鉄調査部　上』（朝日新聞社、一九七九年）
財団法人満鉄会編『満鉄四十年史』（吉川弘文館、二〇〇七年）
沢木耕太郎『若き実力者たち』（文春文庫、二〇一一年）
武田徹『偽満州国論』（中公文庫、二〇〇五年）
タモリ・村松友視「天才タモリのお母さん」（文藝春秋編『ビッグトーク』文春文庫、一九八六年）
中国引揚げ漫画家の会編『ボクの満州　漫画家たちの敗戦体験』（亜紀書房、一九九五年）
塚瀬進『満洲の日本人』（吉川弘文館、二〇〇四年）
原彬久『岸信介――権勢の政治家――』（岩波新書、一九九五年）
松本健一『昭和に死す　森崎湊と小沢開作』（新潮社、一九八八年）
山室信一『キメラ――満洲国の肖像　増補版』（中公新書、二〇〇四年）
『別冊　環12　満鉄とは何だったのか』（藤原書店、二〇〇六年）
相倉久人『至高の日本ジャズ全史』（集英社新書、二〇一二年）
坂井信生『福岡とキリスト教』（海鳥社、二〇一二年）
妹尾河童ほか『河童が覗いた仕事師12人』（平凡社、一九八七年）
高平哲郎『植草さんについて知っていることを話そう』（晶文社、二〇〇五年）
タモリ『新訂版　タモリのＴＯＫＹＯ坂道美学入門』（講談社、二〇一一年）
タモリ・糸井重里・山下洋輔・山下洋輔カルテット「はじめてのＪＡＺＺ。」

（「ほぼ日刊イトイ新聞」二〇〇五年 http://www.1101.com/jazz/）
タモリ・松岡正剛『愛の傾向と対策』（工作舎、一九八〇年）
輪島裕介「満鉄時代はジャズ・エイジ」（『鉄道タイムトラベルシリーズVol．2 満鉄「あじあ」へ、仮想超特急の旅路　昭和十年の鉄道旅行』ネコ・パブリッシング、二〇一〇年）
『ジャズの事典』（冬樹社、一九八三年）
久米宏・久米麗子『ミステリアスな結婚』（講談社文庫、二〇〇五年）
高平哲郎「ジャズと、タモリと、70年代。そして、中洲産業大学。」（「ほぼ日刊イトイ新聞」二〇〇七年 http://www.1101.com/jazz2/takahira/）
竹内洋『日本の近代12 学歴貴族の栄光と挫折』（中央公論新社、一九九九年）
竹内洋『教養主義の没落』（中公新書、二〇〇三年）
タモリ・糸井重里「タモリ先生の午後２００７。貧乏で幸福な無名時代。」（「ほぼ日刊イトイ新聞」二〇〇六～〇七年 http://www.1101.com/tamori/2007.html）
中村彰彦『烈士と呼ばれる男』（文春文庫、二〇〇三年）
松本健一『戦後世代の風景――１９６４年以後』（第三文明社、一九八〇年）
三浦雅士『青春の終焉』（講談社、二〇〇一年）
宮崎学『突破者　戦後史の陰を駆け抜けた五〇年』（南風社、一九九六年）
吉永小百合『夢一途』（主婦と生活社、一九八八年）
早稲田大学大学史編集所編『早稲田大学百年史　第五巻』（早稲田大学出版部、一九九七年）
『証言の昭和史9　〝ニッポン株式会社〟出帆す』（学習研究社、一九八二年）
『ザ・ヒーローズⅡ　宝島ロング・インタヴュー集』（ＪＩＣＣ出版局、一九八三年）
古関裕而『鐘よ鳴り響け』（日本図書センター、一九九七年）
後藤雅洋『ジャズ喫茶リアル・ヒストリー』（河出書房新社、二〇〇八年）
立花隆『青春漂流』（講談社、一九八五年）
立石泰則『堤清二とセゾン・グループ』（講談社文庫、一九九五年）
田原総一朗『塀の上を走れ――田原総一朗自伝』（講談社、二〇一二年）
夏目房之介『夏目房之介の講座』（廣済堂出版、一九八八年）
本間健彦『60年代新宿アナザー・ストーリー　タウン誌「新宿プレイマップ」極私的フィールド・ノート』（社会評論社、二〇一三年）
マイク・モラスキー『戦後日本のジャズ文化　映画・文学・アングラ』（青土社、二〇〇五年）
増田通二『開幕ベルは鳴った　シアター・マスダへようこそ』（東京新聞出版局、二〇〇五年）
三浦展『昭和「娯楽の殿堂」の時代』（柏書房、二〇一五年）
山田一廣『復興への狼煙――ボウリング業界光と影』（如月出版、二〇一一年）
『行動・熱血の63年　高山三夫のプロフィール』（高山博光発行、一九七二年）
「新宿ＤＩＧ　ＤＵＧ物語～あるジャズ喫茶の歴史」（「東京カフェマニア」、http://www.geocities.jp/cafe_osaka/dug01.html）
赤塚不二夫『これでいいのだ。――赤塚不二夫対談集』（メディアファクトリー、二〇〇〇年）
赤塚不二夫『赤塚不二夫のおコトバ　マンガ人生50周年記念出版』（二見書房、二〇〇五年）
草森紳一『食客風雲録　日本篇』（青土社、一九九七年）
草森紳一『食客風雲録　中国篇』（青土社、一九九七年）
河野典生『芸能界考現学』（大陸書房、一九九〇年）
副島輝人『日本フリージャズ史』（青土社、二〇〇二年）
高平哲郎『ぼくたちの七〇年代』（晶文社、二〇〇四年）
長谷邦夫『ギャグにとり憑かれた男』（冒険社、一九九七年）
長谷邦夫『漫画に愛を叫んだ男たち』（清流出版、二〇〇四年）
長谷邦夫『桜三月散歩道』（水声社、二〇一一年）
橋本克彦『欲望の迷宮』（時事通信社、一九八九年）

平岡正明『タモリだよ!』(CBS・ソニー出版、一九八一年)
文藝春秋編『弔辞 劇的な人生を送る言葉』(文春新書、二〇一一年)
山下洋輔『ピアノ弾き よじれ旅』(徳間書店、一九七七年)
山下洋輔『ピアノ弾き翔んだ』(徳間書店、一九七八年)
山下洋輔『ピアノ弾き即興人生』(徳間書店、二〇一〇年)
山下洋輔『即興ラプソディ 私の履歴書』(日本経済新聞出版社、二〇一二年)
山下洋輔編著『蕎麦処 山下庵』(小学館、二〇〇九年)
山下洋輔・筒井康隆・奥成達・タモリほか『定本ハナモゲラの研究』(講談社、一九七九年)
浅井愼平『セントラルアパート物語』(集英社、一九九七年)
石川誠壱『誠壱のタモリ論』(世田谷ボロ市、二〇一三年)
井上ひさし『完本 ベストセラーの戦後史』(文春学藝ライブラリー、二〇一四年)
色川武大・長部日出雄・村松友視『戦後史グラフィティ』(話の特集、一九八九年)
『映画秘宝EX モーレツ!アナーキーテレビ伝説』(洋泉社、二〇一四年)
エズラ・F・ヴォーゲル『ジャパン・アズ・ナンバーワン』(広中和歌子・木本彰子訳、ティビーエス・ブリタニカ、一九七九年)
大瀧詠一『大瀧詠一 Writing & Talking』(白夜書房、二〇一五年)
小川博司『音楽する社会』(勁草書房、一九八八年)
加藤義彦『「時間ですよ」を作った男 久世光彦のドラマ世界』(双葉社、二〇〇七年)
川口幹夫『主役・脇役・湧かせ役 テレビ[志]の時代』(講談社、一九八七年)
君塚太編著『原宿セントラルアパートを歩く』(河出書房新社、二〇〇四年)
桑田佳祐『ただの歌詩じゃねえか、こんなもん』(新潮文庫、一九八四年)
桑田佳祐『ロックの子』(講談社、一九八五年)
小泉文夫『歌謡曲の構造』(冬樹社、一九八四年)
小林信彦『日本の喜劇人』(新潮文庫、一九八二年)
小林信彦『コラムは踊る』(ちくま文庫、一九八九年)
小林信彦『時代観察者の冒険』(新潮文庫、一九九〇年)
小林信彦・萩本欽一『ふたりの笑タイム 名喜劇人たちの横顔・素顔・舞台裏』(集英社、二〇一四年)
最相葉月『星新一 一〇〇一話をつくった人』(新潮社、二〇〇七年)
佐藤義和『バラエティ番組がなくなる日 カリスマプロデューサーのお笑い「革命」論』(主婦の友新書、二〇一一年)
塩沢茂『ドキュメント サントリー宣伝部』(講談社文庫、一九八六年)
高取英『寺山修司 過激なる疾走』(平凡社新書、二〇〇六年)
高平哲郎『今夜は最高な日々』(新潮社、二〇一〇年)
タモリ『今夜は最高!』(日本テレビ放送網、一九八二年)
近田春夫『気分は歌謡曲』(雄山閣、一九七九年)
近田春夫『定本 気分は歌謡曲』(文藝春秋、一九九八年)
寺山修司『地平線のパロール』(河出文庫、一九九三年)
中村誠一『サックス吹き男爵の冒険』(晶文社、一九八二年)
南後由和・加島卓編『文化人とは何か?』(東京書籍、二〇一〇年)
野田秀樹『おねえさんといっしょ』(新潮文庫、一九九一年)
萩本欽一『テレビに恋して20年 泣いて笑って、笑って泣いて…』(日刊スポーツ出版社、一九八八年)
萩本欽一『「笑」ほど素敵な商売はない』(福武書店、一九九三年)
萩本欽一『なんでそーなるの! 萩本欽一自伝』(日本文芸社、二〇〇七年)
長谷正人・太田省一編著『テレビだョ!全員集合 自作自演の1970年代』(青弓社、二〇〇七年)
細川周平『レコードの美学』(勁草書房、一九九〇年)
丸山真男『後衛の位置から――「現代政治の思想と行動」追補』(未來社、一

九八二年）
山藤章二『「笑い」の解体』（講談社文庫、一九九一年）
横澤彪『犬も歩けばプロデューサー』（日本放送出版協会、一九九四年）
レコード・コレクターズ増刊『大滝詠一 Talks About Niagara』（ミュージック・マガジン、二〇一一年）
和田誠「タモリ一義　和田誠にんげんスケッチブック・11」（『文藝春秋』一九八三年七月号）
渡部昇一・日下公人監修『竹村健一全仕事　マルチ研究』（太陽企画出版、一九九五年）
「総力特集　萩本欽一」（『昭和40年男』二〇一四年六月号）
阿奈井文彦編『現代事物起源……生まれたモノ・消えたモノ』（平凡社、一九八八年）
泉麻人編『昭和生活文化年代記5　50・60年代』（TOTO出版、一九九一年）
糸井重里『話せばわかるか　糸井重里対談集』（飛鳥新社、一九八三年）
梅本浩志『三越物語——劇的百貨店　その危機と再生』（ティビーエス・ブリタニカ、一九八八年）
大下英治『ドキュメント三越』（三一書房、一九八三年）
大見崇晴『「テレビリアリティ」の時代』（大和書房、二〇一四年）
景山民夫『極楽TV』（新潮文庫、一九九〇年）
月刊宝島編集部編『彼らの若き日々』（JICC出版局、一九八九年）
高田文夫『誰も書けなかった「笑芸論」　森繁久彌からビートたけしまで』（講談社、二〇一五年）
高田文夫監修『昭和のTVバラエティ』（太田出版、一九八九年）
筑紫哲也『若者たちの大神　筑紫哲也対論集』（朝日新聞社、一九八七年）
中川一徳『メディアの支配者　下』（講談社、二〇〇五年）
森茉莉『ベスト・オブ・ドッキリチャンネル』（中野翠編、ちくま文庫、一九九四年）
横澤彪・塚越孝『テレビの笑いを変えた男　横澤彪かく語りき』（扶桑社、二〇〇九年）
橋本治『とうに涅槃をすぎて』（徳間文庫、一九八四年）
橋本治『二十世紀』（毎日新聞社、二〇〇一年）
橋本治『恋愛論』（講談社文庫、一九八六年）
針木康雄『三越商法とダイエー商法』（日本実業出版社、一九七二年）
別冊サイゾー『いいとも！論』（サイゾー、二〇一四年）
毎日ムック『シリーズ20世紀の記憶　連合赤軍・〝狼〟たちの時代1969-1975』（毎日新聞社、一九九九年）
三越本社コーポレートコミュニケーション部資料編纂担当編『株式会社三越100年の記録』（三越、二〇〇五年）
宮崎三枝子『白く染まれ　ホワイトという場所と人々』（高平哲郎構成・編集、アイビーシーパブリッシング、二〇〇五年）
山藤章二『山藤章二のブラック＝アングル'81』（新潮文庫、一九八五年）
山藤章二『オール曲者』（新潮社、一九八五年）
吉田正樹『人生で大切なことは全部フジテレビで学んだ』（キネマ旬報社、二〇一〇年）
米沢慧『「ビートたけし」芸・事件・大衆』（春秋社、一九九二年）
逢坂巌『日本政治とメディア』（中公新書、二〇一四年）
西条昇『ジャニーズお笑い進化論』（大和書房、一九九九年）
中上健次ほか『オン・ザ・ボーダー』（トレヴィル、一九八六年）
松本修『探偵！ナイトスクープ　アホの遺伝子』（ポプラ社、二〇〇五年）
石川真澄『データ　戦後政治史』（岩波新書、一九八四年）
猪木武徳『日本の近代7　経済成長の果実』（中央公論新社、二〇〇〇年）
色川武大「ロッパ・森繁・タモリ」（『なつかしい芸人たち』新潮文庫、一九九三年）
植草甚一『植草甚一読本』（晶文社、一九七五年）

植草甚一「大正式散歩と昭和式散歩」（『植草甚一スクラップ・ブック19 ぼくの東京案内』晶文社、一九七七年）
植草甚一『ぼくは散歩と雑学がすき』（ちくま文庫、二〇一三年）
植村鞆音・大山勝美・澤田隆治『テレビは何を伝えてきたか――草創期からデジタル時代へ』（ちくま文庫、二〇一二年）
江口圭一『大系日本の歴史14 二つの大戦』（小学館ライブラリー、一九九三年）
岡﨑乾二郎「非歴史化しつつある美術館は新しい歴史の扉を開くのか？」（『ブルータス』二〇一五年七月一日号）
河野康子『戦後と高度成長の終焉 日本の歴史24』（講談社学術文庫、二〇一〇年）
古今亭志ん生『びんぼう自慢』（ちくま文庫、二〇〇五年）
小林信彦『笑学百科』（新潮文庫、一九八五年）
小林信彦『60年代日記』（白夜書房、一九八五年）
西条昇『東京コメディアンの逆襲』（光文社文庫、一九九八年）
佐々木敦『ニッポンの思想』（講談社現代新書、二〇〇九年）
志賀重昂『日本風景論』（岩波文庫、一九九五年）
田中康夫『なんとなく、クリスタル』（新潮文庫、一九八五年）
筒井康隆『笑犬樓よりの眺望』（新潮文庫、一九九六年）
津野海太郎『歩くひとりもの』（ちくま文庫、一九九八年）
津野海太郎『したくないことはしない 植草甚一の青春』（新潮社、二〇〇九年）
速水健朗・円堂都司昭・栗原裕一郎・大山くまお・成松哲『バンド臨終図巻』（河出書房新社、二〇一〇年）
平岡正明『志ん生的、文楽的』（講談社文庫、二〇一〇年）
船曳建夫『「日本人論」再考』（講談社学術文庫、二〇一〇年）
虫明亜呂無『時さえ忘れて』（玉木正之編、ちくま文庫、一九九六年）
森繁久彌『隙間からスキマへ』（日本放送出版協会、一九九二年）
森繁久彌『青春の地 はるか――五十年目の旧満州への旅』（日本放送出版協会、一九九六年）
森繁久彌『もう一度逢いたい』（朝日新聞社、一九九七年）
山本一生『哀しすぎるぞ、ロッパ 古川緑波日記と消えた昭和』（講談社、二〇一四年）
吉川洋『高度成長 日本を変えた６０００日』（読売新聞社、一九九七年）
和辻哲郎『風土――人間学的考察』（岩波文庫、一九七九年）
「特集・植草甚一 映画もジャズもミステリーも、みんなJ・J氏が教えてくれた。」（『太陽』一九九五年六月号）
ビートたけし『あのひと』（新潮文庫、一九九四年）

N.D.C.779.9　346p　18cm
ISBN978-4-06-288328-3

講談社現代新書　2328

タモリと戦《せん》後《ご》ニッポン

二〇一五年八月二〇日第一刷発行　二〇二三年六月二三日第三刷発行

著者　近《こん》藤《どう》正《まさ》高《たか》

発行者　鈴木章一

発行所　株式会社講談社
東京都文京区音羽二丁目一二—二一　郵便番号一一二—八〇〇一
電話　〇三—五三九五—三五二一　編集（現代新書）
〇三—五三九五—四四一五　販売
〇三—五三九五—三六一五　業務

装幀者　中島英樹

印刷所　株式会社ＫＰＳプロダクツ

製本所　株式会社ＫＰＳプロダクツ

定価はカバーに表示してあります　Printed in Japan

「講談社現代新書」の刊行にあたって

教養は万人が身をもって養い創造すべきものであって、一部の専門家の占有物として、ただ一方的に人々の手もとに配布され伝達されうるものではありません。

しかし、不幸にしてわが国の現状では、教養の重要な養いとなるべき書物は、ほとんど講壇からの天下りや単なる解説に終始し、知識技術を真剣に希求する青少年・学生・一般民衆の根本的な疑問や興味は、けっして十分に答えられ、解きほぐされ、手引きされることがありません。万人の内奥から発した真正の教養への芽ばえが、こうして放置され、むなしく滅びさる運命にゆだねられているのです。

このことは、中・高校だけで教育をおわる人々の成長をはばんでいるだけでなく、大学に進んだり、インテリと目されたりする人々の精神力の健康さえもむしばみ、わが国の文化の実質をまことに脆弱なものにしています。単なる博識以上の根強い思索力・判断力、および確かな技術にささえられた教養を必要とする日本の将来にとって、これは真剣に憂慮されなければならない事態であるといわなければなりません。

わたしたちの「講談社現代新書」は、この事態の克服を意図して計画されたものです。これによってわたしたちは、講壇からの天下りでもなく、単なる解説書でもない、もっぱら万人の魂に生ずる初発的かつ根本的な問題をとらえ、掘り起こし、手引きし、しかも最新の知識への展望を万人に確立させる書物を、新しく世の中に送り出したいと念願しています。

わたしたちは、創業以来民衆を対象とする啓蒙の仕事に専心してきた講談社にとって、これこそもっともふさわしい課題であり、伝統ある出版社としての義務でもあると考えているのです。

一九六四年四月　野間省一

世界の言語・文化・地理

F

日本語・日本文化